KB059903

한국의 논점 2021

한국의 논점 2021

미증유의 코로나 시대, 극복을 위한 42가지 제언

홍기빈 외 지음
강양구·장은수·한기호 엮음

북바이북

재난의 사고법

　2020년은 한국전쟁 70주년이었다. 전쟁 이후, 대한민국 현대사를 이렇게 요약할 수 있을까. 처음 30년 동안은 혁명과 반동의 시대였다. 4·19혁명과 5·16 군사 쿠데타, 김대중·김영삼의 선거 돌풍과 유신 반동, 서울의 봄과 신군부의 쿠데타…. 1980년 5·18민주화운동의 역사적 의의는 여기에 있다. 이 사악한 되먹임 고리를 끊는 방아쇠 역할을 했다는 점이다. 1980년대 10년의 민주화 운동 기간을 거치고, 1989년 소비에트 붕괴 이후, 한국사회는 정치적으로는 민주주의가, 경제적으로는 자본주의가 지배하는 '정상' 국가로 진입한 듯했다.

　그다음 30년은 '재난과 복구의 시대'였다. 1997년에는 국가 부도 사태가 일어나고, 2008년에는 금융 위기가 있었다. 소수의 부유층과 권력층에게는 샴페인을 터뜨릴 만한 기회의 시대였으나, 대다

수 서민들 입장에서는 신자유주의가 횡행하는 재앙의 시기였다. 수많은 이들이 '평생직장'에서 쫓겨나고, 살던 집에서 밀려났다. 모든 종류의 격차가 심화되면서 세상 곳곳에 '갑을'이 나타났다. 부자들과 빈자들 사이가, 수도권과 지방 사이가, 정규직과 비정규직 사이가 점점 벌어졌다. 불규칙 노동이 일상화되고, 플랫폼 노동이 퍼져나가면서 사람들 살이 전체가 불안정하고 주변화되었다. "조물주 위에 건물주"라는 부의 세습에 얹어서 "부모가 '사'자 직업이면, 자식도 '사'자"라는 사회적 지위와 신분의 세습을 노리는 사회적 흐름이 노골화되었다. 첨단 기술 사회의 한복판에서 새로운 중세가 시작되었다. 1% 상류층에 이어서 20%의 중산층마저 '사다리 걷어차기'를 시도하는 '세습 중산층' 사회가 출현한 것이다.

올해 어김없이 '10년 주기 재난'이 시민들 삶을 덮쳤다. 코로나19 팬데믹으로 압축되는 세 번째 재난을 우리 모두 온몸으로 겪으면서 지나가고 있다. 보수 10년의 정치로는 반복되는 사회적 재난을 막을 수 없었기에, 시민들은 촛불을 들어서 낡은 정치를 정지시키고 한발 빨리 정권을 교체했다. 5·18민주화운동이 숭고한 피로써 '혁명과 반동'의 악순환을 끊었듯이, 촛불 평화혁명은 과연 '재난과 복구'의 악순환을 끊을 수 있을 것인가. 누적된 불평등과 쌓인 적폐를 청산하고, 인간다운 삶이 모두의 미래가 되는 새로운 시대를 열 수 있을 것인가.

코로나19 팬데믹은 인간과 자연 사이의 관계가 문명과 야만, 개발과 야생, 착취와 피착취, 지배와 비지배 관계가 아니라는 것을 드러냈다. 지난 세기말에 세계보건기구WHO는 "21세기는 감염병의 시대가 될 것"이라고 경고했다. 그러나 이 경고에 귀 기울인 사람은 드물다. 1980년 '천연두 박멸 선언'의 환상이 무너지는 데에는 오랜 시간이 걸리지 않았다. 1981년 이후, 에볼라, 에이즈, 사스, 메르스, 조류독감 등 신종 감염병으로 사망한 사람들 숫자는 2900만 명에 달한다. 2020년 12월 10일 현재, 전 세계 코로나19의 사망자 154만 6828명(한국 564명)이니 이번 사태를 포함하면 3000만 명을 훌쩍 넘는다. 코로나19 같은 인수공통감염병은 해마다 증가 중이다. 페스트, 결핵, 콜레라 등 이미 인류가 통제 가능하다고 믿었던 오래된 감염병들도 온갖 곳에서 부활하고 있다. 원인은 지구 생명체를 무자비하게 착취하고 파괴하는 인간 자체이다. 『팬데믹』(포르체, 2020)에서 홍윤철은 말한다. "전염병은 세균이나 바이러스가 사람을 공격했다기보다는, 사람이 세균의 생태계를 교란한 후 사람과 병원균 사이에 새로운 생태적 균형을 찾는 과정에서 벌어진 일이다." 인간이 일으킨 생태 환경의 변화가 바이러스와 세균의 생육 조건을 바꾸었고, 그 결과 인간 전체를 병들게 했다. 우리가 우리를 침략했다.

이 생태적 진실을 망각하는 어떠한 대책도 재난의 지연일 뿐 재난의 방지일 수 없으므로, 근본적으로는 공허하다. 신종 감염병의 현대적 기원에는 거대 농축산 기업, 즉 공장식 축산이 있다. "자본주의는 이윤을 얻기 위해 자연과 더불어 동물을 착취"한다. 대규모 농장에서 단일 종만 밀집 사육하는 가축은 면역력이 약하다. 여기에 바이러스가 침투하면 다양성이 폭발하면서 변종 생성이 늘어나, 이 중 일부가 인간을 감염시킨다. 신종 감염병은 농축산 기업의 판로, 즉 글로벌 공급망을 타고 순식간에 퍼져 나간다. 인간 생명을 다루는 의학이 이윤 동기에 따라 움직이는 것도 심각하다. 『코로나19, 자본주의의 모순이 낳은 재난』(마이크 데이비스 외 지음, 장호종 엮음, 책갈피, 2020)에 따르면, "지배자들은 환자보다 자본주의를 치료하고 싶어 한다." 재난을 맞아서 긴급히 구제해야 할 것이 인간 생명이 아니라 은행과 회사와 공장이라고 생각하고, 보호받아야 할 것이 영세 자영업자나 프레카리아트가 아니라 건물주나 사업자라고 생각한다. 재난은 모두가 똑같이 겪지만, 그 결과까지 평등하지는 않다. 누군가의 삶은 영원히 복구되지 않는다. 이것은 자본의 폭주를 심화하고, 재난의 도돌이표를 만든다.

『뉴노멀의 철학』(동아시아, 2020)에서 김재인은 말한다. "기후 위기, 인공지능, 코로나19라는 삼각 편대는 근대를 산산조각 낸 진정한 다이너마이트다." 참혹한 사태를 낳은 미국과 유럽의 재난 대응이 보여 주듯이, 홍콩 사태 등 민주주의 억압과 가혹한 인권 탄압을 자행하는 중국이 드러냈듯이, 근대의 '노멀'은 철저히 무너져 내렸다. 재난은 우리가 살아가는 이 세계, 즉 '노멀'의 실상을 폭로했다. 코로나19는 무엇보다 집콕·혼밥·온라인교육·화상회의·배달 음식 등 서로 만나지 않으면서도 일하고 회의하고 거래하고 교육하는 세상의 등장이고, 비접촉 세계에 대한 강제적 체험이며, 데이터로 무장한 플랫폼 제국들의 전면적 강화였다. 물론, 이것은 재난으로 인한 일시적·잠정적 사건이라기보다 자본주의의 발전에 따른 장기적·지속적 추세의 가속화라고 할 수 있다.

갈수록 대면 노동은 급속히 해체되어 부스러기 노동으로 전락하고 일상적 위기에 빠져든다. 한 개인의 삶에서는 기술을 통해 언제, 어디에서나 업무를 처리할 줄 아는 원격 노동 능력을 갖추는 것이 중요해졌다는 뜻이다. 그러나 사회적 차원에서 플랫폼 자본주의는 노동자도 없고, 재고도 없고, 시공간의 한계도 없는 전 지구적 독점 기업의 탄생이다. 그 결과는 시민 전체의 축복이 아니라 부의 쏠림이자 빈부 격차의 격화이다. 비대면이 만드는 격차는 한국사회 내부에 있는 격차의 노골화이다. 올 한 해, 비대면 교육에 나타난 학력 격차는 앞으로 더욱더 심화될 빈익빈 부익부의 현실을 징후적으로 보여준다. 격차의 동심원은 곧바로 사회 전 영역으로 퍼져 나갈 것이다. 무엇보다 비대면이 여성의 사회적 삶을 파괴하고 있음을 직시해야 한다. 비대면은 여성에 대한 폭력을 증가시키고, 돌봄 재난을 일으켰으며, 생계의 어려움과 우울증에 따른 극단적 선택을 늘렸다. 이 모든 것은 재난의 도돌이표를 더 빠르게 한다.

한 국가의 불평등 수준을 표시하는 지표가 있다. '피케티 지수'이다. '피케티 지수'는 국민 순자산을 국민 순소득으로 나눈 값이다. 일해서 돈을 버는 노동소득 증가율보다 부동산 등 자산소득 상승률이 높을 때 수치가 올라간다. 한국의 불평등은 지난 10년 동안 줄곧 커져만 갔다. 2010년 7.6이었던 한국의 피케티 지수는 2019년 말 8.6에 달한다. 특히 2017년부터 상승폭이 가팔라 문재인 정부가 출범한 이후, 3년 만에 7.9에서 8.6으로 폭등했다. 다른 선진국들, 가령 독일 4.4, 미국 4.8, 프랑스 5.9, 영국 6.0, 일본 6.1 등과 비교할 때 우리의 불평등이 얼마나 심한지 알 수 있다.

재난은 늘 약자에게 더 큰 상처를 남긴다. 중산층 몰락을 가속화하고, 소상공인·자영업자·프리랜서 등 취약 계층의 삶을 무너뜨린다. 1997년 IMF 국가 부도, 2008년 서브프라임 모기지 사태 등 과거의 위기가 빈익빈 부익부의 골을 더 깊게 팠듯, 코로나19 팬데믹 역시 양극화를 심화 중이다. 통계청 발표에 따르면, 2020년 3분기 소득 상하위 20% 사이의 격차는 '163만 원 대 1040만 원'이었다. 작년보다 훨씬 더 심화되었다. 한 해 성적표가 나오면 격차는 더욱더 커질 것이다. 이는 재난의 도돌이표를 더 강화한다.

『2021 한국의 논점』은 코로나19 팬데믹이 가져온 충격의 과정과 결과를 기록하고 그 대안을 진지하게 모색한다. 코로나19는 한국사회를 반복해서 충격해온 재난의 실상을 전면적으로 드러냈다. 코로나19가 전 세계에 가져온 충격은 너무나 거대해 '익숙한 일상의 회복'을 말하는 담론은 자기기만에 불과하다. 돌아갈 길은 막혔다. 슬라보예 지젝이 말한 것처럼, 우리 앞에 '새로운 야만'과 '새로운 일상'이라는 선택지가 놓여 있다. 야만을 선택한다면, 조만간 재난은 더 빠르고 가혹하게 우리를 찾아올 것이다. 재난의 도돌이표를 멈출 수 있는 새로운 일상의 구축이 우리에겐 필요하다.

2017년, 이른바 '86세력' 중심의 문재인 정부가 들어서 시민들 가슴에 희망을 불붙였다. 모두 문 대통령의 취임 연설을 기억한다. "기회는 평등할 것입니다, 과정은 공정할 것입니다, 결과는 정의로울 것입니다." 사람들 마음을 홀리는 멋진 약속이었다. 그리고 3년 반이 지났다. 많은 일이 있었다. 적폐 청산의 구호로 시작된 이 정부도 벌써 말년에 접어들었다. 내년엔 서울시장과 부산시장의 보궐선거가 있고, 내후년엔 다시 대통령 선거가 있다. 그사이 한국사회는 평등한 기회와 공정한 과정과 정의로운 결과를 누리는 땅으로 바뀌었을까. 아니, 적어도 그 방향으로 '분명히' 나아가고 있기는 한 것일까. 재난의 시기를 맞이하여 진지하게 묻지 않을 수 없다.

세상에는 온통 '검찰 개혁'을 도깨비방망이처럼 여기는 목소리가 높지만, 그 방향과 성과를 따지는 것을 비롯해서 여러 개혁 정책이 제대로 집행되었는지, 성과와 한계는 무엇인지, 다음 정부에서 지속할 정책 과제는 무엇인지 따질 때가 되었다. 국정 농단은 잘 청산되었는지, 문화계 블랙리스트는 어떻게 처리되었는지, 교육의 공정성은 확보되었는지, 불평등을 심화하고 사회적 참사를 일으키는 노동은 개혁되었는지, 기후 위기에 제대로 대응하는 중인지, 북핵 위기와 미중 갈등을 넘어서 평화를 향하고 있는지, 날로 심각해지고 있는 주거 불안정은 어떻게 해결할 것인지, 소수자 문제와 권력형 성폭력 문제에 대한 대안은 무엇인지, 지방 공동화와 지역 격차를 해소할 방안은 있는지, 혁신이든 그린이든 성장 정책은 제대로 찾았는지 묻고 싶다. 이 하나하나의 질문에 대한 우리의 대답은 시민들의 추구와 열망을 담고 있다.

5·18민주화운동의 희생이 '혁명과 반동의 악순환'을 끊었듯이, 촛불평화혁명이 '재난과 복구의 악순환'을 멈추어 어떠한 재난도 더 이상 재난으로 다가오지 않는 대동大同의 세상을 낳는 분기가 되었으면 좋겠다. 우리에게 필요한 것은 '익숙한 일상의 회복'이 아니라 '새로운 일상의 구축'이다. 이 책이 각자의 자리에서 새로운 삶을 시작하고자 하는 모든 시민의 길잡이가 되었으면 한다.

엮은이를 대표해서

장은수

차례

2장_ 풀지 못한 현안 Agenda

1부

코로나19 이후,
감염병과 살아가는 대한민국

2021년,
시스템 전환의 압력이 높아질 때

홍기빈 전환사회연구소 공동대표

코로나19 바이러스에 대해서는 아직 우리가 모르는 것이 많으며, 이로 인해서 빚어지는 불확실성은 케인스의 유명한 말대로 "예측을 불허하는" 것이므로, 구체적이고 세세한 사항에 대해 섣불리 예측하거나 전망을 내놓는 것은 어불성설일 수 있다. 하지만 좀 더 긴 시간 지평에서 본다면 코로나19가 지난 반세기 이상 유지된 대한민국의 성장 체제에 '시스템 전환'의 압력을 배가시키는 사건이 되리라고 추측할 수 있다. 2021년은 그러한 '전환'의 압력이 더욱 질박한 현실의 모습으로 나타나는 시기가 될 것이다.

먼저 2021년에 쟁점이 될 큰 구조적 변화의 요인 3가지를 짚어

보겠다. 그다음으로, 그러한 배경에서 중요한 쟁점으로 떠오를 문제 4가지를 살펴보도록 한다. 마지막으로 이러한 상황이 지시하는 변화의 큰 방향이 어디로 향할 것인지를 생각해보겠다.

2021년 경제 구조 변화의 세 가지 요인

먼저 국내에서 산업 전환의 과제가 구체적인 의제들로 현실화될 것이다. 문재인 정부가 내건 '한국형 뉴딜'이 이명박 정권과 박근혜 정권 당시 디지털과 무형 자산화에 중점을 두고 내걸었던 산업 정책들의 재판에 지나지 않는다고 지적하는 이들도 있다. 하지만 지금은 예전과 3가지 관점에서 큰 차이가 있다. 첫째, 기후위기에 대한 국제사회의 경각심이 높아지면서 'RE 100'이나 '좌초자산' 등과 같은 용어로 대표되는 구조 및 제도 변화의 압력이 점점 커지고 있다. 이제 기후위기에 따른 산업 전환은 가능성이 아니라 시간을 지체할 수 없는 문제이자, 적응해야 하는 냉엄한 현실이 되었다. 둘째, 정부가 대규모의 예산 계획을 내놓았을 뿐 아니라 여기에 적극 호응해 그 실현을 자신의 이익으로 삼는 집단과 세력 들도 생겨나고 있다. 셋째, 좁은 의미의 산업 정책이나 경기 부양책에 머물렀던 과거와 달리, 이번 '한국형 뉴딜'은 선언적으로나마 사회와 생태 전반의 다른 쟁점들과도 연결되어 폭넓은 사회 전환을 내세우고 있다. 이러한 점에서 '한국형 뉴딜'은 실제 사회 경제적 현실에 구체적인 변화를 가져오는 큰 계기 가운데 하나가 될 것이다.

둘째, 미국과 중국의 갈등이 심해지면서 산업의 가치 사슬은 물론이고 지난 30년간 이어졌던 지구적 경제의 작동 구조에도 상당한 변화가 생길 수 있다. 새로 집권한 미국의 민주당 정권이 중국과 어떤 방향으로 관계를 설정해갈지는 아직 정확히 알 수 없지만, 트럼프 정권 시기에 시작된 갈등 그리고 화웨이나 틱톡 등을 둘러싸고 벌어졌던 문제들이 극적으로 해소되어 미중 관계가 2010년대 초반 이전으로 되돌아갈 수 있을 것 같지는 않다. 지난 30년간 중국은 '세계의 공장' 역할을 맡아 (신흥) 산업국 곳곳에서 생산된 부품들을 여러 형태로 흡수하고 조립해 미국과 유럽에 수출하고, 그렇게 해서 벌어들인 수익을 달러화 표시 자산으로 보유함으로써 자금이 다시 미국 등 서방의 금융 시장으로 환류되도록 했고, 이런 흐름이 지구적 경제의 근저를 떠받치는 기축 역할을 해왔다. 이처럼 의도된 '지구적 불균형' 체제가 미국과 중국의 '디커플링(탈동조화)' 가속화로 인해 흔들리게 될 경우, 이것이 가져올 지각 변동은 금융과 실물 양쪽 모두에 뻗쳐 있다. 한 예로 화웨이를 고사시키겠다는 미국 정부의 방침이 유지된다면, 이것이 반도체와 IT 산업 전반의 지구적 가치 사슬에 가져올 파장이 얼마나 될 것인지 그리고 한국에 어떤 영향을 가져올지는 쉽게 가늠하기 힘들 정도다.

셋째, 코로나19의 예측 불가능한 변수들도 주목해야 한다. 백신 개발이 급진전을 이루어 이 글을 쓰는 시점(12월 초), mRNA라는 초유의 백신 개발 방식이 실행되었다. 모더나와 화이자·바이오엔테크가 '스파이크 단백질'을 표적으로 한 새로운 개념의 백신을 개발했고, 이에 따라 영국과 미국은 2020년 연말 이전에 접종을 시작할 것으로 보인다. 이 새로운 형태의 백신은 항체 형성률을 90% 이상으로 장담하고 있으며, 후유증도 적어서 사람들의 신뢰도 얻을 수 있다고 한다. 사백신·생백신을 이용한 기존의 방식 대신 역사상 최초로 개발한 방식의 백신이기에 어떠한 결과가 나올지 섣불리 장담할 수는 없다. 하지만 이 백신이 성공적으로 작동할 경우, 이는 생명공학의 쾌거로서 새로운 산업의 가능성을 열 뿐만 아니라, 다가올 각종 생태 위기에 있어서 중요한 역할을 할 것으로 보인다. 물론 절대로 있어서 안 될 일이나, 심각한 부작용 등의 문제를 야기할 경우 코로나 사태가 또 다른 미궁으로 빠져들 가능성도 무시하긴 이르다.

한국 경제의 K자형 회복 양상

이러한 배경에서 2021년 첨예한 쟁점이 될 문제 몇 가지를 생각해보고자 한다. 먼저 기억해야 할 것은 이른바 'K자형 회복'이다. 코로나 사태가 터진 뒤 경제 회복이 어떤 양상을 보일 것인가에 대해 V자, U자, L자 등의 추측들이 있었다. 그중에서도 금융 기관과 대기업을 중심으로 풍부한 유동성이 공급되면서 이것이 자산 시장으로 몰려 자산 가격을 계속 끌어올리는 한편, 실물 투자와 고용은 침체를 면치 못하고 추락하는 반대 격차를 보일 것이라는 게 K자형 회복이 뜻하는 바이다. 2021년에도 경기를 부양하기 위한 정부 및 시스템 전체의 노력은 계속될 것이고, 이는 정부의 지원을 배경으로 한 각종 신규 산업 투자와 자산 시장의 상승 혹은 불안정으로 나타나게 될 것이다.

먼저 앞에서 이야기한 대로, '한국형 뉴딜'에서 공언된 바 있는 디지털과 에너지 전환을 중심으로 여러 가지 산업 구조에 변화가 벌어질 것이다. 하지만 여기에 많은 논란과 쟁점이 잠복해 있는 것도 사실이다. 이러한 성격의 산업 전환은 단순히 기술적 차원의 해법과 자본 투자로만 소화할 수 있는 것이 아니라 사회 전체의 폭넓은 변화가 뒤따라야 한다. 예를 들어 AI와 데이터의 전면적 도입은 사회 전체에서 일상이 조직되는 방식이 변화하는 것을 뜻하며, 에너지 전환은 대안적 발전시설을 설치하고 운영하는 지역사회와 전력 수급 방식이 근본적으로 변화해야 함을 가리킨다. 하지만 기술 도입과 자본 투자를 넘어서는 이러한 사회적·제도적 관계의 변화에는 많은 마찰과 지연이 따를 수밖에 없으며, 이것이 여러 쟁점을 낳을 것이다.

둘째, 2020년에는 서울과 수도권 일부 지역의 부동산 가격이 폭등했고 그 후 전세 대란이 이어지면서 결국 서울 지역 전반의 주택 가격이 올랐다. 한국 경제에서 가장 중요한 자산 시장인 부동산 가격의 격동 그리고 2021년에도 계속될 것으로 예상되는 전세 소멸과 주택 가격 인상은 가계 부채와 같은 금융 측면을 비롯해 무주택자들의 소득 구조 변화 등에 이르는 광범위한 변화를 가져올 것이다. 2021년에도 K자형 회복 추세가 이어진다면 이러한 부동산 시장의 변화는 계속될 것이며, 1990년대 초나 2000년대 초에 있었던 정도의 재구조화로 귀결될 수 있을 것이다.

셋째, 도시화의 방향과 성격이 코로나 사태로 근본적인 변화를 겪을 수밖에 없고, 이것이 상업 지역의 경기와 수많은 자영업자에게 지속적이고도 근본적인 불안정 요인으로 남을 것이다. 지난 20년 동안 전 세계적으로 진행된 도시화의 기본적인 흐름은 높은 문화적 지적 수준을 갖춘 '창의적 계급'이 모여 '도시의 활기'를 만듦으로써 이것으로 무형적 가치를 특정 지역에 창출하는 전략이었다. 젠트리피케이션을 비롯한 각종 불평등의 문제가 있음에도 이러한 '콤팩트 도시' 만들기가 기본적인 도시화의 방향이었음은 분명하다. 하지만 이런 식의 '도시 재생'이 바람직한가의 여부를 떠나서, 코로나 사태는 과연 이러한 '핫플레이스'들이 지속 가능한가에 심각한 의문을 던지고 있다. 한때 전국적인 인기를 끌던 서울의 핫플레이스들에서 이미 상가 공실률이 치솟고 있다. 2020년을 허덕이며 버텨온 점포들이 2021년에도 버텨줄지는 미지수이다. 이들을 위시한 중소상인을 위해 어떤 지원책이 가능할 것인지 또 실현될 것인지도 미지수이다. 정확한 추이를 확인할 수 없지만, 코로나19는 우리가 알고 있는 도시의 경관과 그 안에서 작동하던 돈, 사람, 물자의 흐름을 예측하기 힘든 방향으로 돌려놓게 될 것이다.

넷째, 노동시장에서의 문제다. 주지하듯이 우리나라는 프랑스 등과 마찬가지로 노동시장이 대기업과 공공기업의 안정적인 정규직 부문과 그 바깥의 비정규직 부문으로 뿌리 깊게 갈라져 있고, 여기에 더해 후자의 범주를 넘어서는 '보이지 않는' 노동자의 수도 빠르게 늘어왔다. 제일 먼저 코로나 사태의 충격을 받아야 했던 세 번째 부문의 문제는 2020년까지 크게 두드러지지 않았다. 그러나 이는 문제가 적었기 때문이 아니라 문제를 포착하고 논의하고 대책을 세울 수 있는 제도적·담론적 장치가 미비했기 때문일 뿐, 이미 많은 사람들이 벼랑에 몰려 있는 상태임은 쉽게 짐작할 수 있다. 코로나 사태의 장기화는 2021년에 우리의 노동시장을 어디까지 침윤해 들어올까? 방금 말한 것처럼 노동시장 전체가 둘 혹은 셋으로 깊게 갈라져 있으면 외곽의 두 층이 먼저 충격을 흡수하는 일종의 '외성' 역할을 하기도 하지만, 이로 인해 전체 고용과 노동지들의 상태 개선을 위한 사회적 합의와 계급적 단결을 저해하는 결과를 가져오는 것도 사실이다. 이러한 한국의 조건에서 코로나 사태가 지속될 때 노동시장과 계급적 관계에 어떤 역동과 결과가 일어날지도 2021년에 주의 깊게 보아야 할 지점이다.

사회정책 및 재정 정책의 변화

마지막이자 가장 예민한 문제는 바로 (재분배적) 사회정책 및 재정 정책의 변화이다. 코로나 사태 이전과 이후에 걸쳐 가장 큰 변화가 일어날 수밖에 없는 부분이지만, 2020년에는 세계은행과 IMF 모두 강력한 재정 팽창을 제창하는 가운데 우리 정부는 '재정 준칙' 도입을 시도하는 등의 혼란이 있었다. 기본소득, 전 국민 고용보험, 각종 재난 지원 등 구체적 계획과 방법에서도 논란이 끊이지 않는다. 2019년 이전의 균형재정 – 노동연계복지의 틀은 종식을 예측할 수 없는 코로나 사태에서 지속될 수 없지만, 이를 대체할 새로운 틀에 대해서는 저항과 논란이 끊이지 않을 것이다. 따라서 변화의 지체와 그로 인한 사회적 마찰과 고통도 큰 한 해가 될 것이다. 하지만 2019년으로 되돌아가는 것은 불가능하다. 결국 2021년은 새로운 시스템이라는 미지의 항구를 찾아 떠나는 출범의 해가 될 수밖에 없을 테다.

미래 교육이 아닌
교육에 대한 성찰

김성우 서울대학교 강사

▌온라인 학습은 여전히 오프라인에 터하고 있다

'등교수업'과 '온라인 학습'. 코로나 시대의 교육을 관통하는 두 개의 키워드다. 코로나19는 해방 이후 당연한 것으로 여겨져온 학교라는 시공간이, 그 안에서 함께 소통하는 교사와 학생의 존재가, 그들을 둘러싼 사회·문화·제도적 지원이 더는 당연할 수 없다는 것을 알려주었고, 동시에 오프라인의 보조 역할에 머물러 있던 온라인 학습을 시대의 화두로 올려놓았다. 이처럼 '코로나 시대의 교육'은 공기 같이 익숙한 것과의 결별과 아직 완성되지 않은 실험의 일상화가 교차하는 지점에 서 있다.

이러한 상황에서 적지 않은 이가 '온라인 학습'을 교육의 중심에 두고 사고하려는 경향을 보인다. 기존의 수업과는 다른 방법론으로 이해하는 데서 그치지 않고 현재의 교육을 '온라인 교육'으로 규정하려는 것이다. 하지만 여기에는 커다란 함정이 있다. '학생들이 학교에 오지 못하는 상황'이 현재의 교육을 정의하는 하나의 참조점이라면 그 이면에는 '학생의 수만큼 많아진 학교'가 있기 때문이다. 엄밀하게 말하면 학교는 온라인 안으로 들어온 것이 아니라 학생들의 가정과 지역사회 돌봄의 공간 등 수없이 많은 오프라인 공간으로 분산되어 새로운 맥락에 위태하게 뿌리내리기 시작했다. 학습자원이 온라인에 업로드되고 다양한 소프트웨어가 소통을 중재한다고 해도 학습자의 몸은 늘 물리적 공간을 점하고 있으며, 그 누구도 그러한 물리적 공간을 벗어나 오롯이 온라인에 존재할 수 없다. '온라인 학습'이라는 키워드에 방점을 찍으면서 오프라인의 맥락을 외면할 때, '잃어버린 교실을 대체할 새로운 기술'에 매달려 '학생의 몸이 처한 시공간'을 간과할 때 우리 교육은 이전의 교실을 마냥 그리워하는 노스탤지어에 갇히게 된다.

문제는 이런 상황을 조율하고 이끌 책임을 오롯이 교사에게 떠넘겨서는 안 된다는 것이다. 학생 수만큼 많아진 학교는 그만큼 분산된 자율과 책임을 요구하기 때문이다. 교사가 학생을 어느 정도 이끌 수는 있을지 모르지만 사회가, 지역사회가, 학부모가, 같은 공간을 점하고 있는 사람들이, 무엇보다 시민 스스로가 이 상황을 명확히 인식하지 않는다면 지금은 수많은 학생에게 학습의 공백과 혼란스러운 탐색의 시기로 기억될 것이다.

코로나19를 둘러싼 몇 가지 함정

교육뿐 아니라 현 시기의 사회문제를 논의할 때 종종 등장하는 '코로나19로 인한 문제들'이라는 언술에는 분명한 함정이 있다. 우리가 '코로나로 인한 문제'라고 부르는 것들은 코로나가 '야기한' 문제가 아니라 '드러낸' 문제이기 때문이다. 이 둘은 엄연히 다른 문제이며 함부로 섞지 말아야 한다. 하지만 우리는 '코로나로 인한'이라는 말을 쉽게 한다. 교육 영역도 예외는 아니다. 지금 교육을 둘러싼 여러 문제는 코로나가 만들어냈다기보다는 그로 인해 더 심화하고 있는 것으로 보아야 한다.

자본주의 아래서 빈부 격차와 노동, 생태 등의 문제는 그 자체로 체제의 일부를 이루어왔고, 우리 사회는 문제를 직시하기보다는 숨기고 우회하며 살아왔다. 그러나 코로나는 그들을 순식간에 수면 위로 드러내어 더는 외면할 수 없게 만들고 있다. 그런 면에서 감염병의 유행은 비극이면서 반성의 기회이고, 위기이면시 혁명의 단초이다. 어떤 국면은 놓치기에는 너무나 극명한 장면들을 만들어낸다. 지금 한국사회의 가장 아픈 지점들을 놓치는 것은 수십 년 한국사회의 모순들을 송두리째 놓치는 일이다. 극한의 날들은 급진적 개혁을 요구한다.

이러한 맥락에서 필자는 '뉴노멀'로 대표되는 시대 개념이 가지는 함의를 의심한다. 뉴노멀은 위기에 적응한 사회를 의미한다. 감염병 이전의 '노멀'이 있었다면, 이제 다른 종류의 노멀을 꿈꾸어야 하며, 감염병 상황에서 살아가야 할 삶의 양태가 어느 정도 정해져 있고, 그것을 안착시키는 것이 지금 우리에게 주어진 임무라는 것이다. 하지만 그러한가? 코로나19가 사회 구석구석의 어두운 면들을 드러내고 있다면 우리는 이 상황에 적응하는 것이 아니라 어두움을 직시하고 그 원인을 근본적으로 제거하려고 힘써야 한다. 그런 의미에서 지금 우리에게 필요한 것은 뉴노멀이 아니라 뉴 무브먼트, 즉 새로운 운동일지 모른다.

학력 격차가 벌어지고 있고, 택배노동자들이 목숨을 빼앗기고 있고, 장애인들이 코호트 격리라는 미명 아래 죽음에 이르는 차별을 견뎌내고 있다. 감염병 시대의 약한 고리는 방역의 사각지대이기 이전에 자본주의의 아킬레스건이었다. 다시 강조하지만 지금 뼈아프게 체감되는 문제들은 코로나로 인해 처음으로 발생한 것이 아니라, 코로나 상황에서 심화하고 있는 것이다. 그렇다면 우리가 지금 이곳에서 해야 할 일은 명확하다. 그런 문제들을 만들어내는 구조적이고 제도적인 원인들을 제거해가는 것이다. 막연하게 새로운 '정상성'을 세우려 노력하기보다는 기존의 '비정상성'을 넘어서기 위해 진력해야 할 때이다.

온라인/오프라인이 아닌 삶이라는 생태계를 상상하는 작업

교육이 온라인으로 온전히 이동할 수 없고 개개인이 처한 시공간에 터한 것임을 이해한다면 '코로나 시대' 교육의 핵심 과제는 대면/비대면이라는 대립, 온/오프라인이라는 이분법을 넘어서는 시간성과 장소성 그리고 관계성을 상상하고 창조하는 데 있다는 것을 알게 될 것이다. 이것은 '온과 오프를 섞는 혼합학습'의 개념을 넘어선다. 온라인과 오프라인의 모든 요소는 유기적으로 연결되어 있기에 온전한 생태계로서의 삶을 디자인하는 교육을 필요로 한다. 기존 교육을 온라인에 얹는 방식으로는 이 같은 일을 해낼 수 없다.

그렇다면 이 같은 작업을 위해 우리 사회가 고려해야 하는 것은 무엇인가? (1)학생과 교사가 권력을 갖는 교육 생태계 상상 (2)평등을 보장하는 제도적 지원 (3)새로운 리터러시로의 진화라는 세 측면에서 이를 살펴보기로 한다.

첫째, 학생과 교사가 실질적으로 권력을 갖는 교육 생대계를 상상해야 한다. 교사 출신 아동서 작가인 존 스펜서 John Spencer 의 지적에 따르면 온라인 공간은 교실이라는 공통의 시공간을 잃음으로써 2가지 큰 과제를 남긴다. (1)교사는 학생들을 '읽어낼 수' 없다. (2) 학생들은 다양다종한 방해물에 노출된다. 이 둘이 교실이라는 시공간에서 벗어나 결합된다면, 전통적인 수업을 온라인에서 그대로 재현하는 것은 거의 불가능하다. 그렇다면 학생들을 읽어내려는 노력이 아니라 학생들이 스스로 학습 과정을 써 내려가도록 하는 작업이 절실하다. 핵심은 학생을 온라인으로 끌어들이는 것이 아니라 그들이 스스로 학습을 이끌고 가도록 하는 것이다.

이 같은 진단은 관리가 아닌 권력의 분배로 현 시기 교육을 바라보기를 요구한다. 스펜서의 일갈처럼 문제는 학생 참여가 아니라 학생의 권한 강화이며, 학생에게 권력을 이양하기 위해서는 교사에게 권력이 주어져야 한다. 지금 우리 교육에서 필요한 것은 감시와 모니터링을 위한 '통합 플랫폼'이 아니라 다양한 맥락에서의 의사결정을 존중하고 지원하는 '분산 권한 시스템'이다. 관리대상이 아닌 생태계로서의 교육에 대한 상상력이 절실한 것이다.

두 번째로, 새로운 교육 생태계를 상상함으로써 교육 격차를 회복하고 평등한 교육을 보장해야 한다. 평등의 관점에서 크게 2가지가 요구되는데, 먼저 현재 교육 분야에서 관찰되는 이른바 'K자 성취도 격차'를 막을 실질적 조치를 취해야 한다. '가정이라는 학교'를 편안하고 학습 지향적인 공간으로 탈바꿈시킬 수 있는 사회

경제적, 정서적 환경을 갖춘 학생과 그렇지 못한 학생 사이의 차이를 좁히려면 하드웨어 지원을 넘어서는 교수학습의 변화를 추구해야 한다. 이를 위해 적극적으로 고려해야 할 것은 '다변화 수업 differentiated instruction'의 철학이다. 다변화 수업의 초기 주창자 중 하나인 캐롤 앤 톰린슨에 따르면 다변화 수업에서는 일정한 학습 목표를 염두에 둔 교사가 학습자의 준비도, 흥미, 학습 프로파일에 따라 학습의 내용, 과정, 결과물을 조정한다. 모든 학습자가 같은 내용을 배우고 결과물을 내며 같은 평가를 치르는 것이 아니라, 각각의 상황과 역량에 따라 서로 다른 학습 과정과 산출물을 경험하게 된다. 줄 세우기가 아니라 발달에 초점을 맞추는 것이다. 학교와 교육 당국은 이러한 실험이 가능하도록 교사의 자율성을 보장하고 관련 제도를 정비해야 한다. 다음으로는 학습자의 신체적·언어적 불평등을 완화하는 조치들에 집중해야 한다. 장애 학생에 대한 빈틈없는 지원, 다문화 학생의 언어 역량을 고려하는 학습권 보장 등이 필요하다. 기준선은 중상위권 성적의 학생이 아니라, 가장 큰 어려움에 처한 학생이다. 위기일수록 뛰어난 인재를 키워내려 하기보다 모두를 시민으로 키워낼 수 있는 제도적 토대를 다져야 한다.

세 번째로 고려할 것은 새로운 리터러시 교육 생태계로의 전환이다. 다양한 디지털 도구가 교육의 주요 수단으로 활용되고 있고, 많은 교사가 온라인 자원의 가능성을 적극적으로 탐색하고 있다.

학생들은 오래전부터 오프라인과 온라인을 넘나드는 관계와 학습, 놀이와 리터러시를 만들어왔다. 뉴스와 미디어가 급속히 변화하는 시대에는 전통적인 텍스트 중심의 교육 활동과 평가 방식에 대한 재디자인이 필요하다. 앞으로의 리터러시 교육은 미디어 리터러시, 뉴스 리터러시, 젠더 리터러시, 생태 리터러시 등 사회문제와 적극적으로 통합함과 동시에, 뉴 런던 그룹이 제안한 바와 같이 언어와 소리, 이미지와 동영상, 공간과 제스처, 멀티미디어 등을 포괄하는 멀티리터러시로 진화해야 한다. 학생들의 삶이 변화한 만큼 리터러시 교육 또한 변화해야 하는 것이다.

코로나 시대, 많은 사람들이 '미래 교육'을 내건다. 하지만 미래 교육이라는 호명은 종종 텅 빈 슬로건에 그친다. 꿈이 종종 말 그대로 꿈에 그치고 말듯이, 미래라는 수식어는 기존과는 다르다는 아우라를 풍기는 외에 그 무엇도 말해주지 않는다. 우리에게 지금 필요한 것은 기술적 솔루션으로 무장한 '미래'교육이 아니라, 본연의 '교육'일 것이다. 발달과 평등, 공감과 협력, 시민성과 타자에 대한 민감성 등의 가치와 같이 우리가 그간 덮어두었던 교육의 근본 문제들에 천착하는 일 말이다. 기술은 원칙과 목표에 복무해야 한다. 기술이 시대를 정의해서는 안 된다. 그런 의미에서 코로나 시대의 교육은 우리 모두에게 '온라인 교육'이나 '미래 교육'이 아닌 '교육'에 대한 근본적 성찰을 요구하고 있다.

감염병 대응을 넘어선 보건의료체계가 필요하다

김창엽 서울대학교 보건대학원 교수 · (사)시민건강연구소 소장

코로나19 유행은 1918년 스페인 독감 유행 후 거의 100년 만에 맞는 팬데믹으로, 시기로는 2020년 전체, 범위와 영역으로는 보건의료뿐 아니라 사회 전 분야가 직접 영향을 받았다. 팬데믹의 양상과 그 영향은 맥락에 따라 큰 차이를 보인다. 한국은 서구 여러 나라와 달리 확진자가 폭발적으로 늘지 않았고 치명률이 낮았으며 도시봉쇄(록다운)와 같은 대규모 강제 조치를 하지 않았다. 한국의 보건의료 또한 이와 같은 한국적 특성에 따라 대응하고 적응했으나, 보건의료 부담이 상대적으로 적은 가운데서도 부분적으로는 '예외상태'를 경험할 수밖에 없었다.

보건의료체계와 코로나19 대응

코로나 19 유행과 그 대응도 다른 보건의료와 마찬가지로 현상과 실천이 하나의 체계, 즉 '보건의료체계'에 토대를 두고 그 안에서 이루어지며, 또한 그 구조의 제약을 받는다. 잘 짜이고 작동하는 체계가 없으면 개인을 검사하고 확진하는 과정이 불가능하다. 연구를 통해 사전에 검사법이 개발되어 있어야 하고, 시약을 생산하고 보급할 수 있어야 하며, 여러 전문인력, 장소와 시설, 관련 지식, 그리고 무엇보다 재원(돈)이 있어야 한다. 이들 요소가 그냥 존재할 뿐 아니라 계획, 연계, 관리, 규제, 지침 등이 함께 '체계'를 이루어 작동한다.

코로나19 유행에 대한 대응은 곧 한국 보건의료체계 전체의 대응으로 이해해야 하나, 일반 국민은 물론 정책 당국도 이런 관점이 익숙하지 않다. 체계의 핵심 요소이자 한 행위자인 질병관리청(과거 질병관리본부)은 널리 알려졌으나, 체계의 나머지 요소는 명확하게 드러나지 않은 것이 단적인 예다. 중환자가 평소 수준 이상으로 늘어나면 병실뿐 아니라 의료인력, 장비, 물품, 재정 그리고 지휘와 조정 체계를 이에 맞추어 재구성해야 한다는 것이 체계 관점에 기초한 접근이다.

2020년 10월 기준으로 비교적 좋은 평가를 받은 방역 프로그램은 초기부터 적극적으로 감염자를 찾아내고(검사·확진), 추가 접촉을 최소화하며(추적·역학 조사), 해당자에 따라 격리 또는 치료하는 것이었다. 보건의료체계라는 시각에서 보면 이러한 방역은 전체 상황을 지휘하는 질병관리청과 보건복지부, 검사와 역학 조사에서 중요한 역할을 한 보건소와 시군구 정부, 일부 검사와 치료를 맡은 의료기관 등이 역할을 제대로 했기 때문에 가능했다. 정부 재정과 건강보험이라는 재원이 뒷받침되었기 때문에 각 주체가 기능할 수 있었다는 점도 무시하기 어렵다.

코로나19 유행과 그 대응은 감염병 관리체계와 환자 진료를 중심으로 한 의료체계 양쪽에 걸쳐 있는, 말하자면 '이중적' 체계다. 감염병 관리체계 관점에서 코로나19 유행이 과거 감염병 유행과 가장 다른 점은 지역사회 감염을 통해 감염병 유행이 '전국화'했다는 것과 일부 지역에서 치료가 필요한 환자가 많이 발생해 종합병원을 중심으로 진료를 하는 데 과부담(또는 과부하)이 생겼다는 사실이다. 후자는 의료체계와 연관되는 것으로, 일부 지역에서 일시적으로 나타난 현상이기는 하지만 보건의료체계 특히 환자(중환자)를 입원 치료하는 시스템이 제대로 작동하지 않았다. 2월과 3월에 걸쳐 대구에서 대규모 환자가 발생해 한때 2000명 이상의 확진자가 입원하지 못하고 자가격리 상태에 있었고, 8월 이후 수도권에서도 중환자를 모두 입원시키기 어려운 상황에 이르렀다.

체계 요인으로 감염병 확진자, 특히 중증 환자를 제대로 치료하지 못하면 당연히 인명 피해가 커진다. 유럽의 여러 국가와 미국, 라틴아메리카 국가들, 일부 저소득국가 등에서는 많은 환자가 발생했으나 의료시설(예를 들어 중환자실)과 병상, 전문인력, 호흡기 등의 장비가 부족해 제대로 치료하지 못했다. 부족한 자원을 배분하기 위해 우선순위가 낮은 환자(중증이나 고령 등)는 치료를 포기하는 사태까지 벌어진 것이다.

보건의료체계 관점에서 코로나19 대응은 전체 보건의료체계의 한 가지 세부 기능이다. 서로 다른 기능 사이에 적절한 배분과 조정이 일어나야 전체 기능을 적절한 수준으로 유지할 수 있다. 보건의료체계에 부담이 가중되어 제대로 작동하지 못하면 코로나19 환자를 제대로 치료할 수 없을 뿐 아니라 치료가 필요한 다른 환자도 영향을 받는다.

코로나19가 아닌 다른 원인의 건강 피해를 강조하고자 한다. 감염병이 유행하고 불안과 공포가 커지면 전체 진료 기능이 타격을 받고 '일반' 사망자가 함께 늘어나지만, 한국 상황을 정확하게 분석하기는 아직 이르다. 일부 연구자의 분석으로는 2020년 1~3월 많은 지역에서 코로나19 사망자보다 훨씬 많은 초과사망자(예년 같은 시기의 평균 사망자 수와 비교해 더 많이 발생한 사망자 수)가 발생했다고 하나(「1분기 대구·경북서 900여 명 '초과사망'… 코로나보다 필수의료 공백 피해 더 커」, 〈라포르시안〉, 2020.6.4 기사 참고), 통계청 분석으로는 유의미한 증가 추세를 볼 수 없다고 한다.

민간 부문 중심의 의료체계와 코로나19 대응의 문제

사망 등 코로나19 유행에 따른 직접적인 건강 피해는 이 질병의 특성상 보건소와 정부 등 '공중보건체계'보다는 대부분 '의료체계'의 특성과 문제점에서 나온 것이다. 시설과 인력 등 보건의료체계의 각 요소의 양과 질이 일시적이라도 필요(요구 또는 수요)보다 부족하면 건강 피해는 커진다. 이때 '부족'은 상대적인 것으로 맥락에 따라 다르다. 지역 내에 충분한 자원이 없을 때는 말할 것도 없지만, 충분한 자원이 있어도 감염병 환자가 이를 활용할 수 없거나 총량보다 필요와 요구가 더 크면 대응은 실패한다.

한국의 보건의료와 그 체계는 분명 민간 중심이지만, 특성을 나타낼 때는 '민간형'보다는 '시장형' 체계라고 부르는 것이 정확하다. 건강보험을 통해 재정을 조달하는 특성을 제외하면 대부분 의료 서비스는 일반 시장의 재화나 서비스와 크게 다르지 않은 원리, 즉 시장원리에 기초해 있다. 문제는 감염병을 비롯한 상당수 건강 문제와 보건의료가 이러한 시장원리와 잘 어울리지 않는다는 점에 있다. 코로나19 유행으로 드러난 체계의 문제짐을 공공성과 공공보건의료 강화로 해결해야 한다는 주장이 설득력 있는 이유다.

코로나19 유행에서 교훈을 얻은 첫 번째 공공성 강화 방안은 공공보건의료시설과 인력을 적정 수준 이상으로 확대하는 것, 즉 여러 지역에 공공의료시설을 늘려 '양'을 확보하는 일이다. 대구에서 경험한 것과 같이 어느 정도 수의 공공병원과 병상, 장비, 이를 책임질 인력이 모자라면 비상시 진단과 치료가 늦어지고 중환자도 제때 치료받지 못한다. 이런 상황에서 초기에 어느 정도까지 공공의료시설을 활용할 수 있으면 다른 시설과 조직이 준비될 때까지 완충 역할을 할 수 있다.

체계 수준에서 제기된 또 한 가지 중요한 과제는 '공공보건의료 시스템 강화'이다. 공공병원이나 병상의 수가 기본선에 미치지 못할 때 또는 어느 정도까지 공적 기반을 확보한 상태라도, 코로나19 환자가 대규모로 발생할 때처럼 필요와 요구가 넘치면 공공 부문만으로 대응하기 어렵다. 이때는 시장원리의 지배를 받는 민간도 공공처럼 기능하는 체계가 필요하다. 예를 들어 이 체계에서는 민간 병상과 인력을 동원하고 행정 구역을 넘어 환자를 이송할 수 있게 하는 식이고, 관리 주체와 무관하게 연수원이나 숙박시설까지 활용할 수 있다. 유행하는 감염병 외에 필수 의료 기능을 유지하는 것도 중요한데, 인력, 시설, 재정, 관리, 감독 등의 체계 요소가 서로 연관돼 충실하게 기능해야 한다.

코로나19 유행은 전국화와 함께 '지역화'가 동시에 진행되는 양상을 보인다. 대구를 비롯해 단기간에 많은 환자가 발생한 지역이 있는가 하면, 일부 지역에서는 확진자와 중환자가 적어 병원 수요가 미미했다. 전통적 방역과 사회적 거리두기에서도 지역화 경향이 나타났는데, 지역에 따라 위험 정도와 요인이 다르므로 대응 방법도 지역 맞춤형이어야 함을 뜻한다. 대응에 필요한 자원과 역량도 지역별로 큰 격차를 보였다. 앞서 말한 공공성 강화의 2가지 전략, 즉 공공보건의료의 기본 양을 확보하고 공공보건의료 시스템을 강화하는 데는 지역이 중요한 역할을 해야 하며, 이는 곧 방역을 비롯한 감염병 대응체계를 분권화해야 함을 가리킨다.

사회정책 또는 사회체제와의 연계

코로나19 대응 과정에서 계속 드러나는 문제는 감염병의 특성과 대응 방법 때문에 다른 사회적 기능이 중지, 위축, 왜곡된다는 점이다. 학교가 개학을 연기하면서 가정의 양육 부담이 가중되고 아동학대가 늘었으며, 요양시설에서는 면회가 금지되고 돌봄 서비스가 중단되었다. 여러 공공서비스를 수개월 이상 중지한 곳이 많고, 보건소 또한 방역을 제외한 대부분 사업이 연기되거나 축소되었다. 어떤 의미에서든 이들 서비스 또한 '필수적'이라면, 보건의료 측면의 방역과 함께 이 필수 서비스를 계속 유지해야 한다.

감염병 관리와 사회정책의 연계를 강조하는 것은 감염병의 사회
경제적 영향, 특히 소득 감소나 실업 등 부정적 영향에 대응한다는
의미가 있지만, 보건의료체계를 넘어 여러 사회체계가 통합적으로
기능해야 감염병 그 자체에 대응할 수 있다는 것을 뜻하기도 한다.
예를 들어, 유력한 감염병 대응 수단인 사회적 거리두기를 제대로
실천하려면 방역 당국과 보건의료 당국뿐 아니라 정부의 여러 부처
가 참여해야 한다. 중앙정부의 지휘, 통괄 기능과 아울러 영역별로
보건복지부 – 의료·요양·복지기관, 교육부 – 학교, 고용노동부 –
사업장, 국방부 – 군대, 지방정부 – 소규모 사업장과 업체 등으로 구
분해 개입할 수밖에 없다.

문제는 현재의 사회체제 그리고 이에 바탕을 둔 사회정책은 감
염병에 대응할 수 있는 역할이 제한적이라는 점이다. 예를 들어, 교
육 당국은 학교를 닫음으로써 감염병 유행을 억제하는 데 이바지했
지만, 교육제도 때문에 일정 기간 이상 사회적 거리두기를 할 수 없
었다. 그것이 가능하다 하더라도 교육 불평등이 악화하는 상황을
방치할 수 없는 것이 기존 제도의 딜레마다. 콜센터나 물류센터를
통한 감염병 확산을 막으려면 작업환경이나 노동조건을 근본적으
로 바꾸어야 하지만, 현재의 시장경쟁과 노동시장 구조를 그냥 두
고서는 대안을 찾기 어렵다.

구조적으로는 권력관계의 불평등과 불균형이 방역을 비롯한 감

염병 대응에 개입하는 현실이 중요하다. 자본주의 시장 경제에서 학교, 종교단체, 자산가와 부유층, 전문직 등은 비교적 쉽게 사회적 거리두기를 실천할 수 있으나, 노동자나 영세 자영업자, 중소기업 등은 실천이 훨씬 더 어렵다. 시간제 임금을 받거나 유급휴가가 없는 노동자는 어떤 조건에서도 일을 쉬기 어렵고, 따라서 이들에게 일터에 나가지 않는 방식의 사회적 거리두기는 실천할 수 없는 방역 기술이다.

사회체제에 내재한 권력관계의 한계를 넘어야 사회적 거리두기를 비롯한 사회적 방역 수단의 역할이 커지고 실천 효과를 기대할 수 있다. 예를 들어 상병수당이 충분하다면 아플 때 직장을 쉬자는 방역 지침을 실천할 가능성이 커지고, 노동자 참여가 활발할수록 작업장 환경을 좀 더 쉽게 고칠 수 있을 것이다. 사회체제의 여러 층위에서 민주주의 실천과 역량이 뒷받침된다면 감염병 유행을 예방하거나 억제하고, 감염병으로 인한 사회경제적 피해를 최소한으로 줄일 수 있을 것이다.

도시 진화의 트리거, 팬데믹

백효진 한밭대학교 강사 · **이상호** 한밭대학교 도시공학과 교수

유발 하라리는 2020년 3월 20일 〈파이낸셜 타임스〉에 위기 상황이기에 가능했던 변화가 미래 사회에 고착된 상태로 남을 것이라는 내용의 칼럼을 실었다. 코로나 이후의 세계에 대한 전망이었다. 그리고 그 후 전 세계 각 분야는 포스트 코로나 시대 전망을 쏟아냈다. 인간이 정착된 주거환경을 조성한 이래로 감염병은 항상 존재했고, 도시는 이에 대응하면서 함께 진화해왔다. 2020년 코로나 팬데믹은 '포스트 코로나'가 아닌 '위드 코로나' 시대의 시작을 알리는 듯 보인다.

19세기 콜레라 팬데믹 당시 런던의 주택가는 오물 천지였다. 창

밖으로 던지는 오물로부터 몸을 보호하려고 중절모와 망토를 걸쳤고 하이힐도 신었다. 21세기 코로나 팬데믹에 사는 우리는 마스크와 세정제를 사용한다. 19세기 콜레라 팬데믹을 통해서 도시의 기반시설이 체계를 잡기 시작했다면, 21세기 코로나 팬데믹은 도시의 무엇을 발전시킬까?

감염병이 일으킨 도시의 진화

도시는 감염병을 기억한다. 감염병의 가장 초기 대처는 격리였다. 로마는 성당이 있는 마을마다 병원을 지었고, 13세기에 이르러 병원은 도시의 공공 기능으로 자리를 잡았다. 19세기에는 산업혁명과 함께 사람들이 더욱 빈번히 이동하게 됐다. 콜레라 팬데믹은 영국의 공중위생법(1848년)과 프랑스의 파리재개발법(1841년)을 만들었다. 격리라는 초기 단계에서 도로, 급수시설, 상하수도, 주택 등의 물리적 환경이 대폭 정비되었고, 공원이 도시의 공공 기능으로 자리 잡았다. 감염병에 대한 도시의 대처는 환경개선으로 이루어졌다.

수세기 동안 감염병은 오염된 공기를 통해 전파된다고 여겨졌다. 이른바 독기론毒氣論인데, 악취에 대한 인간의 즉각적인 혐오 반응이 이를 대변한다. 고대 로마 건축가 비트루비우스Marcus Vitruvius

Pollio의 『건축10서』에는 기후조건과 통풍을 고려한 방사선 가로망의 이상도시가 묘사되어 있다. 이에 영향을 받아 1593년에 대표적인 르네상스 시대 이상도시인 팔마노바Palma nova가 건설되었다.

독기론은 19세기까지 지속되었다. 산업혁명과 함께 형성된 빈민가가 감염병의 발원지로 여겨졌다. 파리재개발법과 공중위생법 역시 공해, 특히 악취를 몰아내기 위한 조치였고 통풍을 위한 공원 조성이 고안되었다. 얼마 지난 1855년 런던의 존 스노John Snow와 헨리 화이트헤드Henry Whitehead는 콜레라 확산의 원인이 공기가 아니라 식수로 흘러 들어간 오물 때문임을 밝혀냈다. 이는 도시의 물 이동 시스템을 더욱 체계화시켰다. 하지만 맑은 공기에 대한 욕구는 벤저민 리처드슨Benjamin Ward Richardson의 하이게이아(1876년), 에베네저 하워드Ebenezer Howard의 전원도시(1898년)로 이어진다. 하이게이아는 통풍을 위한 건물의 높이와 배치는 물론 가로수의 식재까지도 고려한다. 전원도시는 도시 내 공원에 만족하지 않고 전원田園을 주창한다.

코로나19와 변화의 신호

21세기 코로나 팬데믹은 사람의 접촉으로 전파된다. 19세기 콜레라 팬데믹이 물의 이동을 통제했다면 지금 도시는 사람의 이동을 통제한다. 환자의 이동 경로와 접촉자를 실시간으로 분석한다. 열감지 센서를 통과하고 스마트폰으로 체크인을 한다. 드론과 로봇 개(스팟)는 마스크 미착용자를 판별하고 주의를 준다. 사회적 거리 두기는 교육, 일, 쇼핑, 여가마저도 원격 활동으로 대체하게 했다. 각종 기술 분야는 비대면·비접촉 환경 구축에 맞춰 바뀌고 있다. 병원이나 공원, 상하수도와 같은 공간적 기반시설이 디지털화를 입는다. 디지털 인프라가 곧 위생 시스템이고 도시의 가장 중요한 기반시설이 될 것이다.

앞으로도 지속될 문제는 격차다. 코로나 팬데믹은 디지털 격차와 공간 격차를 고민하게 한다. 디지털 환경이 열악한 개인과 지역은 무료로 장비를 대여받거나 임시로 통신데이터를 제공받기도 했다. 하지만 재택근무를 하기에는 비좁은 집, 맑은 공기를 맡을 공원이 없는 동네, 대중교통이 적어 보건소까지 걸어가야 하는 지역 등 물리적 공간의 격차는 가족 간 불화, 코로나 블루(코로나 우울증), 또 다른 비용의 발생을 야기했다. 디지털 격차를 해소하고 서비스와 공간의 균형을 이루는 것이 과제로 떠올랐다.

사람들은 코로나 우울증으로 인해 개방감을 요구하는 동시에, 감염에 대한 공포로 인해 개인의 영역성을 필요로 한다. 위생에 민감해져 탁한 공기와 인구밀도가 높은 장소를 기피하게 된다. 서비스에 대한 기대감은 시스템이 좋은 도시로의 이동을 야기하기도 한다. 쾌적과 안전에 대한 요구에 더해 심리적 개방감과 안정감에 대한 요구가 늘어날 것이다. 주택은 물론 도시에서 공개공간의 확대, 개인 영역의 확보, 근거리 환경, 건축가 뱅상 칼보가 계획한 '파리 스마트 도시 2050' 건물 프로토타입과 같은 수직형 녹지, 체감형과 오감 만족도가 중요해질 것이다. 도시의 전원은 수직농장 같은 건물을 요구하고 있다.

최근의 현상을 바탕으로, 사회적 측면에서는 '사회적 거리의 확대', 기술적 측면에서는 '수요에 대응한 기술 실현', 경제적 측면에서는 시간과 노동력을 비롯한 모든 '소비 행태의 전환', 환경적 측면에서는 '심리적으로 요구'되는 건전한 환경 변화, 그리고 정책적 측면에서는 '투명하고 신속한 안전소통망'이라는 변화의 신호가 예상된다.

여기에서 무엇이든 가능한 미래의 '슬세권'

코로나 시대의 도시는 사람의 이동을 줄이는 것이 중요해 보인다. 서울연구원을 비롯해 도시계획 분야에서는 근거리 자급자족 환경이 강조되고 있다. 하지만 아이러니하게도 자율주행 자동차가 상용화된다면 앞으로 시공간은 단축될 것이다. 우리는 더 짧은 시간에 더 멀리 이동할 수 있고, 이동하는 시간 동안 더 자유롭게 무언가를 할 수 있게 될 것이다. 이동이 쉬워져 이동이 늘어날지도 모른다. 여기에서는 균형이 중요하다. 교통의 초점은 사람의 이동보다 물건의 이동에 더 맞춰져야 할 것이다. '언제, 어디서나'라는 스마트 도시 슬로건이 '여기에서, 무엇이든'으로 바뀔 것이다. 여기는 나의 '스마트 홈'이 될 수도 있고, 집 앞의 '거점 오피스'가 될 수도 있겠다.

이미 우리는 이동을 줄이고 한곳에서 작은 스마트 디바이스 하나로 여러 가지를 한다. 이 작은 파트너는 나의 모든 활동을 기록하고 있다. 빅데이터는 몸이 점점 더 커지고 있다. 빅데이터의 영향력이 커지고, 도시는 이를 이용해 더 '스마트'해지려고 한다. 14세기 유럽을 강타한 흑사병은 노동력 부족을 야기했고, 노동자들의 협상력이 커지면서 봉건제는 변하기 시작했다. 21세기 코로나 팬데믹은 생체 데이터까지 요구하고 있다. 데이터를 생성하는 개인의 협상력도 커져야 할 것이다.

'여기에서' 모든 것이 가능하려면, 그리고 격차를 완화하려면 공공 인프라의 영역이 더욱 확장되어야 한다. 서비스의 분산은 물론 물리적인 분산도 필요하다. 스마트 홈, 스마트 스트리트, 스마트 공원, 스마트 물류. 단순히 '스마트'라는 수식어를 붙이는 것은 아니다. 스마트 홈에서는 자동 공기정화와 살균 시스템이 가동된다. 필요에 따라 베란다 공간은 카페나 사무실이 되기도 하고 병원이 되기도 한다(유연한 공간 활용). 스마트 스트리트의 IoT 센서들은 보행자의 웨어러블 기기로 보행반경의 정보들을 전송한다. 보행자 속도에 맞춰 신호등이 제어되고, 자율주행 자동차와 소형 이동 수들은 서로 연동하여 제어된다. 통행량이 적을 때에는 부분적으로 주차장이 되었다가 포장마차가 되기도 한다(팝업 공간). 머리의 환기를 위해 산책로를 통해 걸어간 스마트 공원에서는 나에게 필요한 공공행정, 원격 의료, 원격 근무, 원격 강의가 가능하고(복합기능), 공중이나 지하 등 다른 층위에서 공공교통이 운행된다(수직형 근린주구). 생활권 물류 허브로 모여든 물건들은 스마트 물류 라인을 통해 건물 지하에 머물렀다가 내가 원하는 시간에 배송로봇에게 받으면 된다. 지금 나에게 필요한 물건과 기능(서비스)이 '여기에서(근린)' 충족된다.

하지만 도시는 유토피아가 아니다. 머리는 이상에 두되, 발은 현장에 있어야 한다(루이스 멈포드). 아직은 아날로그 도시의 정비가 필요하다. 물리적 거점을 중심으로 한 공간의 보수도 필요할 것이다. 에드워드 글레이저는 『도시의 승리』(이진원 옮김, 해냄, 2011)에서 승리하는 도시의 핵심 요소로 좋은 병원, 빠른 정보, 적은 자동차를 꼽았다. 즉, 긴급방역 시스템, 투명하고 빠른 디지털 정보망, 서비스와 물건의 근거리 이동으로 대비해볼 수 있겠다. 도시의 '슬세권'(슬리퍼 차림으로 거닐며 서비스를 누리는 권역을 나타내는 신조어)은 다양한 형태로 제안되고 있다. 스마트 건강주구(충청남도), 공공보건 시스템을 겸비한 방재거점빌딩 중심의 자족형 근린생활권(서울연구원) 등이다. 분산되어 있는 초등학교, 주민센터, 지하철 역사 등이 생활 SOC Social Overhead Capital(이용자 중심의 근거리 생활환경)의 거점으로 복합 활용될 수도 있다. 긴급방역 시스템이 자립·분권되어 인구밀도를 결정하고, 소규모 그물망으로 시스템이 초연결되는 빠른 서비스망, 슬세권에서 필요한 대부분의 활동이 가능한 물리적 구조가 중요하다.

공간에 대한 배려, 균형 잡힌 가치의 조율

일본은 2021년부터 원격 근무가 가능해진 도쿄 내 통근자가 직장은 도쿄에 있되 지방으로 이주할 경우 보조금을 지원하는 텔레워크 이주지원금을 발표했다(《일본경제신문》, 2020.9.25.). 코로나로 바뀐 업무 행태를 지방 활성화와 인구 분산으로 연계시킨 것이다. 디지털 인프라 또는 스마트 오피스를 잘게 분산시키면 가능하다. 런던과 맨해튼의 교외 이주 현상은 저절로 나타나고 있다(《서울경제》, 2020.8.17.). 도시에 감염병이 돌 때마다 교외로 이주하는 움직임은 있었지만 도시로 집중하는 큰 흐름을 바꾸지는 못했다. 도시에는 사람들을 모이게 하는 다양한 서비스가 집적되어 있기 때문이다.

집중과 분산은 도시의 오랜 과제인데, 성장을 이끌면서 배분도 이루어야 하는 것이 문제다. 집중과 분산에서 공간의 제약을 덜 받는, 그래서 공간서비스의 격차를 완화시키는 모델로 스마트 리전이 고려되고 있다. 서비스 권역은 더욱 확대될 것이고, 분산된 디지털 거점들은 더 먼 거리까지 서비스를 확대할 것이다. 그러기 위해서는 스마트 도시는 물론 시민도 성숙해져야 하고, 다양한 가치들이 균형을 이루어야 한다. 그 시작은 공간에 대한 나눔과 배려다. 예상보다 더 오랜 시간이 걸릴는지도 모르겠다.

'인생은 단순한 균형의 문제'라는 장자크 상페의 책 제목을 좋아한다. 단순한 문제이면서 너무나 어려운 문제가 '균형'이다. 격차의 균형, 서비스의 균형, 공간의 균형, 밀도의 균형, 자연과 기계의 균형, 가상과 아날로그의 균형, 어쩌면 코로나와의 균형까지. 시대의 요구보다 앞선 합리적이고 융통성 있는 균형을 공간상에 실현하는 것이 도시계획이다. 균형 잡힌 공간은 미래 전망을 통한 계획과 의식 있는 주체(시민)의 지속적인 조율 그리고 배려로 실현될 것이다.

기후위기가
감염병을 부른다

조천호 경희사이버대학교 특임교수·전 국립기상과학원장

코로나19 바이러스 하나가 순식간에 전 세계에 퍼졌다. 각 나라에서 감염자와 사망자가 속출해 의료시설이 일시적으로나마 마비되고, 확산을 막으려고 사회적 거리두기를 하는 동안 경제는 휘청거린다. 코로나19는 우리 문명의 기반이 얼마나 허약하고 위태로운지 보여준다.

인류는 농업을 시작할 무렵인 약 1만 년 전부터 짐승을 길들여왔다. 인간 울타리 안에 들어온 가축으로부터 홍역, 결핵, 천연두 등이 사람에게 감염되었다. 인간과 동물에게 인수공통감염병이 발생한 것이다. 미국 국립생물공학정보센터 연구에 따르면 인간 질병 중

60%가 인간과 동물 사이의 감염으로 일어났다고 한다.

과거 기후변화와 감염병

2020년 노벨상 위원회는 평화상 수상자로 유엔 세계식량계획기구WFP를 선정하며 "코로나19 백신이 나오기 전에는 식량이 가장 강력한 백신이다"라고 했다. 이처럼 인간의 영양 상태는 감염병 확산에 큰 영향을 미친다. 과거에는 자연적인 기후변화에 따라 식량 생산량이 크게 달라졌다. 이는 감염병이 전 세계로 퍼지는 대유행(팬데믹)의 발생 여부를 결정했다.

기원전 400년부터 기원후 200년까지를 로마 온난기라고 부른다. 기후가 좋아 농업 생산력이 향상됐고 이에 힘입어 로마와 한나라는 제국을 넓혔다. 기원후 200년경에 전 세계 인구가 2억 5000만 명이 되었다. 도시가 발달했고 로마와 한나라는 실크로드로 서로 연결되었다.

기원후 160년 이후 로마와 한나라에서 천연두가 발생했다. 기원후 200년 이후부터 800년까지 한랭 건조해 식량 생산량이 크게 줄었다. 대부분 영양 상태가 나빠져 질병에 쉽게 걸렸다. 인구 밀도가 높은 도시는 감염병을 키우고 삽시간에 퍼지게 하는 발판이 되었다. 220년 한나라가 붕괴한 이후, 실크로드를 통해 들어온 흑사병으로 중국 인구가 200년에 약 6000만 명에서 600년에는 약 4500만 명으로 줄어들었다. 251~256년에는 로마에서 처음으로 홍역이 발생해 하루에 최대 5000명이 사망하기도 했다. 유럽에서는 대유행으로 당시 전 세계 인구의 5%인 약 1000만 명이 사망했다.

중세 온난기가 800년부터 시작해 1300년까지 이어졌다. 농업 생산력이 좋아 전 세계 인구가 800년에 2억 명에서 1300년에 4억 명으로 2배 증가했다. 이때는 대유행이 발생하지 않았다. 중세 온난기에 넉넉한 식량으로 대부분 영양 상태가 좋아 팬데믹이 발생하지 않은 것으로 보인다.

1300년에서 1800년대까지 소빙하기였다. 소빙하기에 약 0.6도가 수백 년에 걸쳐 자연적으로 하강했다. 추울 뿐 아니라 날씨 변동이 심해 가뭄과 폭풍우가 자주 일어났는데, 이는 기온 하강보다 농작물에 더 심한 피해를 일으켰다. 기근으로 대부분 영양 상태가 안 좋은 상태에서 흑사병은 400년 동안 되풀이해 발생했다. 1300년에서 1400년 사이에 유럽에서는 2500만 명이, 중국에서는 3000만 명이 흑사병으로 죽었다.

한랭 건조기 직전에도 소빙하기 직전에도 당시 최고조에 달했던 인구 증가, 도시 발달과 연결 확대가 기후변화 상황에서 더 큰 위기를 일으키는 어건이 되었다.

1492년에서 1700년 사이 유럽인들이 가져온 감염병에 아메리카 인디언은 면역성이 없어 인구의 85~90%인 5000만 명이 감소했다. 중국에서는 명나라 말기 감염병으로 중국 인구가 2000만 명 정도 줄었다. 1500년 이후에도 감염병으로 많은 사람이 사망했지만, 세계 인구는 줄지 않았다. 무역이 발달해 식량을 넉넉한 곳에서 모자란 곳으로 보낼 수 있게 되었고 산업혁명과 농업혁명이 일어났고 의료가 발달한 덕분이었다.

오늘날 기후위기와 감염병

기원후 몇백 년에 한 번씩 일어나던 감염병이 19세기에 4가지(콜레라, 황열병, 제삼 역병, 러시아 독감) 그리고 20세기에도 4가지(스페인 독감, 아시아 독감, 홍콩 독감, 에이즈)가 발생했다. 2000년 이후에는 지금까지 사스, 돼지 독감, 메르스, 에볼라, 코로나19가 확산했다. 사스는 사향고양이에서, 메르스는 낙타에서, 에볼라는 박쥐 바이러스가 원숭이를 통해, 그리고 코로나는 박쥐 바이러스가 천산갑을 통해 인간에게 전파되었다고 한다. 이처럼 야생 바이러스가 우리에게 점차 다가오고 있다. 왜 그럴까?

미국 국립보건원NIH은 인수공통감염병이 새로운 질병의 75%를 차지하고 있다고 밝혔다. 생물 다양성과 생태계 서비스에 관한 정부 간 과학 정책 플랫폼IPBES은 포유류와 조류에서 아직 인간에게 전파되지 않았지만 잠재적으로 유해할 수 있는 바이러스의 수를 최대 170만 종류로 추정했다. 모든 바이러스가 동물에게서 사람에게 옮겨 가지는 않는다. 종 간 장벽을 뛰어넘지 못하기 때문이다. 그러나 바이러스가 돌연변이를 하면 사람에게 넘어올 수도 있다. 기후위기에 적응하기 위해 바이러스의 돌연변이가 더 빨리 일어난다면 인간 감염병이 될 가능성도 커진다.

기후위기와 환경 파괴로 서식지가 사라지면 다양한 동물 종이 생존에 알맞은 지역을 찾아 나설 수밖에 없게 된다. 이 과정에서 야생동물과 인간의 불필요하고 부당한 만남이 이루어진다. 이는 바이러스에게 인간이라는 또 다른 숙주로 넘어올 기회를 제공한다. 여기에 더해 야생동물까지 먹어보려는 인간의 탐욕으로 시장에 야생동물을 모아놓는다. 애완동물로서 외래종 동물 시장은 날로 번창하고 있다. 동남아시아 조류, 아프리카 원숭이와 남미 파충류가 상점 안 좁은 공간에서 만날 수 있다. 이들 동물에 서식하는 수많은 미생물은 종 간 장벽을 허물 기회를 얻게 된다.

지구 가열로 수많은 생물 종이 극지방으로 이동하고 있다. 과학 전문지 〈사이언스〉에 발표된 2017년 연구에서 육지 종들이 10년마다 평균 17킬로미터씩 그리고 해양 종들은 10년마다 72킬로미터씩 극지방으로 이동한다고 추정했다. 세계보건기구WHO는 지구 평균 기온이 1도 오를 때마다 감염병이 4.7% 늘어날 것으로 전망했다.

열대성 질병의 80% 이상은 주로 모기와 진드기와 같은 곤충이 전파하는 매개 감염이다. 바이러스를 옮기는 곤충의 활동성은 기후에 크게 영향을 받는다. 열대 질병이 온대 지방으로 확산되는 것이다. 기온이 2도 상승하면 말라리아 발병확률이 5% 증가한다. 2019년 〈네이처 미생물학회지Nature Microbiology〉에 실린 논문에 따르면 2050년에는 지구 가열로 흰줄숲모기가 우리나라에서도 뎅기열을 일으킬 전망이다.

북극 지방은 지구 평균보다 2~3배 빨리 가열되어 영구동토층을 녹인다. 2005년 〈지구물리학 연구지Geophysical Research Letter〉에 따르면 영구동토층은 현재 러시아보다 면적이 크지만 이번 세기말에는 알래스카보다 작은 크기로 축소될 수 있다고 전망했다.

영구동토층은 춥고 산소가 적으며 어둡기 때문에 미생물을 잘 보존할 수 있는 냉동 저장소다. 지구가 가열되면서 영구동토층이 녹아 수만 년간 묻혀 있던 고대 미생물이 깨어날 수 있다. 부활한 미생물로 신종 감염병이 유행한다면 면역력이 전혀 없는 현대 인류에 치명적인 결과가 초래될 수 있다.

과학자들은 3만 년 된 시베리아 영구동토층에서 기존 바이러스보다 10배나 큰 바이러스를 발견했다. 다행히 이 바이러스는 인간에게 위협이 되지 않았다. 그러나 영구동토층에 묻힌 모든 미생물이 인간에게 위험이 되지 않는다고 확신할 수는 없다.

지난 2005년, 과학자들은 알래스카 차가운 땅에 묻혀 있던 스페인 독감 희생자의 폐 조직에서 1918년에 5000만 명의 목숨을 앗아간 바이러스를 재생하는 데 성공했다. 1980년대에 공식적으로 소멸한 천연두 바이러스도 2004년 시베리아 영구동토층에서 찾아낸 18세기 시체에서 발견되었다.

2016년 8월 러시아 시베리아 툰드라 지역에서 탄저균에 감염된 순록고기를 먹은 12세 소년이 사망하고 72명이 입원했다. 그해에는 평년보다 10도 이상 기온이 올라 75년 전 탄저균에 감염돼 죽은 순록이 영구동토층에서 해동된 것이다. 감염된 순록의 병원체가 인근 하천과 토양으로 흘러들었고, 근처에서 풀을 뜯던 2000마리 이상의 순록을 감염시켰다. 결국 이 고기를 먹은 사람에게까지 탄저균이 전파되었다.

인류 문명이 초래한 감염병의 확산

온대, 열대, 한대에 상관없이 기후위기와 생태계 파괴로 감염병 발생 가능성이 커지고 있다. 이뿐 아니라 인구밀도와 사회 교류에 의해서도 감염병이 증폭된다. 인류 문명이 도시를 만들고 도시와 도시를 교통수단으로 연결하면서 도시화와 세계화를 이루어냈다. 이것이 바이러스의 확산 경로가 된다. 중세 흑사병은 아시아에서 남유럽으로 퍼지는 데 10여 년이 걸렸고 다시 남유럽에서 북유럽까지 전파되는 데 5년이 걸렸다. 1918년 스페인 독감은 6개월에 걸쳐 전 세계에 퍼졌고 코로나19는 불과 한두 달 안에 전 세계 모든 곳에서 발생했다.

오늘날 문명은 과거와는 비교가 안 될 정도로 엄청난 인구, 복잡한 도시와 이를 단단히 연결하는 단일한 체계로 통합되었다. 이는 상하수도, 예방접종, 항생제 등 과학기술의 발전으로 인류가 감염병 위험에서 벗어났기 때문에 가능했다. 그러나 복잡성과 연결망이 증가할수록 그 구조를 조직하고 통제하는 것이 어려워져 전체 체계는 더 무너지기 쉬운 상태가 된다. 감염병은 고도화되고 단일화된 문명 체계에서만 대유행이 될 수 있다.

더 뜨거운 지구는 덜 안정된 세상이 될 것이다. 더 많은 사람이 자연재해로 난민이 될 수 있다. 가뭄과 그로 인한 식량 부족은 정치적 갈등을 유발할 수 있다. 기아와 빈곤이 만연하면, 감염병은 근절되지 않을 것이다. 지정학적 충돌, 난민 발생과 인도주의적 위기로 황폐해진 사회는 공중 보건을 유지하기가 어렵게 된다. 깨끗한 물의 고갈, 의료 서비스 부족과 정부의 질병 통제 결핍은 감염병을 더 쉽게 확산할 수 있게 하기 때문이다.

코로나19가 일어나기 전에는 상상할 수 없었던 일이 벌어지고 있다. 학교와 대중시설이 제대로 운영되지 못하고, 사회가 위축되고 있다. 밀집도를 낮추고 연결을 줄이는 과정에서 경제성장이 중단되었다. 코로나19는 우리가 지금까지 내달려온 방향과 반대로 사회와 경제를 끌어당겨 속도를 늦춘다. 미래 생존이 지금 가던 길과는 다른 길에 있음을 깨우쳐준다.

기후위기와 감염병은 문명을 성장시키는 과정에서 발생한 의도하지 않은 결과이다. 즉, 문명 그 자체의 위기이다. 인간은 자연의 일부이므로 자연을 해치는 문명이 결국 인간을 해친다. 감염병과 기후위기는 서로 연결된 이 세상에서 함께 생존하려면 지금 삶의 방식을 바꿔야 한다는 자연의 경고다.

공동체의 위험에 모두가 맞서 싸우는 시민 정치

유범상 한국방송통신대학교 사회복지학과 교수

2019년 12월에 출몰한 원인불명의 폐렴을 2020년 2월 세계 보건기구는 COVID-19(코로나19)로 명명했고 2020년 3월 11일 세계적인 대유행을 의미하는 팬데믹을 선언했다. 현재 전 세계적으로 확진자는 6000만 명(58,467,203명)에 사망자는 140만 명 (1,385,973명)에 육박한다(2020년 11월 22일 기준). 한국은 확진자 3만 403명에 사망자 503명으로 비교적 모범적인 방역을 하고 있다(질병관리청 중앙방역대책본부, 2020.11.21). 하지만 전문가들은 한국도 활화산 위에 올라앉은 것처럼 위태로운 상태라고 입을 모은다. 코로나19는 2020년 지구촌의 일상을 다르게 만들었다. 코로나

19와 함께하는 뉴노멀의 시대가 도래했다는 암울한 전망이 나오고 있다.

코로나19는 병리적 차원의 전염병 그 자체로 끝나지 않는다. 이 병은 시민사회에 다양한 모습으로 합병증을 유발하고 있다. 실업으로, 소득결핍으로, 혐오로 이어지고 있는 것이다. 정부의 가장 인상적인 정책은 전 국민에게 재난지원금을 제공한 것이다. 이 정책은 시민들의 긴급한 필요에 부응했고, 일시적인 경기 부양 효과도 있었다고 평가받는다. 특히 금기의 영역이었던 소득정책과 복지국가에 대한 상상력의 지평을 넓혔다.

부는 상층에 위험은 하층에

하지만 시민들의 일상에 위험은 지속되고 있다. 주목할 점은 코로나19의 영향력이 평등하지 않다는 점이다. 위험은 약한 부분에 집중되기 때문이다. 최초 사망자는 청도대남병원에 입원한 몸무게 42킬로그램의 환자였다. 약자가 코로나19의 무게를 가장 많이 짊어지고 있는 현상은 도처에서 발견된다. 시카고에서 흑인 인구는 3분의 1이지만 사망자의 72%가 이들이다. 이것은 이 지역에서 백인의 평균수명이 흑인보다 8.8년 긴 구조적·인종적 불평등이 반영된 결과이다(〈뉴욕타임스〉, 2020.4.7). 특히 비정규직과 중소 자영업자는 직격탄을 맞고 있다. 자살 지표에서도 코로나19의 영향이 짙게 묻어난다. 보건복지부 '응급실 기반 자살시도자 사후관리사업 현황' 자료에 따르면 2020년 1월부터 8월까지 전체 자살시도자 수가 1만 5090명으로 전년 같은 기간 대비 10% 증가했다. 20대의 경우 4213명으로 같은 기간 43% 증가했고, 특히 20대 여성이 전체 자살시도자의 32.1%로 나타났다. 이것은 취업과 해고에 취약한 20대 여성의 어려움을 반영한 것으로 평가된다.

울리히 벡은 『위험사회』(홍성태 옮김, 새물결, 1997)에서 "부는 상층에 축적되지만, 위험은 하층에 축적된다. 부자는 위험으로부터의 안전과 자유를 사들일 수 있다"고 비판했다(75쪽). 부자는 코로나19로부터 상대적으로 안전하지만, 자본을 축적할 기회는 더 많다. UBS은행은 코로나19 상황인 2020년 4~7월에 세계 억만장자들의 재산 총합이 27.5% 증가했고, 이는 사상 최대치라고 증언했다. 위험이 계급적이라는 울리히 벡의 주장은 이런 현실과 잘 맞아떨어진다.

코로나19가 인간으로 인한 환경 전염병의 조짐에 불과하다는 분석이 제기되고 있다. 『에코데믹, 끝나지 않은 전염병』(마크 제롬 월터스 지음, 이한음 옮김, 책세상, 2020)은 전염병을 에코데믹ecodemic으로 정의하는데, 이것은 '생태이상으로 인해 발생한 지구적인 전염병'이라는 의미이다. 자본주의는 이윤을 얻기 위해 자연과 더불어 동물을 착취했다. 15년 수명의 돼지는 겨우 서 있을 정도의 우리에 갇혀 6개월이면 도살되고, 거대 농축산업은 닭을 A4용지보다 작은 면적에 세워놓고 달걀을 얻기 위해 밤새 불을 켜놓는다. 소는 양의 창자를 갈아 만든 사료를 먹는다. 이 모든 동물에게 어려서부터 항생제를 먹인다. 월터스는 '새로운 전염병 어떤 것이든 내게 가져와라. 인간이 일으킨 환경변화가 그 원인임을 입증하겠다'면서 '바이러스가 인간세상으로 가기 위해 문을 거세게 두드리고 있다'고 주장한다(11쪽). 이런 점에서 코로나19의 숙주는 통제되지 않은 자본주의인지 모른다.

페스트, 자원보건대 그리고 우리

자본의 무한질주와 계급적인 사회적 위험은 멈출까? 알베르 카뮈의 소설 『페스트』(김화영 옮김, 민음사, 2012)는 하나의 단서를 제공한다. 카뮈는 14세기에 창궐해 유럽인의 3분의 1을 죽였던 페스트를 모티브로 1940년대 알제리 오랑 시를 조명한다. 쥐들은 이 도시에 페스트균을 날랐다. 당황한 사람들은 페스트를 축소하거나 각자도생하거나 신께 해결책을 간구했다.

도지사는 조용히 처리하자고 말했고, 외부에서 온 기자 랑베르는 이것은 자신과 무관하다면서 이 도시에서 어떻게든 탈출할 방법을 모색했다. 성직자들은 집단기도주간을 정했다. 파늘루 신부는 페스트는 죄의 대가이니 오만한 인간들이 신 앞에 무릎을 꿇으라면서 기도회를 열었다. 이 사이에 페스트는 더욱 기승을 부렸다.

한편에서는 이 사태를 즐기는 자들이 나타난다. 술집은 '양질의 술이 세균을 죽인다'라는 광고로 돈을 번다. 경찰에 쫓기던 코타르는 배급물자 암거래, 투기, 사재기 등을 통해 막대한 자본을 축적한다. 그는 말한다. "페스트를 옆에 두고 살게 된 날부터 나는 훨씬 지내기 좋아졌다."

이때 자각한 시민들을 중심으로 자원보건대가 만들어진다. 리더인 의사 르외는 말한다. "인정해야 할 것이면 명백하게 인정해 드디어 쓸데없는 두려움의 그림자를 쫓아버린 다음 적절한 대책을 세우는 것이다. 그런 다음에야 비로소 페스트가 멎을 것이다." 한편, '나와 상관이 없다'던 랑베르는 '우리 모두와 관련된 것이다'라는 생각을 한다. '신의 단죄이다'라고 하던 파늘루는 어린아이의 죽음 앞에서 '신이 과연 이 아이들을 재물로 삼았을까'라는 질문과 함께 자원보건대의 일원이 된다. 신부는 이제 '여러분'이라고 하지 않고 '우리'라는 말을 쓴다. 시민자원보건대는 이런 자각과 결단으로 만들어졌다.

소설 『페스트』는 코로나19에 직면한 우리에게 중요한 교훈을 던진다. 첫째, 위기의 원인을 명확하게 인식해야 한다. 초기에 파늘루

신부는 신의 분노에서 원인을 찾는 우를 범했다. 코로나19의 경우 자본의 무한질주에 주목해야 한다. 둘째, 이를 극복하려면 가장 결핍을 느끼는 자들이 조직을 만들어야 한다. 조직화의 핵심은 우리라는 자각, 즉 연대에서 비롯된다. 셋째, 페스트는 일시적으로 멈추었을 뿐, 지속된다. 페스트균이 사라지자 마을은 축제분위기에 휩싸인다. 르외는 이를 경계한다. 그는 페스트균이 '결코 소멸하지 않는다. 지하실이나 트렁크나 손수건이나 낡은 서류 같은 것들 속에서 꾸준히 살아남아 있다가 인간이 방심하면 다시 돌아올 것'이라고 경고한다.

코로나 시대와 토론하는 동료들

사회적 위험이라는 페스트는 자본주의 초기부터 도처에 존재했다. 불평등, 빈곤, 차별, 편견 등은 곳곳에서 출몰했다. 이때마다 이에 맞서 사회운동, 혁명이라는 싸움이 벌어졌다. 이 싸움의 중심에는 권리의 결핍을 느끼는 시민들과 인권과 민주주의의 가치를 자각하고 함께 토론하는 동료들이 있었다. 즉 시민정치는 토론하는 동료들의 연대성을 지향하는 성격을 띠었다.

코로나 시대에는 첫째, 전염병과 끊임없이 맞서야 한다. 이를 위해서는 전염병의 원인인 자연과 동물에 대한 착취의 사슬을 끊으려고 노력해야 한다. 근대 공장식 농축산업, 삼림벌채, 화석연료 등 생태와 기후에 영향을 미쳐온 돌진적 근대화에 대해 근본적으로 성찰해야 한다. 진화생물학자이자 계통지리학자인 롭 월러스는 『팬데믹의 현재적 기원』(구정은·이지선 옮김, 너머북스, 2020)에서 '원헬스' 개념에 주목할 것을 제안한다. 자연, 동식물과 농업, 인간, 바이러스와 건강, 보건 인프라가 하나로 이어져 있다는 것이다. 즉 동물, 자연, 인간 모두가 건강해야 한다.

둘째, 불평등에 맞서야 한다. 코로나 시대에 사회적 위험은 인류를 향하지만, 실상 특정 계급에게 차별적이다. 지그문트 바우만은 『부수적 피해』(정일준 옮김, 민음사, 2013)에서 '퓨즈'에 주목한다. 전기회로가 과부하에 걸리는 순간 가장 먼저 퓨즈가 망가진다. 그런데 퓨즈가 끊어지면 회로 전체가 작동을 멈춘다(7~11쪽 참조). 우리는 자주 끊어지는 퓨즈 대신에 더 튼튼한 구리선으로 대체하고 싶다는 욕구가 생긴다. 퓨즈가 구리선으로 대체되는 순간 회로는 퓨즈의 민감성을 잃어버린다. 이런 경우 위험은 걷잡을 수 없는 재앙이 된다. 코로나 시대에서 퓨즈의 정치는 비정규직, 콜센터노동자, 자영업자, 일용노동자 등에 주목해야 한다. 이들에게 무급휴가나 실직은 살인이나 마찬가지다. 따라서 노동자들은 설령 증상이 의심된다고 하더라도 자발적으로 자가격리를 결정하기 어렵다.

코로나 시대에 시민정치는 퓨즈의 정치로부터 이 문제가 발생한

보다 근본적인 원인에 주목해야 한다. 울리히 백은 산업화 시대의 '나는 배고프다'에서 위험사회의 '나는 두렵다'로 화두를 바꿀 것을 주문한다. 근본적인 전환을 위해 이제 동물과 자연의 착취에 주목해야 한다. GDP 경제학은 이윤과 성장을 위해 자연과 동물과 인간을 무한정 먹어치우는 돌진적 근대화에 기반한다. 따라서 코로나 시대의 시민정치는 불평등에 맞서고 세계시민으로서 자신을 규정해야 한다.

셋째, 각자도생의 유혹에 맞서야 한다. 사회적 위험은 연대와 협동보다는 양육강식과 적자생존으로 이어졌다. 이런 점에서 시민들이 생존 현장에서 경쟁하기보다는 함께 모여 학습해야 한다. 즉 코로나 시대는 작업장이 아니라 도서관이 필수적이다. 옌뉘 안데르손의 『도서관과 작업장』(장석준 옮김, 책세상, 2017)은 '스웨덴과 영국의 사회민주주의와 제3의 길'이라는 부제를 달고 있다. 1970년대 말 복지국가가 위기에 처했을 때 영국은 빅토리아 시대의 작업장을 통해 위기를 극복하고자 했다. 즉 공장에서 경쟁력을 찾자고 시민에게 호소했고, 이 과정에서 복지국가가 무너졌다. 반면 스웨덴은 시민의 연대와 협동을 위한 정책을 강구했다. 이 정책은 영국의 작업장과 견줘 도서관으로 상징되었다.

넷째, 코로나 시대에 모든 시민이 맞서야 한다. 결핍을 느끼는 사람이라면 학생, 노인, 장애인, 여성 등 모두가 전문가와 활동가가 되어야 한다. 울리히 벡은 "위험의 전문가는 없다"면서(66쪽), 위험에 노출된 많은 시민들이 참여할 때, 이들은 핵공학자, 물리학자, 유전공학자, 컴퓨터공학자 등의 과학자와 다름없다고 주장한다(315쪽). 이처럼 시민정치는 일상에서 모두가 참여해 함께 토론하면서 세상을 읽고 실천하는 과정이다. 이를 통해 '우리'가 된 지구촌의 세계시민들은 비로소 공동체의 위험에 맞설 수 있을 것이다.

코로나19가 야기한
기본소득과 지역화폐의 가능성

양준호 인천대학교 경제학과 교수

코로나19 팬데믹의 위기에 직면한 세계 각국은 지금 '기본소득'으로 불리는 정책 개념에 주목하기 시작했다. 영국은 우파 정치세력의 수장인 보리스 존슨 총리가 '코로나19 국면에 꼭 고려해야 할 정책'으로 기본소득을 강조하면서 이 제도에 관한 관심이 급속히 커지고 있다. 물론 시장주의 성향이 매우 강한 영국이 경제위기에 직면했다는 이유로 금세 기본소득을 제도화할 것으로 보이지는 않는다. 그러나 이것이 '집단면역' 구축을 언급한 직후 코로나19에 감염되고 만 존슨 총리의 발언이라는 점에서, 보수 우파가 정권을 잡은 영국에서조차 기본소득이 도입될지 모른다는 기대와 우려를 낳고 있다. 이렇듯 경제, 사회 전반에 걸쳐 시장주의와 성과주의에 경도되어온 미국과 영국 등 신자유주의 노선 국가들조차 기본소득 카드를 만지작거리는 중이다. 이는 정부 재원으로 국민의 소득을 보전해주고 이를 통해 국민이 팬데믹 경제위기 아래서 어떻게든 살아남을 수 있게 해야 한다는 절박한 정책적 문제의식에 기인하는 것으로 보인다.

우리나라도 마찬가지다. 코로나19의 여파로 급속히 냉각되기 시작한 서민경제를 살리기 위해 현 정부는 전 국민에게 긴급재난지원금을 지급했다. 이를 계기로 정부가 지원하는 대국민 현금 지급 정책을 상시화해야 한다는 여론이 거세지면서, 기본소득은 학계와 시민사회 영역을 넘어 이제 정치권에서도 논의가 본격화되고 있다. 이재명 경기지사가 이 담론을 정치권에서 가장 먼저 대중화하며 논쟁의 정치적 확대재생산에 기여했고, 국민의힘 김종인 대표도 기본소득을 향후 핵심 정책 의제로 내세운 상황이다. 이렇듯 기본소득에 관한 논의는 국내외를 막론하고 활발히 진행 중이다. 고통에 허덕이는 국민에게 국가가 현금을 지원하는 파격이 아니고서는 위기에서 벗어날 수 없는 시대로 접어든 것이다.

기본소득과 지역화폐가 창출한 지속 가능한 지역순환형 경제

모든 이에게 차별 없이 또 동일하게 지급하는 기본소득이 지역경제 활성화의 동력(시드 머니)으로 작용할 수 있다는 인식을 토대로 기본소득을 지역화폐로 지급하자는 주장이 국민의 지지를 받기 시작했다. 특정 지역에서만 사용하고 유통되는 지역화폐가 그 지역 중소 자영업자들의 매출을 늘려 고용 문제에 도움을 주고, 부가가치세까지 늘어나는 지역경제적 선순환을 이뤄냈다는 것이 객관적 사실로 받아들여졌기 때문이다. 경기도는 국내 광역 자치단체 중에서 기본소득의 지역화폐 지급을 가장 먼저 시도했다.

이러한 문제의식을 바탕으로 경기도는 2020년 9월 11일에 제2회 기본소득박람회 국제컨퍼런스에 '기본소득, 지역화폐, 지역경제 살리기'라는 세션을 편성해 논의의 판을 깔아주었다. 지역화폐를 연구해온 필자가 그 세션의 좌장을 맡았는데, 발제자였던 스페인의 수사나 마틴 벨몬테Susana Martin Belmonte 박사가 소개한 사례가 매우 인상적이었다. 그는 스페인 바르셀로나 북동부 익스베소스의 빈곤지역 600여 가구를 대상으로 진행한 기본소득 '비민컴B-Mincome'의 지역화폐화 사례를 구체적으로 소개했다. 해당 지역은 비민컴의 25%를 그 지역에서만 발행·통용되는 지역화폐 'RECReal Economy Currency'로 지급하면서 빈곤 주민을 구제함과 동시에 지역경제 활성화에도 크게 기여했다.

비민컴은 2018년 9월부터 지급되기 시작했는데, 해당 금액을 REC로 지급한 기간은 약 1년 정도다. 기본소득 정책 도입부터 관련 기획을 주관한 것은 협동조합과 같은 지역의 시민사회 단체와 이들의 의견을 존중해온 바르셀로나 시의회였다. 정부는 빈곤지역 600여 가구에 매월 1000유로(약 140만 원)를 지급해오고 있는데, 그중 25%는 13개월간 REC로 지급했다. 한화로 약 27.3억 원, 우리나라 지역사랑상품권 발행량과는 비교가 되지 않을 정도로 적은 돈이 지역 내에서만 돌고 도는 '종잣돈'으로 유통되었다.

이와 같은 기본소득의 지역화폐 지급 실험은 투입 예산은 매우 적었지만, 지역경제에 대한 파급효과, 즉 골목상권 승수효과는 19.5%로 매우 높게 나타났다. 이는 유로화보다 무려 5배나 높은 수치임에 주목해야 한다. 경제적 돌파구를 찾지 못하고 빈곤지역으로 치부되었던 익스베소스가 기본소득과 지역화폐가 결합된 정책적·시민실천적 대응을 계기로 활기를 띠기 시작했다. 영세 자영업자의 매출이 늘고, 그들에 의한 고용이 늘어났으며, 이로 인한 주민 소득 증대와 기본소득 지급이 맞물리면서 빈곤 주민들의 실질 소비 능력이 탄탄해졌다. 그 결과 다시 골목상권이 살아났고, 그 지역 생산자들의 생산량도 늘어나기 시작했다.

스페인 최악의 빈곤지역에 필자가 그간 강조해온 지역 '내발적 발전endogenous development' 즉 '지역 순환형 경제'가 구축되고 있다.

이렇듯 기본소득과 지역화폐의 조합은 놀라운 성과를 발휘한다. 여기서 중요한 것은 빈곤지역 주민의 생존권을 보장하고 그로 인한 지역경제 활성화가 가능하게 하는 첫 단계에는 공적자금 지원이 필요하지만, 그 후에 연쇄적으로 나타나는 지역경제 활성화 과정은 기본소득과 지역화폐에 의해 '살아나기' 시작한 지역경제의 자체적인 회복 경로에 의한 것이라는 점이다.

시민화폐로서의 지역화폐의 가능성

우리는 바르셀로나 익스베소스 지역뿐 아니라 기본소득을 지역화폐로 지급하고 있는 더 많은 사례들을 폭넓게 검토해봐야 한다. 익스베소스 지역과 우리나라는 그 '규모'가 차원이 다르다. 전국민 또는 전 지역민을 대상으로 지급을 계획하는 우리의 기본소득 구상과, 발행량이 스페인 REC의 100배 이상에 달하는 우리의 지역화폐 정책이 조합되면 스페인 사례와는 비교할 수 없을 정도의 경제적 효과를 기대할 수 있다. 지금의 지역화폐가 경기, 인천, 군산, 포항 등지에서 상당한 수준의 지역경제 승수효과를 창출하고 있음을 고려할 때, 이는 손쉽게 예측 가능한 결과다. 이런 맥락에서 기본소득을 지역화폐로 지급하는 방안을 구상하고 이를 발 빠르게 정책에 반영한 경기도의 대응은 현실을 읽은 판단이라 할 수 있겠다.

단, 중요한 과제가 하나 있다. 세션 발제자 벨몬테 박사는 지역화폐의 영어표기를 'local currency'가 아닌 'citizen currency'라 했다. 지역에서만 통용되는 화폐이기 이전에 그 정책의 전반에 시민이 참여해야 함을 강조하려는 의도였다. 필자 역시 지역화폐는 '시민의, 시민을 위한, 시민에 의한' 화폐일 때 발행량을 늘리고 유통 속도를 높일 수 있음을 강조해왔다. 그는 스페인 북동부 지역 실험은 기본소득과 지역화폐 정책이 '공동제작co-production'에 의해 기획, 추진, 관리되어야 성공할 수 있다고 했다. 그렇다. 지역화폐의 본질은 화폐에 대한 시민의 권리를 높이는 데 있고, 지역화폐의 성패는 시민의 참여와 관심에 달려 있다. 거기에 민·관 간의 협치가 더해진다면, 이것이 바로 우리가 '공동제작'한 정책일 것이다.

사람들의 필요를 매개하는 지역화폐

기본소득이 갖는 본질적인 특징은 보편성과 무차별성이다. 생존을 위한 '필요'에 맞춰 모든 이에게 보편적으로 또 무차별적으로 지급하는 소득이다. 이처럼 보편성과 무차별성을 전제로 하는 기본소득을 지역화폐로 지급하게 되면, 지역화폐의 한계로 지적받아온 이른바 '대중화' 문제를 오히려 쉽게 해소할 수 있다. 시민 대부분이 지역화폐 제도를 알고 또 그 의의를 이해하게 될 때, 지역화폐의 발행량과 유통 속도는 자연스럽게 늘어난다. 이는 지역화폐 프로젝트의 성패를 가늠하는 가장 중요한 정책적·시민실천적 조건이기도 하다. 최근 들어 활성화되기 시작한 국내 지역화폐 정책의 성공적인 제도화를 위해서라도 기본소득은 그에 더해져야 한다.

그렇다면 한 가지 중요한 과제가 남는다. 앞에서도 언급했듯이, 기본소득은 노동에 따른 소득이 아니라 주민의 생존을 위한 '필요'에 따른 소득이다. 여기서 주목해야 할 것은, 지역화폐 역시 주민 간의 '필요'를 매개하는 통화라는 점이다. 우리나라에서는 개인이 상점에서 자신이 충전, 구입한 지역화폐를 쓰고 나면 그 돈은 법정화폐로 환전되어 소진되고 만다. 그렇지만 지역화폐의 원래 기능은 주민 개인 간의 거래를 매개하는 것이다. 특히 시장에서는 확보 또는 구입할 수 없는 사회 서비스, 즉 사각지대에 놓인 주민의 '필요'를 화폐 지급을 통해 충족시키고자 하는 것이다.

지역화폐가 이러한 이상을 수행하면서 기본소득과 합쳐질 때, 생존권 소득을 통한 국민의 '필요' 충족은 더욱 다채롭고 동학적으로 이뤄지고, 기본소득의 원래 목적에 한 걸음 더 다가가게 될 것이다. 지역화폐가 개인 간의 서비스 거래를 매개하는 수단으로 진화할 것을 기대한다.

감염병은 더 이상
종교를 필요로 하지 않는다

신광은 열음터교회 목사

어느 날 갑자기 프랑스령 알제리의 오랑 시를 흑사병이 휩쓴다. 쥐 몇 마리의 죽음에서 시작된 흑사병은 순식간에 사망자를 양산한다. 오랑 시가 통째로 록다운되자 시민들의 불안은 극도에 달한다. 시민들은 성당을 찾았다. 성당에서 파늘루 신부는 하느님이 흑사병을 통해 인간의 죄를 심판한다면서 회개하라고 설교했다. 파늘루의 설교는 시민들이 벌써부터 막연하게 가지고 있던 영혼의 불안을 확인시켜주었다. 시민들은 신부의 설교를 듣고 회개하며 강복을 기원했다. 알베르 카뮈의 소설 『페스트』의 한 장면이다.

역사를 살펴보면 전염병이 창궐할 때마다 종교는 늘 흥행을 거두었다. 죽음의 영이 우는 사자처럼 삼킬 자를 찾아다닐 때 불안을 달랠 곳은 종교뿐이었기 때문이다. 굳이 파늘루의 설교가 아니더라도 인간은 갑작스러운 불행을 신의 진노로 해석하는 습관을 공고히 해왔다. 하여 지극히 세속적인 인간도 불행이 닥치면 신전을 찾아가 왜 신들이 노했는지를 묻고, 제물을 바치며, 신의 자비를 구했다. 1630년 베네치아에 흑사병이 창궐했을 때 시민들이 산타마리아델라살루테성당을 성모 마리아에게 봉헌해 올린 것은 그 한 예이다. 이처럼 감염병이 창궐하면 종교는 부흥했다.

그런데 이번 코로나19 사태에서 이 공식이 깨졌다. 오랑 시 주민들과는 다르게 우리 시대의 사람들은 더는 이러한 설교에 귀를 기울이지 않는다. 사람들은 왜 신이 노하셨는지 이유를 묻지 않으며, 회개하거나 강복을 기원하거나 예배당을 봉헌하지 않는다. 지금 코로나19가 온 나라를 휩쓸고 있는 상황에서 종교, 특히 기독교는 끔찍한 흥행 참패를 겪고 있다. 사람들은 교회에 아무것도 요구하지 않는다. 요구하는 것은 딱 한 가지다.

제발 모이지 말라!

이런 일은 전례가 없었다. 지금, 중대한 변화가 일어나고 있다. 여기서 우리가 주목해야 할 것은 'K-방역모델'로 불리는 한국의 방역 및 의료체계이다. 속단하기는 이르지만, 한국이 코로나19에 대처하는 방식은 동시대적으로 봤을 때도 독보적이지만, 역사적으로 봤을 때도 전례를 찾을 수 없을 것이다. 2020년의 'K-방역모델'은 문명사적 신기원으로 평가받을지도 모르겠다.

코로나19에 대한 한국의 대처 방식, 'K-방역모델'은 전염병의 일반적 진행 패턴을 바꿔놓았다. 기존의 감염병이 팬데믹을 향해 기하급수적 그래프를 그려왔다면, 한국의 확진자 그래프는 팬데믹을 향해 치솟는 형태를 그리지 않고 있다. (최소한 2020년 11월까지는 그렇다.) 2020년 2월의 신천지발, 5월의 이태원발, 그리고 8월 15일의 광화문 집회발 확진자 폭증 등 여러 차례 팬데믹으로 향해 갈 수 있는 계기가 있었으나 그때마다 그래프는 아래로 꺾였다. 놀랍게도 전염병은 통제 가능한 수준에서 관리되고 있다. 이를 두고 한 외신은 '한국이 코로나19 대응의 암호를 풀었다'고 했는데, 바꿔 말하면 한국이 인류 역사상 최초로 전염병에 대응하는 암호를 풀었다고 할 수도 있을 것이다.

'K-방역모델'의 특징은 '전염병의 시각화'라고 할 수 있다. 한국에서 코로나19는 눈으로 볼 수 있다. 'K-방역모델'은 전 국민에 대한 포괄적이고 광범위한 추적을 통해서 숨어 있는 코로나19 바이러스를 찾아내 모두 그래프 위에 표시하고 있다. 그래서 누구라도 확진자의 동선, 확진자들의 지역 분포, 집단감염지의 위치 및 군집

크기를 볼 수 있다.

지금까지 감염병은 볼 수 없었다. 기껏 볼 수 있는 것은 피 흘리며 죽은 쥐 떼나 병상에 누운 환자, 길거리에 버려진 시체 들뿐이었다. 이런 상황에서 보이지 않는 죽음의 유령이 손만 뻗으면 만져질 정도로 가까운 거리에서 공기 속을 활보하며 다녔다. 전염병을 볼 수 없기에 사람들은 불안과 공포에 압도되며 공황 상태에 사로잡혔다. 세계 곳곳에서 나타나는 사재기 현상은 그러한 불안의 표현이라고 할 수 있다. 전염병 상황에서 사람들이 미신과 주술을 찾은 것도 전염병이 보이지 않았기 때문이다. 그런데 'K-방역모델'이 이 공식을 바꾸어버렸다. 한국에서 사재기가 없었던 이유도 전염병을 볼 수 있기 때문이고, 코로나19가 꾸준히 위세를 떨치는데도 종교가 흥행에 참패한 것 역시 전염병을 볼 수 있기 때문이다.

전염병을 시각화하는 일은 간단하지 않다. 의학만 발달해서 될 일이 아니다. 사실 한국보다 의학이 더 발달한 나라는 많다. 하지만 그런 나라에서도 전염병을 제대로 보여주지 못하고 있다. 오직 한국만이 전염병을 제대로 보여주고 있다. 이것이 가능하려면 정확한 진단 키트가 있어야 하고, 거기에 더해 다양한 의료 기술, 보편적 의료보장체계, 인력과 물자를 신속하게 배치할 수 있는 지방 및 중앙 정부의 행정 기술, IT 기술과 빅데이터 기술 등이 동시에 다 필요하다. 최종적으로 개별 테크놀로지들이 중앙의 컨트롤타워를 중심으로 방대하게 결합되어야 한다. 거기에 드라이브 스루나 워크 스루 같은 신기술도 신속하게 편입될 수 있어야 한다.

요컨대 핵심은 다양하고 이질적인 테크놀로지들의 방대한 결합이다. 이러한 테크놀로지의 결합이 질병 시각화를 가능하게 한다. 우리는 여기서 테크놀로지의 본질이 시각화라는 사실과 마주하게 된다. 그리고 감염병에 맞서 이렇게 잘 작동한 시스템은 아직까지 없었다.

신을 필요로 하지 않는, 성인된 세계

코로나 상황에서 종교의 흥행 참패는 테크놀로지가 고도화한 사회에서 종교가 더는 존재하기 어렵다는 사실을 보여주는 듯하다. 하여 'K-방역모델'은 종교의 종말을 예견케 한다. 종교는 독일 신학자 디트리히 본회퍼가 말하듯 '인간의 의식이 막다른 골목에 부딪힐 때라든가 모든 능력이 쓸데없게 될 때' 신을 찾아서 자신의 결핍을 채우려는 시도라고 할 수 있다. 이런 종교는 천둥 번개가 치는 것을 본 원시인이 신을 호출한 데서부터 시작해 지금까지 늘 우리 곁에 머물러 있었으며, 이때의 신은 늘 기계 장치의 신Deus ex machina 이었다. 종교와 신은 인간의 한계 상황 너머의 차원과 관계했다. 전염병은 인간이 자신의 절대적 한계 상황을 절감하는 대표 사례 중

하나이며, 그래서 전염병이 몰아닥칠 때마다 종교는 부흥했다.

그런데 'K-방역모델'은 이제 전염병 앞에서 인간은 신의 도움을 구할 필요가 없다는 사실을 보여주고 있다. 사람들은 교회당을 찾아가 기도하는 대신 TV나 스마트폰을 보고, 사제의 설교가 아닌 정은경 청장의 브리핑에 귀를 기울인다. 테크놀로지라는 발명품 덕분에 신에게 의존하지 않고도 자생하는 법을 터득한 인간은 더는 종교를 필요로 하지 않는다. 종교는 방해물이요 천덕꾸러기일 뿐이다. 4차산업혁명 시대의 도래가 예고된 마당에 종교의 종말은 더욱 속도를 낼 것으로 보인다.

작금의 상황은 알파고가 이세돌 9단을 이겼을 때와 비슷하다. 알파고가 이세돌을 이겼을 때 알파고는 한 명의 프로 바둑기사를 이긴 것이 아니라 바둑 자체를 붕괴시킨 것이다. 비슷하게 'K-방역모델'도 현장 예배를 금하게 하는 것을 넘어서 종교 자체를 무너뜨리고 있는 것이다.

이러한 상황은 80년 전 본회퍼가 말한 '성인된 세계'를 떠올리게 한다. 『옥중서신』(김순현 옮김, 복있는사람, 2019)에서 그는 바야흐로 성인된 세계가 도래하리라고 내다봤다. 성인된 세계는 인간의 능력이 신장되어, 더는 신의 도움을 필요로 하지 않는 상태의 세계를 말한다. 그런 세계에서는 능력의 결핍을 보충하기 위해 신에게 의존하던 방식의 종교는 필요하지 않게 될 것이다. 그러니 이 시점에서 물어야 할 질문은 '어떻게 주일성수를 할 것이냐'가 아니라, '과연 성인된 세계에서 기독교는 생존할 수 있을까?'이다.

종교의 옷을 벗은 새로운 기독교

본회퍼는 종교의 옷을 벗는다면 기독교는 성인된 세계에서도 생존할 수 있을 것이라 말했다. 그는 이것을 '기독교의 비종교화'라고 했다. 지금까지 기독교는 종교의 옷을 입고 있었다. 그래서 기독교도 인간의 능력의 결핍을 하느님의 도우심으로 극복할 수 있다고 설교했다. 하지만 성인된 현대 세계에서 기독교는 이러한 종교의 옷을 입고 살아남을 수 없다. 기독교는 종교의 옷을 벗어야 생존의 길이 열릴 것이다.

종교의 옷을 벗은 새로운 기독교는 어떤 모습일까? 첫째, 지금까지 기독교는 세상을 적대시하며 게토화된 교회 내에만 구원이 있다는 키프리아누스의 공식으로 세상을 바라보았다. 그러나 새로운 기독교는 세상을 새롭게 발견할 수 있어야 할 것이다. 세상은 단순히 심판이 예정된 지옥의 땔감이 아니라 하느님께서 지극히 사랑하셔서 독생자를 보내셨던 그 세상임을 깨달아야 할 것이다. 그리고 하느님께서 그 세상에 그리스도를 보내셨듯이 교회를 보낸다는 사실을 기억해야 한다.

둘째, 하여 새로운 기독교는 세상 '속'에 들어가야 한다. 기독교 교육, 기독교 기업, 기독교 윤리 같은 '기독교'라는 장식을 떼고 세상과 구별됨 없이 세상에 흡수되는 법을 배워야 한다. 그리고 이는 핸드릭 크래머가 말했던 것처럼 '모이는 교회'를 넘어서 일터와 일상으로 '흩어지는 교회'가 중요해져야 함을 뜻한다. 나아가 이런 흩어지는 교회는 당연하게도 성직자 중심의 기독교가 아니라 평신도 중심의 교회일 것이며, 제의적 기독교가 아니라 삶과 일을 통해 건설되는 기독교일 것이다.

셋째, 새로운 기독교는 세상 속에 들어가 세상을 위해 봉사 diakonia해야 한다. 본회퍼가 말한 대로 교회는 타자를 위한 존재다. 교회가 세상을 '위한' 교회가 아니라면 교회는 더는 교회가 아닐 것이다. 세상을 위한다 함은 세상을 개종시키는 것이 아니라 세상을 보존하기 위해 봉사하는 것을 말한다. 이것은 폭주기관차처럼 죽음을 향해 치달아 가는 세상을 향한 경고와 심판을 선포함과 동시에, 그 심판을 넘어선 하느님의 은총을 선포하는 것이 되어야 한다. 이것이 새로운 기독교가 선포해야 하는 복음이다.

넷째, 4차산업혁명 시대를 맞아 새로운 기독교가 선포하는 복음 중에 더욱 중요한 국면은 참된 자유의 길을 제시하는 것이 되어야 한다. 포스트 코로나 시대는 포스트 자유주의 시대다. 코로나19는 지난 500년간 유지되어온 자유주의에 종말을 가져왔다. 인간의 자유가 위태롭다. 테크놀로지의 발전이 속도를 낼수록 자유의 종말 또한 빨라질 텐데, 새로운 기독교는 자유의 종말을 초래하는 일체의 속박, 특히 테크놀로지의 가공할 만한 강박으로부터 해방의 길을 제시하는 기독교가 되어야 한다.

마지막으로, 새로운 기독교는 세상 속에 들어가더라도 세상에 속하지 않는not belong 법을 훈련해야 한다. 일터와 일상에서 세속성과 무신성에 함몰되지 않고 살아갈 수 있는 내공을 길러야 한다. 이 내공은 본회퍼가 말하는 비밀 훈련과 같은 방식으로 쌓을 수 있을 것이다. 일상 속의 기도, 지속적인 묵상, 형제애의 실천이 쉼 없이 이루어져야 한다. 초대교회는 이 점에서 많은 지침을 줄 수 있다.

코로나19는 여러 면에서 우리가 사는 세계의 모습을 바꿔놓고 있다. 그리고 이것은 기독교도 예외가 아니다. 지금까지 한국교회는 메가처치 현상에 사로잡혀서 큰 교회는 큰 교회대로, 작은 교회는 작은 교회대로 너나 할 것 없이 모두 교회의 성장을 추구해왔다. 하지만 코로나19는 더는 이러한 성장주의 패러다임을 유지할 수 없게 만들고 있다. 교회는 이제 코로나 이후에 어떠한 모습으로 변신해야 할지 고민할 수밖에 없다. 그리고 그 길은 오래전 본회퍼가 예언한 비종교화의 길이 되지 않을까 싶다.

"우리는 하느님 앞에서 하느님과 함께 하느님 없이 살고 있네."

K자형 회복과
가속화된 불평등

조귀동 서강대학교 경제학과 박사과정

코로나바이러스감염증 – 19(코로나19)가 발생한 지 1년 정도 지난 시점에서 주요 선진국의 최대 고민 중 하나는 양극화 심화다. 이를 상징하는 신조어가 'K자형 회복'이다. 코로나19의 급격한 확산과 이를 막기 위한 봉쇄(록다운) 조치로 1929년 대공황 이래 최악의 침체 양상을 보이던 경제는 2020년 3분기 정도부터 회복세로 돌아섰다. 그런데 회복 양상을 보면 부자들은 더욱 부자가 되고, 가난한 사람들은 더욱 가난해지는 'K'자 형태가 완연하다.

미국 서부 실리콘밸리의 IT 전문가나 동부 월스드리트의 금융 전문가는 대단한 호황을 경험하고 있다. IT 기기와 서비스에 대한 수요가 폭발했기 때문이다. 기업 실적이 예상보다 탄탄하게 유지되고 정부가 경기침체에 대응해 적극적인 돈 풀기에 나서면서 증시도 호황이다. 미국 증시 대표 지수인 S&P500 지수(미국의 500대 대표 기업의 주가를 기준으로 작성한 지수)는 2020년 2월 14일 3380.16에서 3월 20일 2304.92로 급락했다가, 다시 가파르게 상승해 8월 28일에는 3508.01로 사상 최고치를 기록했다. 여기에 저금리까지 겹치면서 부동산 가격도 큰 폭으로 뛰었다.

K자형 회복은 글로벌 현상

반면 그저 그런 일자리, 특히 저임금 서비스 업종에 종사하는 이들의 먹고사는 문제는 나아질 기미가 좀처럼 보이지 않는다. 미국의 실업률은 2020년 2월 3.5%에서 같은 해 4월 14.7%로 급등한 뒤, 9월 7.9%까지 내려갔다. 그런데 고졸자의 실업률은 9.0%로 여전히 높다. 이들의 실업률은 2020년 2월 3.6%에서 4월 17.3%로 뛰었다. 그런데 4년제 대졸 이상의 실업률은 2020년 2월 1.9%, 4월 8.4%, 9월 4.8%로 고졸자보다 훨씬 낮은 수준이다. 인종별로도 백인은 9.2%인데 아프리카계 미국인(흑인)은 14.6%에 달하고 히스패닉(라틴계) 12.9%, 아시아계 12.0%다. 미국 경제지 〈월스트리트저널〉은 고졸 이하, 흑인·히스패닉, 여성 비중이 높은 음식점업이나 서비스업에서 실직자가 다수 발생한 것이 주요 원인이라고 설명한다.

한국도 비슷하다. 코로나19로 인한 경제활동 마비와 그로 인한 실직은 저임금·비정규직과 서비스업, 중소기업에 집중된다. 반면 내구소비재나 중간재를 수출하는 대기업은 상대적으로 상황이 양호하고 IT, 바이오 등의 업종은 호황을 구가한다. 서울 아파트를 중심으로 한 부동산 가격과 IT·바이오·엔터테인먼트 업종의 주가는 사상 최고 기록을 계속 갈아치우고 있다.

통계청의 2020년 2분기 가계동향조사는 코로나19가 초래한 불평등 양상을 극명하게 보여준다. 2분기 평균 가계소득은 월 503만 원으로 전년 동기 대비 4.3% 늘었지만, 주로 긴급재난지원금 등 공적이전소득에 의한 것이었다. 노동자의 근로소득은 5.2%, 자영업자의 사업소득은 4.5% 감소했다. 그런데 소득 최하위 20%(1분위) 가계는 각각 근로소득은 17.9%, 사업소득은 15.8%가 줄었다. 반면 최상위 20%(5분위) 가계는 근로소득은 3.9%, 사업소득은 2.3% 줄어드는 것으로 꽤 '선방'했다.

2020년 3분기 취업자 증감 추이를 산업별로 살펴도 코로나19로 인한 타격을 저소득층이 많이 받는다는 것이 잘 드러난다. 2019년 같은 기간과 비교해서 취업자 수가 31만 4000명(1.1%) 줄었는데, '도매 및 소매'에서 17만 명(산업 내 증감율은 −4.7%), '숙박 및 음식점'에서 20만 7000명(－8.8%)이 준 게 주요 원인이었다. 교육서비스업도 10만 900명(－5.7%) 감소했다. 교육 정도로 보면 고졸 취업자가 21만 8000명, 중졸 이하가 11만 7000명 줄었다. 4년제 이상 대졸 취업자는 4만 7000명이 늘어났다.

소비에서도 양극화 양상은 뚜렷하다. 이를 잘 보여주는 게 자동차 판매량이다. 1~9월 국내에 공장이 있는 5개 완성차 회사(현대차, 기아차, 한국GM, 르노삼성, 쌍용차)의 판매량은 119만 5000대로 지난해 같은 기간(111만 7000대)보다 7.0% 증가했다. 수입차 판매량은 16만 7000대에서 18만 2000대로 9.1% 늘었다. 고급 스포츠의 대명사인 골프는 평일인데도 빈자리를 찾기 힘들 정도로 호황이다. 하지만 가장 인기 있는 스포츠인 프로야구는 일정 대부분이 무관중 경기로 진행되면서 야구장 주변 상권이 몰락하다시피 했다.

중국과 일본 등에서도 K자형 회복 양상은 동일하게 나타난다. 중국의 경우 2020년 상반기 연소득 10만 위안(1710만 원) 이하의 저소득층은 자산이 감소했다. 반면 30만 위안(5130만 원) 이상의 고소득층은 자산이 더 늘어났다. 루이비통, 디오르, 태그호이어 등을 거느린 사치재 회사 LVMH의 중국 매출은 지난해보다 65% 늘어났다. BMW 등 고급 자동차 판매량도 큰 폭으로 늘었다. 하지만 저소득층의 소비는 감소하는 양상이 뚜렷하다.

대역병에 대한 '적응'에 희생되는 사람들

코로나19가 불평등을 확대하는 건 대역병으로 인한 경제 마비와 그 회복 과정이 일반적인 경기침체와 다른 특징을 갖기 때문이다. 일반적으로 경기침체는 가계가 지나치게 빚을 지고, 기업이 과도한 투자를 한 상황에서 소득이나 이익이 늘지 않으면서 촉발된다. 뒤이어 신용 경색, 자산 가치 하락, 해고 증가, 소비 및 투자 감소 등이 발생한다. 이에 대한 정부의 정책 처방은 민간 경제활동의 연쇄고리 중 끊어진 부분을 보수해주는 것이다. 이른바 '비전통적인' 정책이라는 것도, 목적은 동일하다.

그런데 코로나19가 야기하는 문제는 다르다. 경제 내부의 순환 구조가 오작동한 게 아니라, 강력한 외부 요인으로 인한 기존 구조의 마비가 원인이기 때문이다. 민간의 소비와 투자가 중단되면서 정부는 전례 없는 수준의 대규모 재정지출에 나설 수밖에 없지만, 민간의 대응 역량은 그대로 유지되고 있다. 이 구조적 특질이 불평등을 야기한다.

민간 영역은 외부 충격에 대응하기 위해 발 빠르게 대응에 나선다. 기업들은 재택근무를 늘리고, 비대면 업무 수행 방식을 개발한다. IT 회사들은 매출이 늘어나고, 다양한 형태의 소프트웨어와 서비스를 개발한다. 민간 소비도 외식, 공연, 여행 등 서비스 수요는 줄지만 그 대신 자동차, 가구, IT기기 등 내구소비재 수요는 커진다. 바이오산업도 활성화된다. 이러한 변화에서 '돈 냄새'를 맡은 금융 자본은 주식시장이나 벤처캐피탈로 몰려든다. 경기침체를 막기 위해 재정이 대규모로 풀리고 중앙은행도 기준금리 인하나 채권 매입을 통한 직접적인 통화공급(이른바 양적완화)에 나선 상황에서 자금은 넘쳐흐른다. 주식이나 주택 가격이 오를 수밖에 없다.

하지만 적응이 어려운 부문들의 경우 마비된 상태 그대로 남겨지기 때문에 큰 충격을 받게 된다. 서비스 산업의 경우 소비가 큰 폭으로 줄어든다. 이들 산업은 대면 서비스를 기본으로 하기 때문에 디지털화가 어려울 뿐 아니라 디지털화한다 해도 그 혁신은 기존의 기업이나 노동자들 밖에서 일어난다.

코로나19로 인해 속도를 더하고 있는 디지털화는 '남겨지게 되는' 사람들의 문제를 야기한다. 이른바 디지털 디바이드digital divide 이슈다. 스마트폰과 인터넷 기반으로 소통이 이뤄지면서 이런 기기를 이용하는 데 익숙지 않은 저소득층, 장노년층은 코로나19 대응에서부터 곤란을 겪는다. 소비, 금융, 취업 등의 활동에서도 접근성이 떨어져 어려움은 더해진다.

디지털화 속도가 빨라지면 노동시장에서 중숙련 일자리의 몰락을 가속화하게 된다. 업무편향적 기술변화는 미국 MIT의 데이비드 오터 교수, 프랭크 레비 교수, 대런 애쓰모글루 교수 등이 1990년대 이후 미국 중산층 일자리의 위축을 설명하기 위해 제시한 이론이다. 업무 중 반복 작업 비중이 높고, 따라서 IT 기술로 대체 가능한 일자리가 줄어든다는 것이다. 대개 이런 일자리는 사무직이나 대공장 조립공 등이고, 중산층 일자리이기도 하다. 지금은 서비스 일자리가 주로 타격을 받는 것처럼 보이지만, 코로나19로 인해 디지털화가 빨라지면 중산층 일자리 감소가 더 큰 문제가 될 수 있다.

코로나19는 새로운 형태의 경제 문제

요컨대 코로나19가 야기하는 불평등의 문제는 사망률에 큰 차이가 나고 고용 형태가 불안정한 중소기업과 비정규직의 서비스 업종 종사자 일자리가 줄어든다는 데에만 있지 않다. 오히려 더 큰 문제는 대규모 외부 충격으로 사회가 큰 변화를 경험하는 가운데 적응 능력이 있는 고학력 - 고소득층과 그렇지 못한 저학력 - 저소득층의 격차가 급격히 벌어진다는 것이다.

이를 잘 보여주는 게 교육이다. 올해 중등 교육에서 나타나는 현상 가운데 하나는 중간에 해당하는 학생이 줄어드는 양극화다. 2020년 6월 치러진 수학능력시험 모의평가 결과를 보면 국어와 수학(나)에서 90점 이상 상위권은 각각 1.8%p, 5.5%p 늘었는데 40점 미만 하위권 비율도 각각 1.9%p와 7.9%p 증가했다. 원격 재택수업이 활성화된 상황에서, 이를 보완하려고 사교육을 더 받은 고소득층 자녀들은 성적이 향상됐다. 하지만 아예 방치된 저소득층 자녀들은 이전 공교육 시스템에서 받을 수 있었던 대면 지도나 동료로부터의 압력을 받지 못하면서 성적이 뚝 떨어졌다. 이러한 경향은 미국에서도 마찬가지로 관찰된다. 벌어진 교육 격차가 향후 노동시장에서 임금 격차로 전이되는 데는 몇 년 걸리지 않을 것이다.

코로나19 이후 정부의 경제정책에 대한 여러 논의가 나오는 건 이전의 불황과 다른 정책 처방이 필요하다는 공감대가 그만큼 널리 퍼져 있다는 방증이다. 가뜩이나 세계화와 기술발전에 따른 불평등 확대가 여러 사회 문제를 낳고 있는 상황이라 적극적인 대처가 필요하다는 것이다. 애쓰모글루 교수는 6월 5일 국제 언론단체인 프로젝트 신디케이트에 기고한 칼럼에서 "실패한 제도를 개혁하거나 고질적인 경제·사회적 불평등을 개선하지 않을 경우 종전의 '기능 장애'를 단순히 되풀이하게 될 것"이라고 경고한다. 그 경우 영국의 브렉시트나 지난 2016년 미국의 도널드 트럼프 대통령 당선 때와 같이, 정치 체제의 불안정이 커지면서 불평등 문제를 악화시킬 가능성이 높다. 애쓰모글루 교수는 "국가 차원에서 사회 문제에 대한 근본적인 해결책이 나와야 한다"고 주장한다. 코로나19가 우리에게 던지는 근본적인 질문 중 하나는 가속화된 불평등에서 국가를 어떻게 재주조再鑄造해야 하느냐는 것 아닐까.

코로나 시대의 공동체는
어떠해야 하는가

유지현 서울대학교 인류학과 박사과정 연구원

아침저녁으로 부는 찬바람이 올해도 곧 마무리할 시간이 오고 있음을 깨우쳐준다. 하지만 올해는 연말이 다가오는 느낌이 사뭇 다르다. 아직 제대로 시작도 못 해본 것 같은데 마무리는 어떻게 해야 할지 얼떨떨한 기분이다. 하늘에는 구름 한 점 없지만, 사람들의 마음에는 올해가 끝나도록 코로나19가 종식되지 않는다는 데에 따른 좌절감과 우울감이 가득하다.

전문가들은 과거의 정상적인 일상으로 돌아가는 것은 내년 말, 어쩌면 그보다 더 나중에나 가능할 것으로 내다보고 있다. 일상의 많은 부분이 정지된 상태에서 감염에 대한 두려움, 그리고 사회적 단절에 의한 고립감을 극복하려면 우리는 여느 때보다 더 연대하고 협력해야 한다. 그렇지만 역설적이게도 지금 우리 사회에는 혐오와 분노, 배척이 만연해 우리를 더욱 힘들게 한다.

앞서 말하길 좋아하는 사람들은 앞으로 코로나19 이전 시대와 코로나 이후, 포스트 코로나 시대로 구분될 것이라고도 한다. 하지만 뭔가 놓치고 있는 게 있다. 사실 코로나19는 흔한 감기 바이러스 중 하나인 코로나바이러스의 변종이고, 게다가 최초도 아닌 일곱 번째 변종이다. 이미 신종바이러스에 의한 전염병은 21세기 들어 3~4년을 주기로 유행하고 있다. 인류의 역사는 전염병의 역사라고도 할 정도로 인류는 항상 감염병과 공존해왔다. 과거의 긴 진화사적 시간 동안 감염병이라는 강력한 선택압에 대한 적응으로 진화한 행동적, 심리적 특질들이 우리에게 존재한다. 현대 사회에서 나타나는 혐오와 배제 역시 이러한 심리적 기제에 기반을 둔다.

하지만 이러한 행동은 과거의 환경과 달라진 현대 사회에서는 적응에 유리한 양태가 아닐뿐더러, 연대와 협력이라는 공동체적 가치를 무너뜨려 역으로 개인의 복지에도 악영향을 미칠 가능성이 높다. 인간은 사회적 동물이기에 내 주변, 공동체 나아가 사회가 안전하고 신뢰할만해야 행복할 수 있다. 코로나 시대를 헤쳐갈 수 있는 힘은 타인에 대한 혐오와 배제가 아니라, 타인에 대한 신뢰와 연대에서 온다.

동종 개체 접촉으로 인한 감염 위험 증가와 행동면역체계의 진화

감염병의 원인인 미생물 병원체는 인류가 지구상에 나타나기 훨씬 전부터 존재해왔다. 심지어 포유류가 나타나기도 한참 전인 선캄브리아 시대에도 병원체는 존재했다. 무척추 동물의 원시적 면역계나 척추동물의 더욱 복잡한 면역계의 진화는 병원균과 숙주가 지난하게 군비 경쟁을 벌여 이룬 결과이다. 하지만 신체 면역계의 단점은 일단 몸속에 병원균이 들어온 뒤에 일어나는 반응이라는 것이다. 만약 사전에 병원균이 몸속으로 침입하지 못하도록 차단할 방법이 있다면 더 효과적일 것이다.

특히 무리를 이루어 살면서 다른 개체와 빈번히 접촉하는 사회적인 종은 동종 개체와 접촉해 감염이 일어날 위험이 더욱 높다. 병원균의 종 간 전이보다 종 내 전이가 더 쉽게 일어나기 때문이다. 병원균은 숙주의 몸속에서 생존하기 적합하게 진화한다. 종 내 전이의 경우, 동종 개체 간에는 면역시스템도 유사하기 때문에 병원균은 이미 한 개체에서 적응한 형질들을 가지고 다른 개체로 옮아가서도 생존하기 쉽다. 그런데 갑자기 다른 종으로 옮겨갈 경우 새로운 종의 면역반응에는 속수무책으로 당하기 십상이다. 병원균의 종 간 전이 위험 때문에 사회적 동물들은 감염 가능성이 있는 동종 개체에 대해서도 회피 반응을 보인다. 동물행동학에서는 일찍부터 이상한 행동을 보이는 동종 개체에 대한 회피가 전염성 질병의 감염 위험을 줄이는 적응적인 행동이라는 논의가 있어왔다.

지금까지 연구에 따르면 혐오 감정은 진화적으로 상한 음식이나 배설물에 대한 역겨움 반응에서 기원한 것으로 알려져 있다. 신생아도 이상한 맛에 역겨움을 느낀다. 이러한 혐오 감정은 신석기 이후 감염병이 급증하면서 새로운 문화적 환경과 더불어 문화적 금기와 외부인 혐오 등으로 더 확장되었을 것이다. 수렵채집 사회는 작은 규모의 인구를 유지하면서, 계속 주거지를 옮기며 생활하기 때문에 병원균이 한 개인에게 침입해도 전파될 숙주가 많지 않아 사멸할 공산이 크다. 더욱이 다른 부족 집단으로 옮겨갈 확률도 낮다. 하지만 농업혁명과 더불어 커진 집단 규모와 정주 생활, 그리고 가축을 매개로 한 인수공통감염성 병원균의 증가, 다른 인구집단에서 발생한 병원균의 전파로 인해 감염병의 위험은 더욱 커졌다.

심리학자 마크 샬러는 인간에게서 나타나는 다양한 감염 회피 반응을 설명하는 데 '행동면역체계'라는 용어를 제안했다. 행동면역체계는 감염 위험을 최소화하고 체력을 향상시키는 행동을 촉진하는 수단으로 진화한 메커니즘을 통칭한다. 행동면역체계에 의한 인간의 반응은 크게 둘로 나눌 수 있는데, 하나는 잠재적 감염 가능성을 가진 사회적 관계를 회피하는 행동과 혐오의 감정이며, 다른 하나는 문화석 규준을 유지하려는 행동과 보수적인 성향의 강화이다. 조너선 하이트는 도덕 기반 이론에서 5가지 도덕 범주, '위해와 돌봄', '공정성과 호혜성', '집단에 대한 충성', '권위에 대한 존경', '정결함과 신성함' 중 하나인 '정결함과 신성함'에 대한 관념이 기생충이나 병원체 등의 감염원을 회피하기 위한 것이라고 주장한 바 있다.

이와 관련해 판 레이우엔 등의 연구에서 국가별로 과거와 현재의 병원체 분포 수준과 국민들의 도덕 기반 이론의 5가지 도덕 범주에 대한 응답을 분석해 상관도를 확인했다. 그 결과 한 국가의 과거 병원체 유병률은 국민들의 '정결과 신성'뿐 아니라, '집단에 대한 충성' 및 '권위에 대한 존경'의 도덕적 범주와도 상관관계가 강했다. 이 3가지 범주는 모두 사회적 결속과 관련이 있다.

하지만 이러한 행동면역체계는 고정된 반응이 아니라 맥락에 따라 유연하게 나타난다. 임신부를 대상으로 한 연구에서 외집단에 대한 부정적 태도가 질병 취약성에 따라서 커지는 경향이 있었으며, 다양한 연구에서 응답자가 인지한 감염 위협 수준이 높을수록 다수 의견에 순응하려는 정도가 함께 증가함을 보였다. 질병 위협의 정도와 보수성 사이의 상관관계를 분석한 기존 연구들을 메타분석한 결과, 전반적인 양의 상관관계가 확인되었다.

불안, 혐오와 배제, 집단 간 갈등

하지만 이러한 심리적 기제가 외집단이나 집단 규범에 어긋나는 사람에 대해서는 혐오와 배제로 나타날 수 있다. 서울대학교 인류학과 박한선 박사는 감염병이 대유행하는 기간에 나타나는 대중의 반응을 3단계로 설명했다. 첫 번째는 자신이 감염되지 않을까 하는 '불안'이고, 두 번째는 감염과 관련된, 또는 관련됐을 것으로 추정되는 집단에 대한 집단적인 '혐오와 배제'이며, 마지막으로 '희생양 찾기'가 나타난다. 그는 과거의 진화적 적응 환경에서는 보수적 관습과 외부에 대한 경계와 배척 등의 행동 전략이 감염을 막는 데 유리하게 작동했을 것이라면서도, 하지만 현대 사회에서는 이것이 더는 적응에 유리하지 않으며 오히려 부작용이 더 클 수 있다고 우려한 바 있다.

올해 초 중국 우한에서 발생한 코로나19가 전 세계적으로 번지자, 아시아에서는 중국인 혐오, 비아시아권 국가에서는 아시아인 전체에 대한 혐오가 나타났다. 우리나라에서는 코로나19의 중요한 확산 기점이 된 대구, 신천지, 이태원 클럽, 광화문 집회 등의 사건마다 인터넷상에 각 집단에 대한 혐오와 분노의 표현이 넘쳐났다. 또한 사회 내에서도 건강한 청년층과 어린 아이를 둔 부모나 노년층이 인지하는 코로나19의 감염 위협 정도에는 편차가 있다. 이 차이가 세대 간에 사회적 거리두기 등의 방역 관련 행동 양식에 차이를 유발하고, 이에 따라 사회적 갈등을 초래할 가능성이 있다.

세계 주요국 국민 중 우리나라 국민들이 코로나 걱정을 가장 많이 한다는 조사 결과가 발표된 바 있다. 서울대학교 보건대학원 유명순 교수팀의 설문조사에서도 우리나라 사람들이 한국인 사망 원인 1위인 암보다 코로나에 대한 걱정을 더 많이 하는 것으로 나타났다. 그런데 그 속내를 들여다보면 왜 우리가 이렇게 코로나를 걱정하는지, 이 불안과 분노의 근원이 어디에 있는지 성찰해볼 수 있다. 같은 조사에서 '감염이 두렵다'는 응답 못지않게 '확진됐을 때 받을 비난과 피해가 두렵다'고 응답한 사람들이 많았다. 이미 혐오와 배제는 부메랑이 되어 우리를 향하고 있다.

혐오와 배제를 넘어 연대와 협력으로

무엇을 해야 하는가? 백신도 항생제도 진단 키트도 없던 시절에 진화한 석기시대 도덕성이 21세기 인류의 발목을 잡아 질질 끌고 가도록 내버려둘 것인가? 진화심리학자들은 이와 관련해 사뭇 낙관적인 대답을 내놓고 있다. 인류 진화사에서 인류의 생존을 담보한 형질에는 행동면역반응만 있는 것이 아니다. 인류는 사회적 협동, 언어, 기술 노하우의 결합을 통해 고도의 합리성을 진화시켰다. 사회적 협력과 합리적 추론 능력 없이는 인류는 고향인 아프리카와 매우 다른 생태적 환경이 존재하는 지구상의 모든 대륙으로 퍼져나가 생존할 수 없었을 것이다. 합리적 추론, 상호 신뢰와 협력 역시 우리의 본성이다.

2020년 한 해 동안 우리는 효과적인 방역에 초점을 맞추느라 상호 신뢰나 연대와 같은 우리 사회의 공동체적 가치의 위기에는 주의를 기울이지 못했던 것이 사실이다. 코로나19의 방역과 확진자 수 통제를 위해서는 코로나19의 위험성과 방역수칙을 강조하는 것이 효과적이다. 하지만 코로나19는 우리가 기대하는 것처럼 빨리 종식을 선언할 수 있는 감염병이 아니다. 아마도 꽤 오랫동안 우리와 함께할 가능성이 높다. 코로나19가 종식된다고 해도, 머지않아 또 다른 신종 감염병이 발생할 것이다.

감염병 확산을 막는 데서 개개인의 책임과 역할은 중요하다. 그러나 그것만을 강조하며 효과적인 방역에만 초점을 맞추는 것이 능사는 아니다. 감염의 원인과 책임을 개인에게 전가하는 프레임은 가뜩이나 혐오와 배제, 낙인이 발생하기 쉬운 상황에서 이를 더욱 강화한다. 이미 사람들은 코로나19에 감염되어 아픈 것보다 감염됐을 때 사회적으로 받게 될 비난과 피해를 더 두려워하고 있다. 확진자나 집단에 대한 낙인을 거두고, 누구든 언젠가 코로나19에 감염될 수 있고 감염되더라도 그것이 개인의 잘못이 아니며 환자로서 공동체의 도움을 받을 수 있다는 사회적 신뢰와 연대가 먼저 형성

될 필요가 있다. 이러한 공동체적 가치야말로 인류가 감염병과 공
존할 수 있었던 힘이었을 것이다.

물리적 거리 두기,
마음은 더 가까이 두기

기선완 한국자살예방협회장·가톨릭관동대학교 국제성모병원 정신건강의학과 교수

코로나19 바이러스의 전 지구적 대유행 사태는 우리가 한 번도 경험하지 못한 대재난이다. 일반적인 재난의 경우, 아무리 크고 심각하더라도 눈에 드러나고 지역적이며 지속적이지 않다. 재난이 일어난 직후에는 혼란의 시기를 거친다. 그러나 곧 재난 상황에서 빛난 영웅이 나타나거나 기적적인 생존자들이 나타나고, 사람들은 그와 관련된 영웅담을 공유하면서 희망의 불씨를 피우기 시작한다. 이후 온 세상에서 지대한 관심과 더불어 구원의 손길이 모여들고 회복의 희망이 넘친다. 그러나 결국 조금씩 잊히고, 곧 현실적인 어려움에 봉착하기 시작하지만 공식적인 지원은 더디기만 해서 피해

자들은 인고의 나날을 보내게 된다. 하지만 세월이 흘러 재건이 이루어지고 아픔이 치유되며 마침내 재난의 아픔에서 회복하게 된다. 이런 흐름이 일반적인 재난 극복의 과정이다.

재난 초기에 오히려 자살은 줄어들고 공동체는 응집하는 경향을 보인다. 역사적으로는 전쟁을 통해 공동체 내부의 결속력이 강화되는 경우를 흔하게 볼 수 있다. 그러다가 약 1~2년 후에 긴장이 풀리고 현실에 직면하게 되면서 자살이 증가하는 것이 지금까지 우리가 알고 있는 재난과 관련된 자살의 일반적인 경향이다.

사회체계를 혼란에 빠뜨리는 감염병

그러나 코로나19는 과거의 일반적인 재난과 질이 다르다. 모든 것이 불확실하고 예측이 안 된다. 눈에 보이는 확실한 실체도 없고 언제 끝날지도 모르며 범위는 전 지구적이다. 치료제와 백신도 없다. 영웅담도 없고 섣불리 희망을 고취할 수도 없다. 코로나19는 기본적으로 바이러스에 의한 감염병 문제이지만 관리가 되지 않으면 먼저 대량으로 급성 감염이 일어나고 이어서 넘치는 환자들로 의료 시스템이 무너진다. 이때 격리 중인 환자나 과중한 업무에 소진된 의료진의 정신건강을 보살피는 일도 필요하다. 바이러스가 창궐하고 사망자가 늘면 민심이 동요하면서 사회체계를 혼란스럽고

위태롭게 만든다. 감염을 막기 위한 방역과 사회적 거리두기는 경제활동을 몹시 위축시켜 결국 심각한 경제위기와 심리적 공황을 초래한다. 사람들은 불확실하면 불안하다. 게다가 사람들은 이어지는 경제위기 이후 직장을 잃고 삶의 안위를 걱정해야 하는 위기에 몰릴 수 있다는 두려움에 떨어야 한다. 그야말로 청명에 죽으나 한식에 죽으나, 감염으로 죽으나 굶어 죽으나 매한가지라는 부정적인 인식에 사로잡힐 수가 있다.

우리나라의 자살률은 정신건강의 현 주소이며 정신건강과 사회문제의 포괄적 최종 결과이다. 「2020자살예방백서」의 내용을 종합하면 2011년에 세계적인 경제위기 이후 자살률이 최고조를 찍고 점점 줄었지만 2018년부터 자살률이 다시 상승했음을 2019년 발표를 통해 확인했다. 이제 상승 추세를 눌러 다시 방향을 전환시켜야 하는 과제가 생겼다. 자살은 남성이 많고 특히 50대에서 가장 많은 사람들이 극단적인 선택으로 생을 마감하는 것으로 드러났다. 인구수를 고려하면 노인의 자살률이 가장 높다. 그리고 10대와 20대의 사망 원인 중 가장 중요한 것도 바로 자살이다. 아직 사회에 적응하지 못하고 대인관계 갈등을 해결하지 못해 극심한 정신적 어려움을 겪고 극단적인 선택을 하는 젊은이가 많다. 따라서 노인과 중년 남성 그리고 젊은이가 코로나19 시대의 잠재적인 취약계층이 될 가능성이 높다.

사회적 거리두기와 사회적 취약계층

감염을 막기 위해 '사회적 거리두기'는 필수이다. 그러나 사회적 거리두기가 지속되면 먼저 사회의 취약계층에 큰 어려움이 닥친다. 독거노인이나 기초생활수급자, 정신장애인에게 미치던 도움의 손길이 중단되기 때문이다. 지금 비대면 접촉에 의한 사례 관리로 근근이 버티고 있지만 언제까지 이런 상태로 버틸 수 있을지 위태로운 지경이다. 특히 이 감염병에 취약해서 사망에 이르게 된다는 사실에 노인들은 심각하게 공포를 느끼고 있다. 특히 기저질환이 있는 노인들은 더욱 그러해서 병원에 가자니 감염이 두렵고 병원에 가지 않으면 기저질환이 악화하는 진퇴양난 상황에 놓이게 되었다. 매일 보도되는 사망자 숫자는 노인들을 더욱 공포로 몰아넣고 있다. 더불어 어울려 살던 마을에서 노인을 존중하던 지역공동체는 이미 와해된 지 오래고 그나마 노인들끼리 어울리던 마을회관이나 노인정은 코로나19 확산 이후 폐쇄되었다. 감염의 전파를 막아 노인들의 건강을 보호하는 정책인 '사회적 거리두기'는 역설적으로 노인들의 고립을 심화시켜 노인들의 외로움과 소외를 조장하는 기능을 하고 있다. 빈곤층 노인들을 찾던 도움의 손길도 끊어진 상황, 경제위기가 깊어지면 노인들의 현실은 더 나빠질 것이다. 가정에서 돌보기 어려워서 요양시설에서 도움을 받고 있는 노인들이나 만성환자들은 감염증에 특히 취약한 밀집 집단생활시설에서 살아가는 하루하루가 두려움의 연속이다. 이들을 위한 비대면 프로그램의 개발, 공공 와이파이나 온라인 단말기의 보급, 소규모 대면 모임과 지속적 사례 관리가 필요하다.

감염 차단을 위한 사회적 거리두기는 실물 내수 경제에 치명타를 안긴다. 사람들이 모여야 차도 타고 밥도 먹고 사업도 진행이 되는데 방역을 위해 모든 것들이 멈추게 된다. 이 상황에서 실물 경제의 위기는 자영업자의 줄도산을 초래하고 40~50대 가장에게 큰 위기가 될 것이다. 이들은 일자리를 떠나면 자신을 지지해줄 사람도 거의 없다. 모든 사회적 관계가 일과 직장을 중심으로 짜여 있기 때문이다. 힘들어도 자존심 때문에 도움을 요청하지 못하는 사람들이다. 파산을 하거나 직장을 잃으면 사회에서 고립되고 끈 떨어진 연처럼 된다. 결국 감염병의 위기는 사회의 취약계층과 40~50대 남성 인구집단의 극단적인 선택을 강요하게 될 가능성이 높다. 이제부터 정부는 이런 점들을 주시하고 대비해야 한다. 위기 상황의 관리 대상자 발굴과 긴급 재정 지원 그리고 적절한 지지적 면담과 자활 훈련 서비스가 필요하다. 인생 주기에서 위기에 몰렸을 때 적절한 지원을 통해 당신은 혼자가 아니라는 안정감을 제공해야 사회적 통합과 결속력이 생기는 것이다.

감염이 보건의료의 위기를 넘어 경제위기로 치달을 때 사회적으로 취약한 계층과 파산과 실업의 위기로 몰릴 중년 남성들을 격정하고 있었지만 최근에 보고된 자료에 따르면 여성 특히 20대와 30대 젊은 여성의 자살이 늘고 있다. 잠정적인 통계이나 지난해보다 한국의 여성 자살은 올해 1~6월 같은 기간에 7.1% 늘었다. 코로나19 1차 확산 직후인 2020년 3월과 4월에는 각각 전년 대비 17.3%, 17.9% 늘었고, 6월에도 13.6% 증가했다. 여성의 비정규직 비율이 높고 따라서 경제위기가 본격화하자 실업과 재정적 어려움이 커졌을 것으로 추정된다. 재택근무가 늘고 아이들이 학교에 가지 않으면서 양육과 가사 노동 또한 여성들에게 큰 부담이 되었을 것이다. 우리나라 여성들은 가사 노동과 더불어 노인, 환자, 장애인의 돌봄 노동과 양육을 거의 도맡고 있다. 코로나19 시대에 여성의 과중한 부담에 특히 주목해야 한다. 바이러스는 우리 사회의 성별에 따른 차별적 취약성까지 고스란히 드러내고 있는 것이다. 우리나라의 유일한 자산은 인적 자원이다. 젊은이들의 극단적 선택은 너무 뼈아프다. 게다가 저출생 초고령 사회가 아닌가? 젊은 여성, 한 사람의 인적 자원도 너무나 소중하다. 허나 계속 한탄만 하고 있을 수는 없다. 국가가 돌봄 노동을 대신할 체계를 구축하고 가사 노동을 분담하고 여성을 심리적으로 지원할 방법을 찾아야 한다. 비대면 서비스에 덧붙여 필요한 경우에는 적극적으로 현장을 방문하는 지역사회 서비스를 병행해야 한다. 특히 비정규직 젊은이에 대한 포괄적인 대책이 필요하다.

사회적 거리두기가 아닌 비대면 사회적 접촉의 강화

한국트라우마스트레스학회에서 보건복지부와 공동으로 분기마다 코로나19와 관련된 국민정신건강 실태조사를 하고 있다. 2020년 9월의 조사 내용에 따르면 불안은 지난 3월 대구 지역의 코로나19 대유행 시기와 비슷하게 다시 증가했으며 우울의 정도는 더 심해졌다. 9월 조사에서 기준치 이상의 우울 위험군은 22.1%이다. 놀라운 사실은 자살사고가 9월 조사에서 13.8%로 5월 10.1%, 3월 9.7%에 비해 매우 높은 수준이며 2018년 자살사고는 4.7%였기에 아주 심각한 수준이라 할 수 있다. 9월 조사에서 확인한 자살사고 정도의 심각한 수준이 지속된다면 우울과 자살에 대한 국가적인 특단의 대책이 필요하다. 음주율도 64.9%로 2018년 지역사회건강조사의 60.9%보다 높다. 그리고 중독포럼의 발표에 따르면 코로나19 유행으로 청소년의 게임과 SNS 이용 시간이 늘었다. 비대면 온라인 수업 이후 청소년의 미디어 사용량과 중독 위험성을 파악하기 위해 15~18세 남녀 청소년 400명을 설문한 결과 응답자 65%가 비대면 수업 이후 게임, SNS, 유튜브 이용 시간이 늘었다고 답했다. 특히 스마트폰 이용 시간이 늘었다는 응답이 많았다. 비대면 수업 이전 학생들의 하루 평균 스마트폰 이용 시간은 5점 척도 기준 4.67(2~3시간)이었다. 비대면 수업 이후에는 이 점수가 5.18(3~4시간)로 늘었다. 스마트폰 중독 위험군 학생 비율도 같은 기간 30.2%에서 39.5%로 증가했다. 또한 사이버 폭력을 겪는 학생도 늘었다고 한다. 특히 청소년들이 온라인 불법 도박의 유혹에 넘어가게 해서는 안 된다. 불안에서 우울 그리고 중독과 자살로 이어지는 악순환의 고리를 끊어야 한다.

'사회적 거리두기'라는 용어는 바꿀 필요가 있다. 엄밀하게 말하면 '물리적 거리는 두되 비대면 사회적 접촉은 강화'해야 한다. 정신건강을 지키기 위해서는 범람하는 모든 뉴스에 현혹되지 말고 공인되고 검증된 사실에만 기초해 생활하는 것이 좋다. 일상생활의 기본은 유지해야 한다. 즉 수면과 식사는 규칙적으로 하고 가벼운 운동도 꼭 해야 한다. 탁 트인 야외공원에서 마스크를 착용하면 감염 위험은 극히 낮다. 동네 인근 공원에서 산책도 하고 햇빛도 쬐야 한다. 특히 우울하고 잠이 안 온다고 해서 술의 힘을 빌려서는 안 된다. 비대면이라도 가족들이나 친한 사람들과 교류를 소홀히 해서는 안 된다. 전화를 해서라도 소식을 전하고 감정을 표현하며 서로 공감하는 것이 좋다. 만약의 경우에 자신을 도울 수 있는 연락처를 잘 확보해놓고 필요하면 적극적으로 도움을 요청하는 것이 좋다. 필요한 순간에 주위의 도움을 구하는 것이 현명한 행동이다.

프랑스의 사회학자 에밀 뒤르켐은『자살론』에서 사회적 통제가 약해지면서 혼란스러워지면 아노미적 자살이 많아진다고 했다. 사회적 규범이 약해지면서 개인의 성향을 적절하게 억제하고 개인의 행동 경향을 인도해주지 못하면 사회적 규범은 무너지고 개인은 혼란에 빠진다. 격변하는 현대 사회의 흐름과 이에 따른 적응 문제 또한 아노미적 자살을 촉진할 수 있다. 최근의 코로나19 팬데믹은 사회적 불안과 아노미적 자살을 야기할 수 있다. 무엇보다 먼저 방역에 성공하는 것이 중요하다. 그리고 취약계층과 중년 남성 그리고 젊은이를 보호해야 한다. 이와 더불어 거시적으로는 사회적 불안이 생기지 않도록 질서와 안전을 유지하는 방안을 찾아야 한다. 사회적 불안에 함몰되기보다 위기 상황에서 오히려 '외상 후 성장'이 되도록 사회적 담론을 생성하고 정서적 위안을 서로 제공하며 문화적 성숙을 보일 수 있도록 지혜와 힘을 모으는 것이 한국사회의 당면 과제라고 하겠다. 'K 방역' 성공과 더불어 총체적인 국가적 역량과 정보통신기술ICT과 AI로 대표되는 최신 디지털 기술을 총망라해 정신건강 분야에서 새로운 심리방역 위기관리 시스템을 주도적으로 개발하고 운영하게 되기를 기대한다. 과연 우리는 재난 상황에서 외상 후 성장할 수 있을까?

2장

코로나 이후의 세계
Post Covid-19

바이든 과도 정부의
불확실한 미래

안병진 경희대학교 미래문명원 교수

바이든 행정부가 2021년 1월에 탄생한다면 이후 역사는 이를 어떤 성격의 정치 질서로 기록할 것인가? 이에 대한 실마리는 2가지 질문에서 찾아볼 수 있다. 하나는 선거에서 어떤 정치 연합을 구성했는가, 다른 하나는 선거 결과에 대한 민의는 무엇인가이다.

빅 텐트 가치 연합 정부의 등장

부정확한 출구 조사가 아니라 이후에 조금 더 과학적인 데이터가 확보될 때 정확히 평가할 수 있겠지만 바이든의 승리는 빅 텐트 가치 연합의 승리로 보인다. 지난 2016년 대선 캠페인 기간, 민주당 전략가들은 인구 구성의 추세에 근거해 새천년 세대, 여성, 소수인종 무지개 연합 전략에 의한 민주당의 승리를 낙관한 바 있다. 하지만 고졸·대졸 백인층에 근거한 트럼피즘이 민주당의 전통적인 '블루 월'(미시간/위스콘신/펜실베이니아)을 점령했을 뿐만 아니라 선거인단 게임에서 트럼프의 승리로 나타났다. 하지만 이번 대선은 달랐다. AP-NORC 투표통계 데이터에 근거한 루이 텍세이라 Ruy Teixeira 전략가의 분석에 따르면 바이든은 기존 오바마 연합 유지에 더해서 블루 월을 비롯한 다양한 지역의 고졸, 백인층에서 힐러리보다 약간 더 약진한 것으로 나타났다(thedemocraticstrategist. org, 2020.11.6). 그리고 샌더스의 사회주의에서 원주민, 가톨릭과 전통적 백인 복음주의에 이르기까지 다양한 가치와 세력이 바이든 승리에 기여한 것으로 나타났다.

선거 결과에 대한 민의의 의미mandate는 무엇인가? 이는 미국 정치에서 향후 바이든 행정부의 성격과 전략적 선택에 대한 중요한 토대로 작용한다. 광범위한 가치 연합의 승리가 주는 민의는 코로나19 대처 등에서 트럼프 스타일의 대통령답지 못한 정치 행태에 대한 응징을 뜻한다. 이는 곧 초당적이고 국내외 자유주의 제도를 존중하는 안정감 있는 질서를 원하는 것으로 해석할 수 있다. 하지만 동시에 유권자는 상하원에서 공화당의 수성(상원 최종 결과는

2021년 1월 5일 결정) 혹은 약진(하원에서 공화당은 2020년 11월 중순 기준 최소 6석 추가)과 트럼프에게 역대 두 번째의 최다 득표(7100만 표 이상)를 안겨주었다. 이는 트럼프는 패배했지만 트럼피즘은 아직 강건하다는 걸 시사한다. '대통령다운' 바이든의 승리와 트럼피즘의 유지는 바이든 행정부의 미래에 드리운 명암을 암시한다.

바이든 '과도 정부'의 불확실한 미래와 희망

바이든 정치 연합의 미래는 험난하지만 집권 초반기는 기회 요인도 많다. 물론 코로나 3차 대유행이 시작되었고 이는 1월 20일 기간까지 트럼프 불복 소동 및 정권 이양 비협조로 더 악화될 수 있다. 하지만 취임 이후 트럼프 시기와 비교해 안정감 있는 방역과 대통령다운 품위를 갖춘 초당적 정치 방식을 구현해간다면 이는 이후 훌륭한 정치자본이 될 수 있다. 그리고 신속한 일련의 행정명령과 인사를 통해 방역 물자 동원, 기후, 인종주의, 대학 등록금 감면 등 사안에서 트럼프 시기의 퇴행 조치들을 바로잡는다면 당분간은 지지층의 열정을 유지할 수 있을 것이다.

하지만 폭넓기에 느슨한 가치 연합의 성격상 바이든 행정부가 과거 프랭클린 루스벨트와 같은 전환적 정부이기보다는 당분간 과도적인 관리 정부 성격을 더 띨 수밖에 없다. 우선 민주당 내부만 보더라도 미국식 자본주의를 최소한 유럽식 이해관계자 자본주의로 대대적으로 개혁하자는 주장(엘리자베스 워런 전 대선 후보) 혹은 자본주의를 넘어 더 급진적인 지향성을 띤 좌파(샌더스와 AOC 진영), 균형 예산 등을 주장하는 보수적 민주당(존 맨친 웨스트버지니아 상원의원)에 이르기까지 스펙트럼의 차이가 너무나 크다. 이 중 어느 한 진영이 이탈하면 이 가치 연합은 곧 위기에 직면한다. 설령 1월 5일 상원 결선 투표에서 어렵게 2석을 다 민주당이 가져와도 공화당과 수적으로 동률이고, 부통령이 한 표를 더해도 위태위태한 다수당이라 할 수 있다.

바이든의 곤혹스러움은 민주당 내부에만 있지 않다. 현재의 공화당은 루스벨트 시기와 달리 초당적 타협을 추구하는 세력이 거의 전멸한 트럼피즘의 정당이 되었다. 이들은 문명의 충돌과 색깔론을 선동하며 민주당을 적으로 규정하기까지 한다. 문명의 적과의 완고한 투쟁에서 타협이란 곧 배반과 같다. 그리고 실용적으로도 공화당은 바이든이 실패한 행정부가 되어야 2년 후 중간선거 및 4년 후 복수전에서 트럼피즘으로 이길 수 있다. 이들은 이번 선거에서 히스패닉 등의 민주당 지지층을 침식한 전과를 통해 고무되어 있다. 보다 세련된 트럼피즘으로 승리할 수 있다고 믿는다. 혹은 민주당에서 누가 나오는지에 따라서는 팬덤을 가진 트럼프의 재선 도전도 해볼 만하다고 믿는다(감옥에 가지만 않는다면 말이다). 결국 바이든은 민주당 내부 분열과 공화당의 이념적·전략적 방해를 받으며 확장적 재정 정책과 부유세, 탈탄소 노선, 공적 옵션이 들어간 전국적 의료보험, 구조적 인종주의 타파 등 어느 하나 쉽지 않은 의제들에서 가시적 성과를 내야 한다. 매우 험난한 상황이지만, 의회 해산과 조기 총선은 물론이고 헌법 수정 문턱도 너무 높은 미국 정치구조의 숨 막히는 제약 아래서 바이든이 선택할 옵션은 그리 많지 않아 보인다.

더구나 정치의 최종 심급이라 할 수 있는 대법원을 6 대 3의 우위로 강경보수주의가 장악한 뉴노멀은 바이든의 미래에(종신직이기에 향후 수십 년간 미국 민주당의 미래에) 암운을 드리우고 있다. 공화당의 주류들은 이 대법원이 낙태, 오바마 케어는 물론이고 뉴딜 이후 국가의 공적 역할을 강화해온 추세를 다 루스벨트 이전으로 돌리기를 꿈꾸고 있다. 앞으로 리버럴 진영과 이들 간의 대회전이 기다리고 있다.

황혼기의 미국은 어디로 갈 것인가

만약 이런 제약 아래서도 바이든이 그간의 신중한 스타일을 벗어던지고 조금 더 대담한 전환적 리더십을 보여준다면, 또 의회에서 다수 연합 관리에 성공하고 동시에 경제 대침체, 노동자 기반

삶의 붕괴 등으로 인한 전투적 경제 포퓰리즘이 가능한 조건이 되면 뉴딜 2.0도 가능할 수 있다. 그리고 뉴 밀레니얼 세대 및 그 이후 세대 등을 중심으로 다원주의와 공적 개입의 가치를 중요하게 생각하는 진영들이 '촛불 혁명'을 통해 대법원의 강경 보수주의, 극단적 시장주의 판결에 강력히 저항한다면 자유주의 헌정주의 질서를 수호할 수 있다. 과거 루스벨트도 대법원의 퇴행적 저항에 맞서 비록 대법원 판사 증원에는 실패했지만 시민 행동주의 덕분에 뉴딜 헌정주의 질서를 지킬 수 있었다.

외교안보에서도 바이든 행정부가 전환 정부로서 성공할 가능성보다 이행기 관리의 과도 정부 성격을 띨 가능성이 높다. 과거 프랭클린 루스벨트 시기가 상승하는 헤게모니의 미국이었다면 지금은 퇴조하는 황혼기의 미국이다. 이는 곧 쪼그라든 정치자본을 가지고, 새로이 상승하려는 중국의 야심을 꺾으면서도 협력을 이끌어내고 기존 자유주의 국제질서를 보다 개혁적으로 구축해야 하는 고난도의 과제가 기다리고 있다는 말이다. 바이든에게는 다행인 뉴노멀은 중국의 시진핑이 2060년 탄소중립화를 선언했다는 사실이다. 이에 따라 기후, 보건 등에서 미국과 중국이 트럼프 시절과 달리 협력할 여지가 많다. 하지만 미국은 양자 컴퓨터, 5G 등 군사적 함의가 많은 기술 영역에서 중국의 상승 기세를 꺾고 기존 플랫폼 제국, 첨단 군사 제국 위치를 유지해야만 한다. 그렇기에 바이든 행정부는 노골적으로 '전 세계 자유주의 국가여 단결하라'는 구호 아래 자유주의 대 권위주의 블록의 재정렬을 추진하고 있다.

미중 간의 가치 경쟁이라는 뉴노멀은 곧 한반도의 평화체제로의 전환 추이에도 영향을 미치는 자장으로 작용한다. 바이든 행정부가 실용주의적이기는 하지만 미중 블록 간의 새로운 긴장 관계가 이어지는 가운데 과거 이란, 쿠바와 관계를 회복했던 것처럼 북한과 대담한 행보에 나설지는 의문의 여지가 있다. 그리고 앞선 두 국가와 달리 대북 관계에는 핵 보유 상황, 주변 국가의 견제, 더 악화된 인권, 누적된 상호불신 등 암초가 너무 많다. 또한 미국 민주당의 다수 전략가는 아직 중국, 러시아를 상대로 완고한 고정관념을 넘어서지 못하고 있어서, 안보 전략에서 큰 전환이 있기를 기대하기는 어렵다. 물론 수십 년간 이어진 교착과 긴장에 지친 나머지 카스트로가 '미국과 수교가 된다면 손에 장을 지지겠다'고 공언했던 미국과 쿠바 관계도 오바마 2기에 기적처럼 풀렸다. 북미수교는 양자물리학 공식처럼 더 복잡한 사안이지만, 역사는 언제나 우연과 기적 속에서 뜻밖에 진전한다는 사실에 기대를 걸어본다.

사실 올해 초만 해도 대부분의 선거 전문가는 트럼프의 손쉬운 재선을 장담하곤 했다. 하지만 아이러니는 그토록 위생 결벽증을 가진 트럼프가 바이러스에 대한 안이함으로 무너졌다는 점이다. 역사는 이토록 우연, 아이러니, 기적 속에서 진행된다. 미국은 지금

바이든이 당선됨으로써 기후 파국, 핵전쟁 위기와 불평등의 악화로 향하는 낭떠러지 앞에서 겨우 멈추었다. 이 성취만으로도 충분히 축하할 이유가 있다. 힘들게 트럼프를 패배시킨 이 성취의 근저에는 끈질긴 정원사처럼 수년간 조지아와 애리조나 등 진보의 사막에서 꽃을 심은 이들의 헌신과 희생이 깔려 있다. 타르코프스키 감독의 영화 〈희생〉의 메시지처럼, 바이든 시대 미국의 미래는 어쩌면 바이든에게 달려 있지 않다. 더 중요한 것은 과연 얼마나 많은 미국인이 불가능해 보이는 꽃을 피우기 위해 헌신하고 영혼의 각성을 이루느냐다.

> "불가능한 해결책을 찾기 위해 싸워야 한다. 인류의 미래에 대한 '현실주의자'의 견해를 취한다는 것은 메두사의 머리를 주시하는 것처럼, 우리를 그저 돌로 변하게 할 뿐이다."
>
> _마이크 데이비스, 『인류세 시대의 맑스』(안민석 옮김, 창비, 2020) 중에서

기술대국
중국의 등장

임명묵 『거대한 코끼리, 중국의 진실』 저자

　시진핑이 2012년 11월 중국 공산당 총서기로 선출되고 만 8년의 시간이 흘렀다. 그동안 중국은 개혁개방을 시작한 이래로 무척 빠른 변화를 겪었다. 이전처럼 초고속 성장을 이어가진 못했지만, 1인당 GDP는 6000달러대에서 1만 달러대로 늘었고, 미국과의 GDP 격차도 더욱 좁혀졌다. 한편으로 중국은 이런 경제적 성장 이면에서 경제성장 속도의 둔화, 국영기업의 비효율과 공급과잉, 중산층의 성장, 환경 문제, 지역과 계층 격차와 같은 여러 변화에도 대응해야만 했다. '신창타이'라고 불리는 뉴노멀에 대응하기 위해 당은 다시 정치, 경제, 사회의 전면에 나섰는데, 시진핑은 이 과정을 진두지휘하며 권력을 자신의 손에 집중시켰다. 대외적으로 중국은 정치경제적 영향력을 세계로 내뻗으며 환영, 마찰, 반발 등의 여러 반응을 접했고, 특히 이 과정에서 패권국인 미국과 노골적인 갈등 국면에 들어서기도 했다.

이 중 많은 변화는 2012년 시점에서 불투명하나마 충분히 예상할 수 있는 종류의 것이었다. 후진타오 집권이 말기로 가면서 이전의 연성 권위주의 방식대로 일을 처리하기가 힘들어졌음이 분명해졌기 때문이다. 그러나 시진핑 집권기에 진행된 변화 가운데 일부는 대부분의 사람이 그가 권좌에 오를 무렵만 해도 예상치 못할 만큼 빠른 속도로 진행됐다. '기술대국 중국의 부상'은 그런 변화 중에서도 가장 두드러진 하나였고, 작금에는 세계의 핵심적인 현안이 되고 말았다.

중국 기술의 폭발적인 도약

2012년에 중국이 8년 내로 첨단 전자장비와 반도체 분야에서 가장 중요한 행위자로 떠오르고 거대한 전기차 제조업체를 이끌며 미국과 경쟁하는 온라인 플랫폼과 AI를 갖게 될 것이라 주장한 사람이 있다면, 아마도 그는 너무 무리한 이야기를 한다며 빈축을 샀을 것이다. 중국이 알리바바나 바이두를 비롯한 몇 가지 인상적인 인터넷 기업과 레노버와 샤오미 등의 떠오르는 하드웨어 업체를 보유하고 있었지만, 그 사실이 어떤 기술적인 우위나 경쟁력을 의미하는 것은 아니었다. 실제 많은 이들은 중국의 인터넷 기업을 그저 구글이나 아마존 등을 베낀 모사품으로, 하드웨어 업체는 단순 제조를 주력으로 수행하는 하청업체로 여겼다. 그리고 그것이 진실과 그리 동떨어진 인상도 아니었다.

그러나 2010년대의 10년을 거치면서 중국의 기술 영역은 폭발적으로 도약했다. 알리바바와 텐센트는 실리콘밸리에서도 '큰손' 대접을 받는 거대한 공룡이 되었고, 중국 내에서 자체적인 창업과 투자 네트워크를 만들면서 자신들의 뒤를 이을 후속 업체들을 성장시켰다. 배달업체 메이투안디엔핑, 전자상거래업체 핀두어두어, 동영상 소셜미디어 틱톡 같은 새로운 유니콘들이 그것들이다. 한편으로 IT 기업들만큼 극적이진 않았지만, 통신장비, 휴대전화, 반도체, 전기차, 드론 등 기술집약적 제조업 또한 괄목할 만한 성장을 이루어 세계 시장의 중요 행위자로 떠올랐다.

어떻게 중국은 10년 만에 이토록 갑작스럽게 기술대국으로 떠오를 수 있었던 것일까? 가장 중요한 요인은 시기적인 것이었다. 바로 이 무렵부터 세계 제2의 경제대국으로 떠오른 중국은 규모의 힘을 통해 기술 축적을 본격적으로 이루기 시작했다. 두터워진 중산층의 경제력을 바탕으로 중국은 이제 거대한 소비시장이 되었고,

중국 기업들은 자국의 거대한 내수시장에서 치열한 경쟁을 겪으며 공룡 기업으로 떠오를 수 있었다. 게다가 이 시기 고등교육이 확대되면서 엄청난 규모의 연구 인력이 쏟아져 들어왔고, 많은 이들이 세계적 연구 개발의 중심지인 미국을 비롯한 서구 선진국에서 유학하고 돌아왔다. 중국은 기술 도약에 필요한 인적 자본 또한 풍부하게 확보할 수 있었다.

이와 별개로 중국 공산당의 역할도 중요했다. 당은 중국의 기술 도약을 위한 유무형의 지원을 제공했고, 여기에는 다른 국가는 시도도 할 수 없는 각종 반칙 행위들이 포함되어 있었다. 당은 타국의 지적 재산권을 보장하지 않는 창업 풍토를 묵인했고, 외국의 대형 플랫폼 기업들이 진출하지 못하도록 막아 중국의 인터넷을 사실상 거대한 인트라넷으로 만들었으며, 자국 플랫폼 기업이 개인정보를 훤히 들여다볼 수 있도록 지원했고, 기업을 통제하고자 각종 영역에 당 세포를 조직했다. 당의 지원을 등에 업은 이런 기업들은, 순식간에 퍼진 스마트폰에서 쏟아지는 데이터에 제한 없이 접근할 수 있었고, 이를 활용해 첨단 알고리즘을 개발하는 데 몰두할 수 있었다. 과정의 이런 비윤리성은 별론으로 하고, 결과만 놓고 보면 10년 동안 중국이 독자적 기술의 중심지로 변모했으니 당과 기업의 노력은 상당히 성공적이었다고 할 수 있겠다. 2010년대에 중국은 세계 하이테크 전쟁에서 싸울 일종의 당산복합체party-industrial complex를 건설한 것이다.

중국 기술의 2가지 목표

중국은 세계 시장을 정복할 상품과 서비스를 개발하는 일에서 야망을 접을 생각이 없었다. 2010년대 후반, 중국의 기술 공룡들이 해가 갈수록 성장하면서 중국 공산당은 이들을 통해 대내외적으로 2가지 목표를 달성하고자 했기 때문이다.

첫째는 대내적인 목표로, 데이터와 알고리즘을 통한 전면적인 사회 통제였다. 이는 프라이버시에 대한 제한이 전혀 없는 중국이기에 가능 거대 규모의 사회 실험이었다. 중국은 수억 대의 CCTV 네트워크와 안면인식 알고리즘을 결합해 어느 곳에서나 당의 절대적 통제를 확립하고자 했고, '사회신용제'라는 이름의 국민적 신용 평가제를 도입하는 등 새로운 정책 실험을 거침없이 진행했다. 이런 기술들은 신장 위구르 자치구의 소수민족을 억압할 때나 코로나19 방역을 위해 개인의 행동을 추적할 때 탁월한 효력을 가진 것으로 입증되었다.

둘째는 중국식 기술 표준을 중국 바깥에도 수출하고자 하는 대외적 목표였다. 이는 중국의 기술 영역이 단순히 선도국을 추격하는 것을 넘어 자체적인 혁신을 이루면서 점점 가시적으로 드러났다. 중국은 자국의 거대한 내수를 활용해 독자적으로 운영할 수 있는 표준을 구축하고 있었고, 이후에는 이를 세계적 차원에서 확장하고자 노력했다. 가장 대표적인 예는 5G 통신망이었는데, 중국은 군과 연계된 통신기업인 화웨이를 통해 세계 각국의 5G 통신망 설치 사업을 주도하고 중국식 표준을 말 그대로 보편적 표준으로 확립하고자 했다.

중국 안에서 진행되는 첫 번째 목표는 무리 없이 진행된 데 반해, 두 번째 목표는 중국 바깥에서 격렬한 반발을 마주했다. 반발의 주인공은 당연하게도 기존의 기술 표준 공급자인 미국이었다. 미국은 5G를 시작으로 중국이 차츰 자국의 기술 표준 공급자의 지위를 잠식하려고 시도하는 것을 우려했고, 이에 대응하고자 영국과 독일 등 자국의 우방국이 화웨이와 협력하는 것을 어떻게든 막으려 노력했다. 얼마 안 가 화웨이 문제는 미국과 중국 간의 전방위적 경제 충돌의 가장 핵심적인 의제로 떠오르게 되었고, 곧이어 최초로 지구적 인기를 얻은 중국의 소셜미디어 플랫폼 틱톡이 다음 의제로 떠올랐다. 그러자 '중국 표준 위에서 오가는 데이터는 어디로 흐르는가?', '중국은 해외에서 얻은 데이터로 과연 무엇을 하려는가?'와 같은 의문들이 심심치 않게 제기되었다. 하나의 글로벌 인터넷이 중국이 주도하는 인터넷과 미국이 주도하는 인터넷으로 나뉠 위험을 내포하게 됐음이 점차 분명해졌다. 이처럼 '미중 디커플링'은 일방의 의지보다는 중국의 도발적 행보와 미국의 응전이 상호작용하면서 만들어진 결과였다.

기술대국 중국의 미래

그렇다면 '기술대국' 중국의 미래는 어떻게 될까? 우선, 디커플링을 통해 중국의 기술적 도약이 지난 8년과는 다른 국면에 진입한 것은 분명해 보인다. 양국이 전면적으로 경제 교류를 중단할 수는 없겠으나, 적어도 중국이 미국 표준에 무임승차하며 첨단기술이나 플랫폼을 만들어내는 것은 앞으로 더 힘들어질 것이다. 미국의 관용이 이미 한계에 다다랐기 때문이다. 그 대신 중국 기업들은 자국 내의 내수시장과 연구인력 등 자체 네트워크를 최대한 활용하고, 당의 전폭적인 지원을 받으며 한계를 돌파하고자 할 것이다. 이런 신기술과 플랫폼 들은 중국 공산당에 의해 사회 통제와 권력 유지를 위한 도구로 활용될 것이 자명하다. 이처럼 당과 산업의 결합이 밀접해질수록 중국의 기술은 중국 바깥의 기술과 점차 거리를 벌려갈 것이다. 중국 바깥의 많은 나라, 특히 서구 국가에는 중국에 없는 각종 법적·제도적 제약들이 있기 때문이다.

미중 양국 간 기술 표준의 분화는 지정학적 긴장으로 이어질 가능성을 크게 키울 것이다. 코로나19로 중국은 권위주의 국가에 자신들의 억압적인 방식이 효율적일 수 있음을 입증해 보였고, 중국 시장과 제조업 네트워크가 위기를 겪을 때 상당한 지원을 해줄 수 있는 것 또한 보여주었다. 따라서 각국의 반중 정서가 늘었다 하더라도, 해당 국가의 권위주의 엘리트들 또한 중국식 기술 표준을 도입하고 통제 시스템도 채택할 유인 역시 크게 늘어난 셈이 되었다. 이런 식으로 중국식 기술 표준이 확산되면, 중국 표준을 채택한 국가들과 미국이 주도하는 자유주의 기술 표준을 채택한 국가들의 호환성과 체감 거리는 멀어질 수밖에 없다. 1989년 철의 장막이 무너지면서 하나가 된 세계는 인터넷 케이블과 기지국에 의해 둘로 나뉜 세계로 돌아가게 될는지도 모른다. 이런 경제적 상호의존의 약화는 당연하게도 상호협력이 가져다주는 이익을 줄여 갈등 가능성을 크게 높인다.

물론 독자적 표준을 구축하고자 하는 중국의 시도는 큰 위험성도 갖고 있다. 독자적 표준을 구축하는 데 실패하고 그저 거대한 갈라파고스로만 남아 기술적 발전에서 뒤처지게 될 수도 있기 때문이다. 실제 냉전시대 소련은 그런 열악한 독자 표준을 억지로 유지하려다가 치솟는 비용과 비효율을 감당하지 못하고 무너졌다. 중국에서 같은 일이 일어나지 않으리라는 법은 없다.

그러나 어쩌면 다른 길이 만들어질 수도 있다. 미국에서 법적·윤리적 문제로 하지 못하는 시도를 당산복합체가 주도해 성공시키고 완전히 새로운 표준을 세우는 길 말이다. 중국이 이런 경로를 걷는 데 성공할지를 별론으로 한다면, 그들이 만든 새 표준은 우리가 기존에 알던 개인의 자유와 프라이버시를 보장해주던 기술 표준과는 전혀 다른, 오웰과 헉슬리식 테크노 디스토피아에 가까운 기술 표준일 것이다. 2021년, 명실상부한 '기술대국' 중국이 걸어갈 길은 무엇일까?

아베와 코로나 이후,
한일 협력은 가능할 것인가

남기정 서울대학교 일본연구소 교수

세계사에서 2020년이 코로나19 대유행의 해로 기록될 것이 예상되듯이, 일본에서도 코로나19는 2020년을 통째로 삼켰다. 코로나19의 대유행을 배경으로 일본에서는 2020 도쿄올림픽과 패럴림픽이 연기되었고, 아베 시대가 종언을 맞이했으며, 스가 내각이 출범했다.

일본에서는 2020년 1월 16일 최초의 코로나19 감염자가 발생했다. 이어서 요코하마항 앞바다에 정박하고 있던 다이아몬드 프린세스호는 일본의 코로나19 대응의 실패를 상징하게 되었다. 영국 선적의 크루즈선박 다이아몬드 프린세스호는 1월 20일 요코하마항을 출발해 홍콩, 베트남, 타이완, 오키나와를 거쳐 2월 3일 요코하마항에 돌아왔다. 그사이 홍콩에서 내린 승객이 코로나19 감염자로 확인되어 요코하마항 앞바다에서 승객과 승무원 전원이 검역을 받았고, 5일부터 선내 감염자 발생이 확인되기 시작했다. 다이아몬드 프린세스호 선내 집단감염은 5월 1일 시점에서 승선 인원 3711명 가운데 712명이 감염되고 13명이 사망하는 사고로 발전했다.

　일본 최초의 코로나19 감염 사망자는 2월 13일에 보고되었다. 이후 2월 21일 일본 국내 감염자가 누계 100명을 넘었다. 공교롭게도 동일본 대지진의 날인 3월 11일에는 WHO가 팬데믹을 선언했고, 일본에서도 3월 21일에 누계 감염자 수가 1000명을 넘어, 팬데믹의 위기가 실감되기 시작했다. 급기야 3월 24일에는 국제올림픽위원회IOC와 도쿄2020대회조직위원회가 2020년 도쿄올림픽과 패럴림픽 개최를 1년 연기하기로 발표했다. 이후 일본에서 코로나 감염자가 급증하기 시작해 4월 중순, 제1파의 정점을 찍었다. 이 시기 3월 말부터 4월 중순에 걸쳐 한국에서는 코로나 확진자 발생이 수습국면에 들어서면서 한일 사이에 대조되는 모습을 보였다. 혐한 분위기를 좀처럼 벗어나지 못했던 일본의 TV 프로그램 등에서도 한국 사례를 긍정적으로 소개하는 일이 벌어지기도 했다. 그에 비해 일본에서는 아베 내각의 코로나19 대응에 대한 비판과 비난이 일어나기 시작하면서 내각 지지율이 급락했다.

코로나19 대응의 미숙과 아베 내각의 종언

일본의 초기 대응은 이른바 '미즈기와水際 대책'과 '3밀三密의 강조'에 특징이 있었다. 즉 본토 상륙을 저지한다는 것과 밀폐된 공간에서 밀집과 밀접을 피하라는 계몽이었다. 이는 한국의 적극적인 대응, 즉 3T(Test, Trace, Treat)와 대조되어 일본 국민 사이에서 일본 정부의 코로나19 대응에 대한 불신을 드러내는 용어로 인식되기도 했다.

이와 같이 코로나19 유행 초기, 아베 내각의 대응은 한 발짝 느리고 무뎠던 것으로 평가받았다. 그 이유로는 4월에는 시진핑 중국 국가주석의 국빈 방일을 앞두고 있었으며, 도쿄올림픽과 패럴림픽 개최에 대한 일본 국민의 열망과 아베 수상의 집념이 매우 컸다는 점이 거론된다. 아베 수상은 시진핑 국가주석 방일을 성사시켜, 한반도 평화프로세스 이후 급박하게 돌아가는 동북아 국제정치 속에서 존재감을 드러내고, 여세를 몰아 도쿄올림픽과 패럴림픽을 성공적으로 개최해 일본이 동일본 대지진의 상흔을 말끔히 씻어냈다는 것을 세계에 알리고 싶어 했다. 2020년 새해기자회견 등에서도 강조했듯, 이를 자산으로 헌법개정의 염원에 도전하는 것이 아베 수상과 그 주변 지지자들이 그리는 정치 일정이었다. 그러나 시진핑 방일도 도쿄올림픽과 패럴림픽도 코로나19가 대유행하며 연기되었고, 그 대신 미숙한 코로나19 대응이 아베 내각의 발목을 잡았다.

아베 내각 지지에서 가장 큰 비중을 차지하던 아베노믹스 효과도 떨어지고 있었다. 아베노믹스가 목표로 했던 GDP 2% 성장이라는 숫자는 코로나19가 대유행하는 중에는 이루기 불가능한 수치가 되었으며, −7% 예상치를 받아들여야 하는 상황이 되었다. 주식시장의 안정적 성장으로 사주들은 호황의 혜택을 누렸지만, 노동자들은 경기를 실감하지 못했고, 2019년 소비세 인상 이후 가계는 압박을 받고 있었다. 고용에서 양호한 수치를 보였던 것은 저출생 고령화 사회에 진입한 덕분이었으며, 약자와 여성이 활약하는 사회라는 구호도 비정규직을 늘린 데 따른 간접적 효과에 지나지 않았다. 아베노믹스의 환상 속에 잠시 가려졌던 격차사회가 코로나19로 다시 모습을 드러내기 시작했다. 재정 건전화도 요원한 과제가 되었다.

2020년 4월에는 실패한 아베노믹스를 빗대 '아베노마스크'라는 조롱 어린 용어가 등장했다. 4월 1일 아베 내각은 코로나19 대책본부 회의에서 전국 모든 세대에 한 가구당 2장의 천 마스크를 배포하는 방침을 결정했다. 이에 대해 한 가구당 2장에 불과하며 크기가 작다는 문제점에 더해 천으로 만든 마스크에 대한 불신감, 정부 사업을 수주한 제조사와 아베 수상 개인의 특수한 관계 등에 대한

의구심이 폭발하면서, 코로나19 대응이 아베 내각의 대표적인 실정으로 지목되는 사태로 발전했다. 코로나19 대응을 위한 긴급지원 대책, 그리고 긴급사태 선언과 그 해제 선언을 둘러싼 혼란 등도 아베 내각에 대한 지지율이 하락하는 원인이 되었다.

특히 아베노마스크 소동은 관저관료의 폐해를 여과 없이 보여주는 촌극이었다. 관저관료란 2014년에 내각인사국이 설치되면서 막강한 영향력을 발휘하기 시작한 수상관저의 관료들을 일컫는다. 내각인사국은 선거로 선출된 권력이 관료 통제력을 가져야 한다는 취지로 만들어진 기구다. 고위 공무원 600여 명의 인사권을 수상관저가 갖는 것이다. 그 폐해가 '손타쿠(촌탁忖度)'라고 하는 공무원들의 눈치 보기로 나타났다. '모리, 카케, 사쿠라'라고 하는 아베 개인 스캔들은 이 때문에 생겼다. 코로나19가 확산하는 와중에 아베노마스크라는 희극이 이들 관저관료 때문이라는 비판이 일었다.

이처럼 코로나19 대응에서 드러난 여러 문제로 아베 내각의 구심력은 낮아졌고, 2020년 6월 통상국회가 폐막되는 시점을 앞뒤로 정가에서는 '포스트 아베' 논의가 새어 나오기 시작했다.

아베의 퇴진과 스가 내각의 탄생

NHK가 매달 행하는 내각 지지율 조사에서 아베 내각 지지율은 2020년 4월 '지지하지 않는다'가 '지지한다'를 역전한 이래 수습되지 않았다. 6월에는 '지지하지 않는다'가 49%까지 올랐으며, '지지한다'는 여론은 한국에 대한 수출규제 조치가 실시된 2019년 8월 이후 지속적인 하강국면에 들어서서 회복되지 못하고 퇴임 직전인 2020년 8월 조사에서는 34%로 아베 내각이 들어선 이후 최저점을 찍었다.

8월 28일 아베 수상의 사임 표명은 전격적이었다. 표면상으로는 건강 악화를 이유로 들었으나, 남은 임기 동안에 반등할 여지가 없는 낮은 지지율이 아베 수상의 권력 의지를 소진시켰다.

전격적인 사임 이후 스가 내각의 탄생에 이르는 정치과정은 싱겁게 진행되었다. 갑작스러운 사임은 '포스트 아베'의 선두주자들로 지목되던 기시다 후미오岸田文雄 자민당 정조회장과 이시바 시게루石破茂 전 방위상의 발걸음을 뒤엉키게 만들었다. 이들이 머뭇거리는 사이 선제 행동을 한 사람은 스가 요시히데菅義偉 관방장관이었다. 니카이 도시히로二階俊博 자민당 간사장의 지원을 업고 스가 내각이 탄생하게 된 것이다.

스가 수상은 이념을 중시하는 리더라기보다는 실무자 유형의 정치가로 평가받는다. 한편 외교에서는 실적이나 경험이 많지 않으며, 분명한 메시지를 갖고 있지도 않다. '아베 노선의 계승'을 내걸고 총재선거에 나선 것은 이러한 본인의 한계를 의식한 것이기도

하다. 그러나 스가 내각이 2021년 총재선거 이후 본격 내각을 노리고 있다면, 아베와의 선긋기를 시도할 수도 있다. 실제로 시간이 지나면서 아베 내각과의 차별성을 의식한 행동을 보이고 있다. 그런 의미에서 단순한 아베 2기 정권으로 끝나지 않을 것이라는 전망도 나오고 있다.

스가 내각과 한일관계

스가 내각이 '아베 노선의 계승'을 내걸고 있다는 점에서 2021년 한일관계는 아베 시기의 기조가 이어질 것으로 보인다. 위안부 문제에서 2015년 합의 이행을 강요하고, 강제동원 문제에서 국제법 위반 상태를 만들어낸 한국이 이를 시정할 책임이 있다고 압박하는 걸 보면 크게 달라질 것 같지 않다. 그럼에도 아베 내각과는 달리 스가 내각에 들어서면서 한일 간에 대화와 접촉이 늘고 있다. 특히 2020년 11월에는 한일 국장급 회담에서 강제동원과 관련한 제안이 오갔으며, 박지원 국정원장이 일본을 방문해 스가 수상과 면담하고, 한일의원연맹의 의원 7명이 일본을 방문해 일본 측 일한의원연맹과 회담하는 등 움직임이 활발해졌다. 그 때문에 문재인 정부가 대일외교의 기조로 삼았던 투 트랙 외교가 복원될 수 있다는 기대도 나온다.

대법원 판결과 관련한 현금화 문제는 공시송달의 효력 발생 이후 일본제철의 즉시항고로 상황이 미묘하게 변하고 있다. 즉시항고는 일본제철이 한국 사법 제도의 틀 안에 들어왔다는 것을 뜻한다. 일본제철의 행위는 현금화에 저항하기 위한 조치이긴 하지만, 이는 한국 사법부가 국제법 위반 상태에 있어서 이를 받아들일 수 없다는 일본 정부의 공식적 견해와는 다르다. 즉 한국 사법 제도를 수용하고 있는 것이다. 한편 한국의 원고 측은 일본제철의 사과를 전제로 현실적인 해법이 가능하다는 견해를 내놓고 있다. 그 결과 대법원 판결 이후 한일 정부의 외교 전쟁으로 치달았던 강제동원 문제는 민사소송의 본래 모습으로 돌아올 수도 있다.

미국 대통령 선거가 바이든 후보의 승리로 끝나, 문재인, 바이든, 스가의 조합으로 동북아시아 국제정치의 일각이 형성될지도 모른다. 바이든 행정부는 트럼프 시대의 미국 제일주의를 수정하면서, 동맹과 다자주의 복원에 나설 가능성이 크다. 이것은 한일관계 개선에 대한 미국의 압력이 높아질 수 있다는 것을 뜻하기도 한다. 오바마 정권 시기 미국이 중재해 2015년 한일 '위안부' 합의가 이루어졌다는 것을 복기할 필요가 있다. 미 대선 직후 활발해지고 있는 한일 접촉은 한일 양국이 이에 선제적으로 대응하려는 것이기도 하다.

포스트 코로나 시대 한일 협력의 가능성

코로나 팬데믹은 세계에 미국과 중국의 동시 실패를 각인시켰다. 일본의 국제정치학계에서도 이러한 분석이 나오고 있다. 이에 기초해 일본 정책 제언 그룹 주류는 스가 내각에 유럽과 관계를 강화해 '자유롭고 개방적인 인도태평양'을 실현할 것을 주문하고 있다. 그런 한편 이들 가운데서 한국과 관계를 개선해 미중 사이에서 균형을 잡을 것을 요구하는 목소리도 나오고 있다.

후쿠시마 오염수 방류 문제라는 새로운 현안이 등장해 한일관계가 악화될 가능성은 커졌다. 그러나 포스트 코로나 시대에 감염병 협력이라는 의제가 둘 사이의 관계를 개선할 물꼬를 터준다면, 미국 바이든 민주당 행정부 출범을 배경으로, 2021년에는 도쿄올림픽과 패럴림픽의 성공을 염원하는 스가 내각을 상대로 한일관계 전환의 계기가 마련될 수도 있다.

통합과 해체의
기로에 선 유럽

조홍식 숭실대학교 정치외교학과 교수

유럽은 2010년대에 총체적 위기를 겪었다. 유럽연합EU은 유로라는 단일화폐를 출범시키며 21세기를 희망차게 시작했지만 2008년 글로벌 경제위기의 여파로 2010년부터 유로의 위기에 시달려야 했다. 그렉시트Grexit 즉 그리스의 유럽 탈퇴라는 생소한 단어가 세계적인 이슈가 된 시기다. 2015년의 난민 위기 또한 '국경 없는 유럽'이라는 통합의 가장 커다란 성과를 무너뜨렸다. 몰려오는 난민을 막기 위해 사라졌던 국경 통제를 다시 시작했기 때문이다. 설상가상으로 2016년에는 영국이 국민투표를 통해 브렉시트Brexit를 결정함으로써 결정타를 날렸다. 1951년 유럽통합의 역사가 시작된 이래 단 한 번도 통합에 동참한 나라가 탈퇴한 경우는 없었다. 6개국으로 시작한 유럽이 28개국까지 불어난 이유다. 특히 2004년과 2007년 중·동유럽의 10여 개국이 새로 가입함으로써 유럽은 냉전의 유산을 극복하고 동서 통합을 이루는 모양새였다. 영국의 탈퇴는 긴 통합과 확대 성공의 역사를 단숨에 꺾어버리는 사건이었다.

2020년은 10여 년의 위기를 넘기고 새로운 시작을 알리는 출발점이어야 했다. 유로는 위기를 극복한 뒤 다시 달러와 함께 국제 화폐로 기능하기 시작했고, 난민의 물결도 터키와의 합의를 통해 조절 가능한 단계로 들어섰기 때문이다. 브렉시트도 다년간의 힘겨운 협상이 종결되어 2020년 1월 말부터 영국의 유럽연합 정식 탈퇴가 실현되었다. 이 와중에 동아시아로부터 코로나의 충격이 전해졌다.

유럽을 강타한 코로나19의 가혹한 충격

유럽의 입장에서 코로나19는 위기를 극복하고 간신히 고개를 든 순간 다시 가해진 가혹한 충격이라고 할 수 있다. 시기도 시기지만 유럽은 세계 각 지역 가운데 가장 심각하게 코로나19 위기를 체험하고 있는 대륙이다. 2020년 1~2월 중국과 한국 등 동아시아가 코로나19 발현의 중심이었지만, 3월부터 유럽은 곧바로 코로나

19의 중심 지역으로 부상했다. 중국 관광객들이 즐겨 찾는 서유럽의 이탈리아, 스페인, 프랑스, 영국 등이 코로나19 타격의 집중적 대상이 된 것은 우연이 아니다. 이들 서유럽 국가는 유럽연합 안에서 경제수준도 비교적 높고 의료나 공공서비스도 발달한 편이기에 코로나19 위기의 심리적 충격은 더했다. 코로나19로 호흡이 곤란한 환자들을 입원조차 시킬 수 없을 정도로 의료시설이 마비된 상황은 복지국가를 자랑하던 이들 사회가 마주한 참담한 현실이었다.

위 네 나라는 각각 4~6만 명 규모의 코로나19 사망자를 기록했고, 바이러스의 빠른 확산을 막기 위해 유럽의 거의 모든 국가는 2020년 봄 수개월에 달하는 봉쇄격리confinement 정책을 펴야만 했다. 봉쇄격리가 경제에 미치는 영향은 심각했다. 유럽은 2020년 5~10%에 달하는 마이너스 경제성장을 할 예정이다. 이 수치는 세계 그 어느 지역보다도 높다. 오랜 기간 철저한 봉쇄를 할 수밖에 없었던 정책의 자연스러운 결과이기도 하지만 동시에 대면 활동에 크게 의존하는 서비스업이 유럽 경제에서 중대한 비중을 차지하기 때문이기도 하다.

이 글을 쓰고 있는 2020년 가을 현재 유럽은 코로나19의 두 번째 파고를 맞고 있다. 대부분의 국가는 통행금지 또는 봉쇄격리의 조치를 시행할 수밖에 없을 정도로 환자의 수가 폭발적으로 증가했다. 방역 정책과 경제 피해 사이를 조정해가면서 일종의 '스톱 앤고Stop and Go' 현상이 나타나고 있는 셈이다. 유럽은 적어도 2021년 여름까지는 코로나19로 인한 경제 및 사회 위기가 지속될 것으로 예상하며, 백신의 발명과 보급을 통한 문제 해결이 원만하지 않을 경우 2022년까지도 위기에서 벗어나지 못할 것으로 보고 있다.

모든 위기의 상황에서 유럽은 2가지 경향을 보인다. 하나는 위기로 인해 각자의 처지만을 고려하는 이기적 행태가 확산됨으로써 각자도생各自圖生의 길로 나가는 해체의 경향이다. 다른 하나는 개별적 행동으로 위기를 극복하기 어렵다는 인식을 토대로 새로운 통합의 길로 나서는 통합 강화의 경향이다. 아마도 2021년은 이 2가지 경향이 유럽이라는 무대에서 강력하게 대립하는 시기가 될 것이다.

각자도생의 길

유럽 시민을 대상으로 여론 조사를 하면 이동의 자유, 학생의 교류와 단일 화폐가 유럽통합을 피부로 느끼게 하는 사례로 가장 먼저 부각된다. 시민들은 솅겐조약을 통해 국가 간 제약 없이 자유롭게 국경을 넘나들게 되었고, 청소년은 에라스무스Erasmus와 같은 교환학생 프로그램을 통해 유럽 다른 나라에서 공부할 기회가 대폭 늘었기 때문이다. 난민에 이은 코로나19의 위기는 이런 자유로운 이동에 갖은 장애와 통제의 장치를 만들어 제동을 거는 효과를 낳았다. 사실 코로나19로 인한 봉쇄격리 정책은 국외는 물론 국내 이동조차 제한하는 결과를 낳는다. 코로나19 시국이 아주 길어진다면 유럽은 나라마다 상이한 보건 정책으로 인해 국경을 다시 세우고 기존의 공동 공간을 발칸화하는 상황을 맞을 것이다.

브렉시트는 사실 코로나19 이전부터 펼쳐진 유럽의 해체 경향이다. 브렉시트는 또 유럽의 해체를 넘어 영국에 심각한 혼란을 초래한 듯하다. 국민투표를 추진했던 데이비드 캐머런 수상이 사임했고, 브렉시트 협상을 이끌었던 테리사 메이 수상도 그 결과를 비준하지 못해 사임했다. 결국 보리스 존슨 수상이 2019년 12월 총선을 다시 치르는 우여곡절 끝에 영국은 정식 탈퇴를 실행할 수 있었다. 그러나 탈퇴의 구체적 조건에 대해서는 2020년 현재 여전히 협상이 진행 중이고 타결의 전망이 그다지 좋지 못하다. 따라서 2021년 초에는 탈퇴 조건에 대한 유럽연합 – 영국 간의 구체적 합의가 없이 브렉시트가 구현될 가능성도 있다. 유럽과 영국의 '이혼'이 합의에 따라 원만하게 진행되는 것이 아니라 감정적이고 격한 충돌로 표출될 기미도 존재한다는 말이다.

불행 중 다행이라면 코로나19로 인한 경제 충격이 워낙 커서 '이혼'의 여파 정도는 제한적으로 느껴질 뿐이라는 사실이다. 하지만 해체는 다른 해체를 낳는 법. 영국의 유럽 탈퇴는 2020년대 스코틀

랜드의 영국 연합왕국United Kingdom 탈퇴 추세를 강화할 가능성이 높다. 2021년 영국에서 주목해야 할 중요한 정치적 고리다. 영국의 유럽 탈출이 대륙 통합의 역사에 해체의 충격을 가한 것은 사실이지만 동시에 유럽통합을 순탄하게 만들어준 부분도 있다. 탈퇴 결정 이후 영국이 보여준 혼란은 나머지 27개 회원국으로 하여금 섣부른 탈퇴를 기피하게 만들었다. 게다가 남은 회원국들이 새로운 통합을 추진할 때 영국이라는 '훼방꾼'이 사라짐으로써 통합이 보다 수월해진 측면이 있다. 브렉시트가 가지는 해체와 통합의 양면성이라 할 수 있다.

위기로 인한 통합의 가속화

유럽의 통합은 위기를 극복하는 수단으로 첫발을 내디뎠고 발전해왔다. 1950년대 소련의 군사적 압박 아래 독일을 재무장하되 주변국의 초국적 통제권 아래 두기 위한 묘안으로 유럽은 출범했다. 이어서 유럽은 강한 미국 경제와 경쟁하기 위해서 경제 공동체를 만들고, 달러의 독주를 막기 위해 유로도 만들었다. 일본 경제의 부상은 유럽 단일시장의 중요한 자극제였고, 공산권의 붕괴는 유럽의 확장으로 이어졌다. 그 연장선에서 코로나19 위기는 2020년 이미 유럽통합의 새로운 초석이 될 만한 성과를 낳았다.

유럽연합 27개국은 2020년 7월 7500억 유로 규모로 코로나19 위기를 극복하기 위한 공동대책을 마련하는 데 성공했다. 특히 유럽연합 명의로 공동 채권을 발행해 위기 극복에 동원한다는 결정에 합의했다. 이는 유럽 공동 재정 정책의 모태가 될 수 있다는 점에서 역사적인 진전이었다. 공동 채권에 수십 년간 반대해온 독일을 움직인 것은 바로 코로나19 위기의 심각성이다. 지난 10여 년간 유로와 난민의 위기로 지칠 대로 지친 남유럽 사회에 코로나19의 부담까지 가중되면 이들은 유럽을 포기할 수도 있다. 유럽 전체가 무너질 가능성이 눈앞에 보이게 된 것이다. 독일은 유럽이라는 공동의 집을 유지하는 것이 장기적으로나 전략 면에서 국익에 부합한다고 판단했고, 결국 오랜 태도를 바꾸는 지혜로운 모습을 보였다.

코로나19 위기는 유럽으로 하여금 지구 차원의 전략적 인식을 강화시키는 계기도 되었다. 무엇보다 유럽은 중국과의 관계를 새롭게 인식하게 되었다. 코로나19는 중국에서 유럽으로 전달된 데다, 중국이 코로나19로 전국적 봉쇄에 돌입하자 세계 공급망이 무너지면서 유럽 경제가 즉각 중단되는 위험에 처하게 되었다. 물론 유럽연합은 2019년부터 이미 중국을 '체계적 경쟁자systemic rival'로 규정한 바 있지만 코로나19를 통해 경쟁성을 더욱 강하게 느끼게 되었다고 볼 수 있다.

도널드 트럼프의 미국도 2017년부터 수년간 유럽과 잦은 분쟁을 통해 경쟁적 차원을 강화해왔다. 코로나19 위기는 이런 부분을 더욱 강화했다. 예를 들어 미국은 2020년 3월 유럽인의 입국을 일방적으로 봉쇄해버렸다. 트럼프 행정부 아래서 몇 년간 지속된 미국의 행태는 전통적 동맹 관계에 의문을 품게 했다. 그리고 위기의 순간에 이런 의문이 재확인된 셈이다. 2021년부터 미국의 신행정부와 유럽연합의 관계 설정은 유럽 – 미국 – 중국의 3각 게임에 중요한 축을 형성할 예정이다. 유럽과 미국이 예전과 유사한 동맹 관계를 복원한다면 중국에 대한 공동 견제가 더욱 강하고 효과적으로 행사될 가능성이 있다.

이처럼 유럽은 2020년대에 해체와 통합이라는 상반된 경향을 동시에 안고 갈 예정이다. 코로나19의 충격은 자연스럽게 국가별 대응이라는 각자도생의 해체적 성향을 강화한다. 하지만 독일의 입장 변화에서 발견할 수 있듯이 강대국이 포용적 태도를 보임으로써 통합을 더 강하게 추진할 수도 있다.

다른 한편 세계무대에서 미국과 중국이 벌이는 대립 구도는 유럽이라는 거인의 선택에 상당 부분 좌우될 것이다. 유럽은 리더십이 부족한 유약한 존재로 '머리 없는 거인'이라 불리기도 하고 군사력이 부족하기 때문에 '종이 호랑이'로 보일 수도 있다. 하지만 유럽은 여전히 거인이고 호랑이다. 유럽이 서방의 깃발 아래 미국과 협력해 중국을 견제할지, 아니면 중립적 태도로 둘 사이에서 계산기를 두드리며 단기적 이익을 추구할지에 따라 세계 질서의 모습은 상당히 달라질 것이다.

코로나 터널 빠져나온 중국,
미국 경제 추격 가속화

정재형 (주)웰스가이드 상무

미국이 코로나19 대유행의 혼란에서 헤어나지 못하고 있는 반면 중국이 경제 정상화에 성공함에 따라 세계 1~2위 경제 대국인 미국과 중국의 신냉전 속에서 양국 간 국내총생산GDP 규모 격차도 좁혀질 것으로 보인다.

국제통화기금IMF은 2020년 10월 13일 「세계경제전망World Economic Outlook」 보고서에서 2020년 세계 경제성장률을 -4.4%로 예상하면서 중국만이 1.9%의 플러스 경제성장률을 달성할 것으로 내다봤다. 2021년 중국 성장률은 8.2%로 전망했다. 반면 미국의 2020년 경제성장률은 -4.3%를 기록하고 2021년 성장률은 낮은 기저효과에도 불구하고 3.1%에 그칠 것이라고 예상했다.

IMF의 전망을 바탕으로 계산하면, 2021년 중국의 GDP는 15조 8000억 달러로 미국의 GDP 21조 2000억 달러의 약 75%에 근접하게 된다. 글로벌 금융위기 당시인 2008년 당시 중국 GDP는 미국의 31%밖에 되지 않았다. 왕타오汪濤 UBS 중국 담당 이코노미스트는 10년 후인 2030년 미국과 중국의 GDP가 각각 26조 6000억 달러, 26조 8000억 달러가 되어 GDP 총량 기준에서 중국이 미국을 제치고 세계 1위 경제 대국의 자리에 올라설 것으로 내다봤다. 물론 1인당 GDP는 2019년 기준 미국이 6만 5280달러, 중국이 1만 261달러로 격차가 여전히 크고 이 격차가 좁혀지는 데는 더 많은 시간이 필요하다.

미국 바이든 행정부의 지속되는 중국 압박

중국 경제가 미국 추격을 가속화하고 있는 상황에서 미국으로서는 중국을 억누르기 위한 정책을 계속 추진할 수밖에 없다.

2020년 11월 미국 대선에서 민주당의 조 바이든 후보가 도널드 트럼프 대통령을 꺾고 당선됐지만 미중 경제 전쟁의 큰 흐름은 바뀌지 않을 것으로 보인다. 바이든 후보의 대통령 당선으로 미국이 중국을 대하는 방식은 바뀔 수 있지만 중국에 대한 압박은 지속될 것이다. '중국의 부상을 억누르고 환율 조작이나 보조금 지급, 기술 탈취 등 불공정 무역을 시정해야 한다'는 견해는 미국 민주당에도 이미 공감대가 형성돼 있기 때문이다.

바이든 행정부에서 달라지는 것은 그동안 트럼프가 내쳤던 동맹 국들을 다시 불러 모아 이들과 함께 중국에 압력을 가할 것이라는 점이다. 바이든은 선거기간 중 "동맹국들과 함께 중국의 불공정한 무역관행을 개선하고 5G 네트워크를 개발할 것"이라고 공언했다.

특히 기술 분야에 대한 전방위적 압박은 계속될 가능성이 크다. 바이든은 2020년 9월 미네소타 유세에서 "중국 기술 분야의 위협 을 주시하고 있다"며 "사이버 전문가들과 함께 이 문제에 대처하기 위한 최선의 해결책을 제시하겠다"고 밝혔다.

바이든은 트럼프 정부에서 농산물 구매를 우선시하며 후순위로 밀렸던 지식재산권 도용 등 문제에 더욱 집중할 것이라는 분석도 나오고 있다. 바이든은 미국 기술을 도용하는 중국 기업에 대한 새 로운 제재 방안 모색을 약속했고, 중국 기업들이 미국 시장과 금융 시스템에 접근하는 것을 차단할 것이라고 선전포고했다.

또 민주당은 중국의 불법 정부보조금, 지식재산권 침해 등 경제 적인 측면뿐 아니라 2019년 11월 제정된 홍콩인권민주주의법 및 2020년 6월 통과된 위구르인권정책법의 저촉 여부 등 인권적인 측 면을 살펴보겠다고 벼르고 있다.

2020년 8월 바이든 선거캠프는 중국이 신장에서 벌이는 위구르족에 대한 인권 탄압을 '제노사이드(인종 청소)'로 규정하고 비난한 바 있다. 민주당 정강에서는 '하나의 중국 원칙에 대한 지지'도 삭제됐다. 2016년에는 '하나의 중국을 이행한다'고 강조했었다.

이에 따라 남중국해와 대만 해협에서 '항행의 자유' 작전도 지속되고 대만자유여행법, 대만에 첨단무기 판매 등 대만과의 교류와 협력을 확대하는 정책도 계속될 것으로 보인다.

소프트웨어·핀테크로 확산되는 미국의 중국 기술업체 압박

미국과 중국이 치열하게 싸우는 분야는 첨단기술이다. 중국은 '중국 제조 2025', '기술굴기' 등 첨단산업의 패러다임 변화 속에서 미국을 압도하겠다는 정책을 추진해왔다. 미래 첨단기술은 경제는 물론 군사, 안보까지 연결돼 있기 때문에 미국이든 중국이든 서로 양보할 수 없는 분야다.

미국이 2018년 중국의 수출품에 대해 25% 관세를 부과하는 등 집중적으로 압박한 분야도 첨단기술 쪽이다. 미국은 2019년 화웨이 등 중국 기업에 대해 거래 제한(미국 첨단기업들의 중국 수출 및 기술 이전 금지) 등을 추진했고 "국가안보에 위협이 된다"며 중국 통신 장비의 판매 및 사용을 금지한다고 선포했다.

미국은 이에 더해 2020년 5월 화웨이 등에 대한 제재를 연장했고 9월에는 미국 기술을 이용한 반도체 제품의 화웨이 공급을 전면 제한했다.

미국 상무부 공업안보국은 10월 4일 수출통제조례EAR 규정에 근거해 자국 반도체 기술과 장비 업체들에 공문을 보내 중국 최대 반도체 기업인 SMIC와 자회사들에 대한 수출은 사전 허가를 받아야 한다고 통보했다. 이에 따라 SMIC는 미국에서 반도체 생산 장비, 재료, 소프트웨어 등을 구입하기가 어려워진다.

어플라이드 머티리얼즈, 램 리서치, KLA 등 미국의 반도체 장비 기업들은 앞으로 SMIC에 기술과 제품을 수출하려면 미 상무부의 허가 절차를 거쳐야 한다. 현재 SMIC는 장비의 절반가량을 미국에 의존하고 있어 미국의 수출이 중단되면 생산에 차질이 생길 수밖에 없다.

한편, 미국 정부는 화웨이와 같은 하드웨어 업체뿐 아니라 중국의 소프트웨어 업체와 핀테크(온라인·모바일 기반 금융서비스) 업체에 대해서도 제재하기 시작했다. 미국 정부의 중국 테크기업 공격이 첨단기술 전반으로 확산되는 모양새다.

트럼프 정부는 2020년 8월 온라인 동영상 공유 앱인 틱톡과 중국판 라인으로 불리는 위챗의 미국 내 사용금지 행정명령을 내렸다. 틱톡은 모회사인 중국 기업 바이트댄스가 중국 공산당과 밀접한 관계에 있다는 점 때문에 미국 정부와 의회의 공격을 받아왔다. 트럼프 정부는 안보상 이유를 들어 미국 내 틱톡 사용을 금지하겠다며 사실상 틱톡의 '강제 매각'을 종용해 미국의 기업용 소프트웨어 업체 오라클이 틱톡의 지분을 인수하기로 했다. 하지만 양측이 설립하기로 한 '틱톡 글로벌'의 지배권을 틱톡의 운영사인 중국 업체 바이트댄스가 포기하지 않겠다고 밝힘에 따라 매각 협상은 난항을 겪고 있다.

2020년 10월에는 중국 최대 핀테크 기업인 앤트그룹을 수출금지 대상 기업으로 지정하는 방안을 검토하고 있다는 로이터의 보도가 나왔다. 미국인의 민감한 개인정보가 중국 당국 쪽으로 유출될 가능성이 있기 때문이라는 것이다. 블룸버그도 "트럼프 행정부가 '국가안보 위협'을 이유로 앤트그룹의 '알리페이'와 텐센트(텅쉰)의 '위챗페이'에 대한 제재를 고려하고 있다"고 전했다.

미국이 중국 최대 핀테크 업체 제재까지 고려하고 나선 건 달러 중심 금융체계를 위협할 수 있다는 우려가 작용한 것으로 보인다. 알리페이 등 디지털 기반 송금 시스템은 기존 국제은행간통신협회 SWIFT를 우회하기 때문에 위협이 될 수 있다는 것이다.

중국의 기술 자립 선언과 내수 중심 발전 전략

이러한 미국의 압박에 대해 중국은 정면으로 맞서겠다는 입장이다. 중국 중앙위원회는 2020년 10월 열린 제5차 전체회의(제19기 5중전회)에서 제14차 5개년(2021~2025년) 경제·사회 발전 계획의 핵심으로 과학기술 자립자강과 내수 중심의 쌍순환_{雙循環} 발전을 제시했다. 왕즈강 중국 과학기술부 부장(장관)은 기자회견에서 "빠르게 바뀌는 국제 환경에 대처하기 위해선 기술 자립이 핵심"이라며 "새로운 발전 단계 진입에 따른 새로운 발전 개념이 필요하다"고 했다. 왕 부장은 5개년 계획 문서의 일부를 기술에 할애한 것은 이번이 처음이라고 설명했다.

또 중국은 2020년 5월부터 자국 시장에서 퇴출시킬 '기업 블랙리스트'를 마련 중이다. 블랙리스트에 이름이 올라간 기업은 중국에서 판매·구매를 비롯한 상업 활동이 불가능해지고, 직원 비자도 취소될 가능성이 크다. 데이터 보호를 명분으로 해외 기업에 벌금을 매기는 법안도 제정될 전망이다. 중국 관영 〈글로벌타임스〉는 2020년 10월 중국이 기업의 불법 데이터 수집 활동을 처벌하는 '개인정보 보호법' 초안을 마련하고 있다고 보도했다. 보도에 따르면 페이스북과 트위터 등 미국 소셜미디어 기업이 중국인의 개인정보를 불법 수집할 경우 최대 5000만 위안(약 85억 원)에 달하는 벌금을 부과할 수 있게 된다.

중국은 또 내수 중심의 쌍순환 발전을 경제 전략으로 채택했다. 세계가 코로나19 충격에서 빠져나오지 못한 데다 미중 탈동조화(디커플링)까지 겹쳐 무역과 거래가 상당 부분 막혀 있는 만큼 중국 경제의 특징인 '내수'를 중심으로 경제를 성장시킨 뒤 해외로 확대하자는 논리다. 쌍순환은 코로나19 방역에 대한 중국 정부의 자신감이 붙기 시작한 2020년 5월에 제시됐다. 시진핑 주석은 그달 14일 최고 의사결정기구인 중앙정치국 상무위 회의에서 "중국의 세계 최대 규모 시장과 내수 잠재력 장점을 살려 국내·국제 쌍순환이 서로 촉진하는 새로운 발전 구조를 만들어야 한다"며 이런 구상을 처음 밝혔다. 이후 관영 매체와 관변 학자 들은 당위성과 발전 확대 가능성을 앞다퉈 설파했다.

혁신분야는 GDP 대비 연구개발 비율 확대, 반도체 자립, 바이오테크, 소프트웨어, 핵심부품 등을 동력으로 삼을 것으로 추정된다. 반도체의 경우는 미중 갈등의 핵심 요인 중 하나며 현재도 '굴기'로 표현되고 있다. 그러나 자체 생산은 거의 없다. 항공엔진, 로봇 핵심부품, 산업용 소프트웨어 등 분야 역시 대부분 수입에 의존한다.

미국이 화웨이를 제재하는 데서 무기로 삼았던 반도체 공급 차단 등 사례를 고려할 때 중간재와 설비 자급률을 높여 해외 공급에 차질이 생기더라도 국산 대체가 가능한 산업 시스템을 만들 것으로 해석된다.

코로나와 국제 정세로 인한
공급망의 불안정성

이지평 LG경제연구원 상근자문위원

'세계의 공장'으로 불리는 중국에서 시작된 코로나19 위기가 세계 경제를 강타했다. 우리나라도 자동차 등 생산 분야에 막대한 차질이 발생했다. 중국발 생산 공급망 정지 사태는 단기적 충격에 그쳤으나, 코로나19의 세계적인 장기화 조짐으로 2021년에도 공급 차질에 대한 우려는 지속될 것으로 보인다.

코로나 시대의 공급망 불안 요인 가중

가능성은 높지 않으나 중국에서 코로나19의 감염이 재확산되고 중국발 공급 쇼크가 재발할 우려도 남아 있다. 2000년대에 들어서 세계 각국은 중국으로의 수출을 늘리는 한편, 중국제 공업제품의 의존도를 높여왔다. 이러한 상황에서 발생한 코로나19 쇼크는 중국에 대한 높은 의존도에 따르는 위험을 실감하는 계기가 되었다. 각국 기업들은 뒤늦게 생산 거점을 분산해 중국에 대한 의존도를 낮추고 공급체제의 안정성을 높이는 일에 힘을 쏟기 시작했지만 짧은 기간 내에 공급처를 전환하기는 쉽지 않다.

신흥국뿐 아니라 선진국에서도 코로나19 감염의 진정과 재확산을 거듭하는 불안정한 상황이 당분간 지속될 듯하다. 따라서 중국뿐 아니라 세계 각국에서 언제, 어떤 형태로 생산 차질이 발생할지 예상하지 못하는 상황이 이어질 것으로 보인다. 특히 코로나19 쇼크는 소비시장 위축으로 인한 수요 감소라는 문제를 동반하고 있어 이에 따른 기업 부도의 확대가 우려되는 상황이다. 각국 정부는 재정 확대를 통한 수요 진작과 함께 금융 지원을 확대해 기업 부도를 최대한 억제하고 있으나, 2021년 중 한계점에 도달하는 기업이 속출할 것은 자명해 보인다.

이러한 기업의 부도 확대는 주요 제품 분야에서도 나타날 것으로 보여 공급망에 전해지는 충격 또한 커질 우려가 있다. 물론 주요 공급처의 부도를 막으려고 지원에 나서는 대기업도 있겠지만 세계 각국의 중소 협력 기업들을 포괄적으로 지원하는 것은 거대 글로벌 기업에게도 역부족일 것이다.

미중 마찰에 따른 영향도 공급망의 불안정성을 높이는 요인 중 하나다. 미중 간 패권 경쟁은 장기전으로 이어져 2021년에도 기술, 무역 분야의 공급망에 영향을 줄 것으로 예상된다. 미국은 각국에 '클린네트워크(화웨이 등 중국기업을 배제한 통신망) 전략'을 수용하도록 압박하고 있다. 또한 중국에 대한 반도체 수출 관련 공급망을 붕괴하려는 계획도 추진하고 있어서 한국으로서는 대중국 반도체 수출 사업에도 악영향이 지속될 우려가 있다. 한편, 중국은 이러한 움직임에 동조해 자국의 이익을 해치는 국가에 경제 제재 정책을 추진하고, 나아가 해당 국가의 기업과의 무역, 투자에 직접적인 압박을 가하고 있다.

대중국 봉쇄 전략을 펴고 있지만 미국 정부는 자국 기업인 인텔의 대중국 수출을 허용하고 있다. 과거 냉전시대의 전면적이고 일관된 무역규제와는 상반된 모습이다. 중국발 공급망 쇼크가 세계 경제를 강타한 데서도 알 수 있듯이 중국은 이미 글로벌 공급망에서 가장 중요한 국가 중 하나다.

미국과 중국이 자국의 실익을 도모하기 위한 봉쇄 및 분업 유지 전략을 유지하고, 이로 인해 특정 국가의 특정 산업이 피해를 보는 불안정한 상황은 당분간 지속될 듯하다. 예를 들면 미국 이외의 반도체 관련 산업의 경우 중국과의 사업 기회에 부정적인 영향이 발생할 것이다. 또한 중국이 미국의 봉쇄 전략에 맞서서 미국 및 미국에 동조하는 기업이나 국가에 대해 희토류 등 전략물자의 수출규제를 강화함으로써 각종 첨단제품의 공급망에 부정적 영향을 미칠 우려도 있다.

한일 간의 강제징용 문제로 인한 불확실성도 계속될 듯하다. 강제징용의 피고인 일본 기업의 압류 자산이 경매될 경우 일본 정부는 한국에 대한 강력한 제재를 발동할 것이라고 공표했다. 2019년에 일본이 감행한 반도체 및 디스플레이 관련 수출규제는 수개월 후에 수출허가가 나오는 등 한국에 위협을 가하는 수준에 그쳤다. 그러나 현금화 이후 일본 정부가 다시 한국에 대한 제재를 발동한다면 이번에는 한국 경제에 실질적인 피해를 입히려는 조치일 가능성이 높다.

공급망의 불확실성 확대에 따라 각 기업은 재고를 늘리는 경향이 강해지고 있는데, 이러한 기업 행동의 변화가 공급망의 불확실성을 더욱 높일 가능성도 있다. 실제로 2019년 말, 화웨이 등 중국 기업이 미국의 제재 강화에 대응해 중요 반도체의 재고를 2021년 말 필요량까지 확충한 바도 있으며, 일부에서는 이것을 반도체 경기의 조기 반등으로 오해하기도 했다.

이처럼 공급망의 복합적인 불안정성은 기업에 의도치 않은 타격을 입힐 수 있다. 2021년에는 이러한 기업들의 부도가 코로나19

쇼크의 수요 충격과 함께 경제적 쇼크를 확대할 우려도 있다. 이에 대해 통화가치를 유지할 수 있는 선진국은 재정확대를 통해 어느 정도 위기를 버텨낼 수 있겠지만, 신흥국은 '기업 부도의 확대 → 금융기관의 경영 악화 → 금융 시스템 불안'으로 이어지는 리스크의 확산이 우려된다.

코로나19 쇼크는 리먼 쇼크와 달리 금융 시스템의 붕괴에서 시작된 것은 아니지만 누적된 수요 불안과 공급망 쇼크가 결합하면서 결국 금융기관까지 위기가 확산될 우려도 있다. 물론 2021년에 이러한 상황이 벌어질 가능성은 크지 않다. 그러나 세계 경제의 공급망 쇼크가 전면적인 경제활동 중단 압력으로 바뀌고, 2020년 3월과 4월에 겪었던 대공황형 충격에 다시 휩싸일 우려도 남아 있다. 이 경우 코로나19 쇼크로 악화될 대로 악화된 각국의 재정 사정을 고려하면 정책적인 대응도 쉽지 않을 것이다. 물론 세계 경제 질서의 혼란에 정치적 혼란까지 가중되어 지정학적 리스크가 고조될 위험성도 있다.

2021년은 코로나19 쇼크 극복을 위해 어떻게 국제적인 협력 체제를 강화하고 각종 리스크와 위기 요인을 극복할 것인지가 관건이 될 것이다. 미국 정부는 대선을 앞두고 재선을 위한 무리수를 감행했다. 중국 등에 대한 지나치게 공격적인 태도와 글로벌 질서 파괴적인 대책들의 후유증이 만만치 않을 것이다.

공급망의 새로운 트렌드

코로나 시대가 지속될 2021년은 전염병에 대한 전 세계적 협조 체제가 어느 정도일지 불확실한 정세 속에서 글로벌 공급망의 분단 압력이 지속될 전망이다. 기업들은 중국과 미국 관련 사업을 분리하려 노력할 것이다. 글로벌 기업을 예로 들면, 같은 회사 조직이라도 미국을 거점으로 확보한 정보와 기술 역량을 중국 사업에 활용하는 일을 자제할 것이다. 이미 중국에서 생산하고 미국에 수출하는 사업이 축소되고 있으며, 글로벌 기업들도 중국에 집중된 생산 기능을 본국이나 동남아, 인도 등으로 분산하는 전략을 강화할 것으로 보인다.

다만 이러한 생산 거점의 분산화는 점진적으로 이루어질 수밖에 없다. 코로나19로 인해 새로운 투자처나 생산 거점 건설을 위한 현지 조사와 준비에도 어려움이 많다. 중국이 상대적으로 코로나19 대응에 성공하고 있는 반면, 인도 등 다른 신흥국과 미국은 고전을 면치 못하고 있다. 앞으로 글로벌 기업들이 생산 거점의 이전이나 신규 설치를 위한 지역을 선정할 때는 방역 능력도 고려 대상이 될 것이다.

이와 함께 각종 리스크를 고려한 해외투자 기업의 본국 회귀, 즉 리쇼어링reshoring이 확대될 것으로 보인다. 각국 정부는 마스크나 의료품 등 중요 물자의 자체 생산 능력 강화에 주력하며 리쇼어링

촉진을 위해 힘쓰고 있다. 특히 정부의 세제, 금융 지원책 강화에 따른 효과는 기대해볼 만하다. 게다가 코로나19는 생산, 판매, 사무 등 각종 업무의 비대면화를 촉진하는 계기가 되었다. 근본적으로는 코로나 이전부터 생산 및 서비스 현장의 로봇화, 인공지능의 발전 등 4차산업혁명의 영향으로 생산 여건이 개선된 측면도 있다. 이에 따라 평소라면 고용에 부정적인 영향을 끼쳤을 자동화에 대한 반발이 줄어들고, 선진 기업들이 디지털 기술을 활용한 혁신에 주력할 것으로 보인다.

이러한 디지털 혁신은 공급망을 안정화하는 데에도 중요한 역할을 수행한다. 자사의 공급망이 어떤 리스크에 취약한지를 검토 및 평가하는 데서 디지털 기술을 활용한 공급망의 투명화가 효과를 낼 수 있기 때문이다. 기업 스스로 IT 기술을 강화하고 세계 각국에서 협력 기업을 발굴해 관계를 형성하며 비상시에도 그들과 기동성 있게 거래 관계를 유지할 수 있다면, 그것이야말로 닥쳐올 공급망 쇼크를 견뎌낼 경영체질이라 할 것이다.

이러한 디지털 혁신은 코로나19 대응과 함께 원격 근무, 원격 서비스의 확대를 촉진할 것이며, 이는 서비스 분업의 세계화로 확대될 것이다. 디지털 공간에서 이루어지는 원격 헬스케어, 원격 사무 등의 원격 서비스는 규제의 벽을 넘어서 전 세계에 공급될 수 있기 때문이다. 선진국 기술자가 원격으로 신흥국 공장의 근로자에게 기술을 전수하는 사례도 확대될 것이다. 이처럼 기존의 제조업도 공급망의 불안정성에 디지털화 가속이 더해져 공장의 원격 조정, 소프트웨어 주도 생산방식, 제품과 결합한 서비스 분야의 부가가치 제고 등이 과제가 될 것이다.

또한 과거에 강력한 규제로 보호되었던 방송 콘텐츠 산업이 유튜브 등의 등장으로 순식간에 글로벌화의 압력을 받게 되었듯 앞으로 의료, 컨설팅, 금융, 법무, 회계, 각종 조사 등 다양한 고도 숙련 서비스도 신흥국의 저렴한 우수 인력과 경쟁하는 시대로 변화할 것이다. 이에 대비해 대대적인 규제 완화와 함께, 각종 고도 서비스산업을 한류 콘텐츠처럼 수출산업으로 육성하는 디지털 혁신이 중요한 시점이다.

그리고 모든 산업의 기반이 될 디지털 분업 및 서비스 인프라를 강화해 산업 경쟁력을 높일 필요가 있다. 기존의 대면형 지식 공유를 기초로 한 산업 클러스터와 다른 형태로 각 지역에 분산된 인력이 가상공간에서 효과적으로 분업하면서 지식을 공유할 수 있는 디지털 인프라가 중요해질 것이다.

사상 최악의 경기침체 속에 피어나는 자산 버블

이기원 한화자산운용 과장

2020년 하반기에 상장한 SK바이오팜, 카카오게임즈, 빅히트엔터테인먼트 등에 수십조 원의 청약 자금이 몰렸다. 1조 원이면 귀한 서울 아파트를 1000채 정도 살 수 있는데, 그 10배가 넘는 돈이 신규 상장하는 회사 하나의 주식을 받기 위해 몰린 것이다. 경쟁이 워낙 치열해서 1억을 청약해도 몇십 주 받기 어렵단다. 새내기 투자자들의 주식시장 진출도 크게 늘었다. 개인 투자자들이 가장 많이 이용하는 키움증권의 상반기 누적 계좌 수는 143만 개로 작년 하반기 대비 286% 증가했고, 2020년 3분기에는 추가로 94만 개의 신규 계좌가 개설됐다(「키움증권, '개미' 업고 사상 최대 실적 기대감 '솔솔'」,

〈한국금융〉, 2020.10.26 기사 참고).

　돈 좀 만졌다는 사람이 여기저기 나타나면서 주식에 대한 관심이 부쩍 늘었다. 코스피 지수는 3월 최저점 1457포인트에서, 9월 말 2327포인트로 약 59% 상승했다. 주도주라 불리는 전기 자동차 및 바이오제약 관련 주식 중에서 10배 이상 오른 종목이 속출했다. 주식을 사기만 하면 돈을 버니 주식에 관심 없던 사람도 너도나도 따라 들어왔다.

▍ 사상 최악의 경기침체 속에 치솟는 자산 가격

　전 세계적으로 개인들이 주식시장에 불을 붙이고 있다. 한국의 주식 열풍을 '동학개미'라 불리는 개인 투자자들이 주도했다면, 미국의 주식 붐은 '로빈후더Robinhooder'라 불리는 개인 투자자들이 이끌었다. 미국 개인들이 주로 이용하는 모바일 주식거래 플랫폼 '로빈후드Robinhood'는 연초 이후 가입자가 700만 명 이상 늘었고, 온라인 전문 증권사인 이트레이드 등의 신규 계좌도 크게 늘었다(「미국도 '동학개미운동'… 개인계좌 1천만 개 폭증」, 〈한국경제TV〉, 2020.6.3 기사 참고). 미국 주가지수S&P500와 독일 주가지수DAX는 3월 저점 대비 각각 50%, 45% 상승했다.

<그림 1> 미국·한국·독일 주가지수 추이, 2019년 1월 지수를 100으로 조정(자료: Bloomberg)

　　글로벌 부동산 가격도 들썩인다. 미국 부동산 가격은 올해 경기 침체에도 불구하고 단 한 번도 상승세가 꺾이지 않았다. 재택근무와 인력 구조조정 영향으로 뉴욕, 샌프란시스코 등 일부 대도시에서 주택 가격 하락이 보고되고 있으나, 전국 대부분 지역에서 주택 가격이 오르고 있다. 독일 등 유럽에서도 주택 가격이 폭등해 정책당국이 골머리를 앓는다(「Germany's house price rises continue to accelerate」, GlobalPropertyGuide, 2020.9.10 기사 참고). 한국은 전 세계적인 자산 가격 상승에 더해 공급억제 정책까지 동원하면서 수도권을 중심으로 주택 가격이 불타오르고 있다.

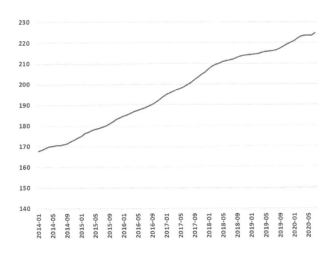

〈**그림 2**〉 미국 20개 대도시 주택 가격 지수, S&P/Case-Shiller Home Price Index(자료: Bloomberg)

　자산 가격의 전 세계적인 동반 상승은 과거에도 흔하게 나타났다. 1998~2000년 IT 버블과 2000년 중반 글로벌 부동산 호황기에도 대부분의 지역에서 주식, 원자재, 부동산 등 전반적인 자산 가격이 함께 올랐다. 경제가 확장할 때 개인들의 소득이 늘고, 늘어난 소득으로 소비 지출을 늘리면서 기업들의 이익까지 증가했기 때문이다. 기업들이 늘어난 이익을 다시 재투자하면 자산 수요를 견인하는 선순환이 나타난다. 하지만 올해 자산 시장 붐은 역대 최악의 경기침체 속에서 피어났다.

　상반기에는 코로나 바이러스가 전 세계적으로 확산되면서 세계 경제가 일시적으로 멈춰 섰다. 가게가 문을 닫으면서 소비가 끊겼고, 공장 가동이 중단되면서 생산 및 수출에 차질이 생겼다. 서비스직을 중심으로 대량 해고가 일어나 미국 4월 실업률은 통계 작성 이래 최고치인 14%대로 올랐다. IMF는 2020년 전 세계 총생산이 4.3% 줄어들 것으로 내다본다. 최악의 금융위기로 경기침체를 겪었던 2009년에도 전 세계 총생산 감소는 0.08%에 그쳤다. 우리는 지금 사상 최악의 경기침체 속에서 사상 최대의 자산 시장 붐을 경험하고 있다.

불황인데 자산 가격이 오르는 이유

일반적으로 불황기에 자산 가격은 하락하거나 상승이 억눌리기 마련이다. 2000년 IT 버블 붕괴 이후 미국 주가지수는 1년 이상 떨어졌다. 2008년 금융위기 후에는 전 세계적으로 주택 가격이 몇 년간 하락했다. 우리나라도 외환위기, 2008년 금융위기를 경험하는 동안 상당 기간 자산 가격 침체를 겪었다. 그런데 어째서 이번 경기침체에는 주식과 부동산 가격이 가파르게 반등하고 있을까? 정답은 제로까지 떨어진 금리에 있다.

2020년 3월 경제가 침체에 들어갈 것이 확실해지자 미국 중앙은행(연방준비제도)은 기준금리를 0~0.25%로 전격 인하했다. 또

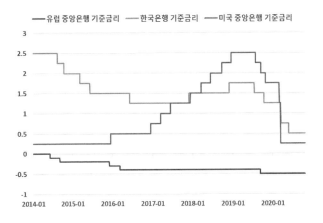

〈그림 3〉 유럽·한국·미국 중앙은행 기준금리(자료: Bloomberg)

대규모 국채 매입을 실시해 시중에 유동성을 공급했다. 이에 더해, 중앙은행이 회사채를 직접 매입해서 차입금 상환이 어려운 기업을 간접적으로 돕는 지원책을 실시했다. 아낌없이 돈을 푼 것이다. 한국은행도 미국을 따라 기준금리를 1.25%에서 0.5%로 내리고, 한국은행이 정책 자금을 지원해 회사채 시장을 안정시키는 조치를 취했다. 유럽 중앙은행ECB은 이미 마이너스 금리를 장기간 이어온 상태에서 국채 매입 규모를 확대했다. 주요 중앙은행들의 전례 없는 돈 풀기 정책으로 한국을 포함한 대부분의 선진국 금리는 0% 내외에 머물고 있다.

제로금리는 투자의 기회비용을 극단적으로 낮춘다. 투자의 기회

비용이 낮아지면 별것 아닌 투자 기회도 매력적으로 바뀐다. 이해를 돕기 위해 주가가 1만 원이고 이익 성장 없이 매년 100원을 꼬박꼬박 배당하는 A회사가 있다고 가정하자. A회사 주식의 배당 수익률은 1%다. 채권 금리나 은행 예금이자가 1%보다 높다면 주가 상승 없이 1%만 배당하는 회사의 주식을 사고 싶은 사람은 아무도 없을 것이다. 하지만 예금이자율이 0%가 되면 어떨까? 1% 배당 수익률도 상대적으로 높아 보인다. 예금이자보다 높은 수익률을 쫓는 사람들이 A 주식을 사기 시작하면 가격이 1만 원보다 높아질 것이다. 배당 수익률은 하락해서 0% 예금이자에 가까워진다. 이런 상대가치는 주식뿐 아니라 부동산 투자에도 적용된다. 월세 수익률이 2%에 불과한 아파트도 금리가 한없이 낮아지면 점점 매력적인 자산으로 변한다.

또, 제로금리로 이자비용이 낮아지면 사람들은 더 큰 빚을 질 수 있다. 빚을 내서 주식과 주택을 구입하니 가격이 떨어지기 어렵다. 4% 이자율로 1억 원을 빌리면 연 400만 원의 이자비용이 발생하지만, 이자율이 2%가 되면 이자 부담이 200만 원으로 줄어든다. 중앙은행들이 앞다투어 기준금리를 0%까지 내리는 통에 개인들이 빚내서 투자하기 좋은 환경이 만들어졌다. 국내 증시에서 주식을 담보로 낸 빚은 2020년 초 10조 원 수준에서 9월 말 17조 원 수준으로 늘었다. 은행권의 주택담보대출과 신용대출 또한 가파른 속도로 증가하고 있다.

요약하면 전 세계적으로 금리가 제로에 수렴하면서 어느 때보다 빚내서 투자하기 좋은 상황이다. 전보다 더 많은 금액을 더 낮은 이자로 빌릴 수 있기 때문에 주식이나 부동산의 투자 수익률이 다소 낮아도 수익을 낼 수 있다. 중앙은행들이 장기간 낮은 금리를 유지하겠다고 천명했기 때문에 당분간 투자하기 좋은 환경이 지속될 것이다. 미국 중앙은행은 2023년에도 제로 수준의 금리를 유지하겠다고 밝혔고, 한국은행 총재도 당분간 기준금리를 올릴 계획이 없다고 언급했다.

제로금리 시대 자산 가격의 미래

장기간 저금리가 이어진다면 지금이라도 빚을 내서 투자해야 할까? 금리가 오랫동안 낮게 유지되면 자산 가격도 높은 수준에 머무를 것이다. 하지만 장기 저금리가 지속적인 가격 상승을 뜻하는 것은 아니다. 중앙은행들이 기준금리를 최저 수준까지 내렸기 때문에 금리가 더 떨어지기 어렵다. 미국 중앙은행은 마이너스 금리의 부작용을 경고하면서 금리를 더 낮추지 않겠다고 했다. 한국은행 또한 우리나라가 제로까지 금리를 낮추는 것은 어렵다고 표명했다. 2020년 전 세계 금리는 유례없는 수준으로 낮아졌고, 자산 가격도 이에 발맞추어 상승했다. 하지만 이제 금리는 더 낮아지기 힘든 상황이며, 주요국의 장기 국채금리도 바닥을 다지고 조금씩 상승하는 추세다. 경제가 회복기에 접어들면 금리도 점차 상승할 것이다. 경제 활동을 재개하면서 개인의 소득과 기업의 이익이 늘면 금리 상승이 자산 가격에 미치는 부정적인 영향을 상쇄한다. 하지만 자산 가격의 향후 상승 속도는 올해만 못할 가능성이 크다. 폭락을 두려워할 필요는 없지만, 지나친 욕심은 내려놓아야 할 때다.

※ 본 기고는 기고자 개인의 의견이며 재직 중인 회사의 공식 의견과 다를 수 있음을 밝힙니다.

테러보다 위험한
코로나 시대의 새로운 안보

차두현 아산정책연구원 수석연구위원

2020년 11월 30일 기준 사망자 146만 49명. 이 숫자는 전쟁이나 테러에 의해 희생된 사람들의 숫자가 아니다. 우리의 일상생활 자체를 바꿔놓은 코로나19 바이러스에 의한 전 세계적 피해자의 수이다. 전 세계에서 6200만 명 이상의 확진자가 나온 이 신종 감염병에서 자유로운 나라는 존재하지 않는다. 21세기에 들어 전쟁 이외의 가장 위험한 이슈로 떠오른 '테러리즘' 관련 사망자가 연 3~4만 명(2014년이 정점)에 이른다는 점과 비교하면 코로나19의 위험성이 그대로 드러난다.

코로나19, 그리고 신안보 이슈들

코로나19는 20세기 후반 이후 우리에게 비교적 익숙한 용어가 되어가면서도 실제로는 그리 실감이 나지 않는 '신안보emerging security' 위험에 대한 경각심을 일깨워주었다. 신안보는 말 그대로 구안보 혹은 군사적 경쟁·갈등을 의미하는 전통적 안보와의 구분을 위해 생겨난 용어다. 군사충돌·국지전·전면전과 같은 기존의 안보 위협과는 또 다른 차원의 위험이나 위협들, 즉 테러·마약·불법이민·대량난민·국제범죄·해적 등이 우리의 삶을 해칠 수 있는 새로운 문제들로 떠오르기 시작한 것이다. 환경오염·기후변화·자원제약(수자원 등)·감염병 확산과 같은 전 지구적 문제 역시 부각되었다. '위협'이라고 부르기에는 한계가 있지만 국가 차원에서 해결해야 할 과제도 점점 늘어났다. 도시화·노령화·다문화융합 등이 바로 그것이다. 경제 분야의 국가 간 불평등이나 빈곤 문제 역시 인류의 삶을 위협하는 위험요소로 인식되기 시작했다.

신안보의 특징은 '누구를 중심으로 안보를 생각하는가'와도 관련되어 있다. 과거에 '안보'는 국가의 것이었으며 정부가 보장할 수 있는 분야로 인식되었다. 그러나 신안보 개념의 등장, '복지국가'로서 국가의 역할 확장과 맞물려 시장불안과 재해·재난 등 국방 영역을 넘어선 사회불안까지 국가가 치유해야 한다는 목소리 역시 높아졌다. 물리적 안전 이외에 국민의 불안감까지 경감·해소하는 '안심' 기능 역시 강조되었다. 국가가 안전하다고 보장하는 것을 넘어 실제로 국민들이 이를 인정하고 안심해야 안보가 보장되는 시대가 된 것이고, 이는 코로나19 사태에서도 일부 증명된 바 있다. 1994년 '유엔개발계획United Nations Development Plan, UNDP'이 '인간안보'의 중요성을 강조하면서 인간 개개인의 소외나 사회적 차별의 철폐까지를 안보의 범주에 포함해야 한다는 목소리 역시 높아졌다. 21세기에 들어 세계를 잇는 정보 네트워크가 구축되면서 사이버안보와 기술·정보 역시 안보의 영역에 추가되었다.

이와 같이 신안보는 전통적 안보에 비해 신경을 써야 할 범위가 훨씬 넓어졌을 뿐 아니라, 이를 보장하는 방법 역시 단순한 군사적 처방 이상의 것을 요구할 수밖에 없다. 국가 간의 불법이민, 지적 재산권 도용, 특정 종교나 인종에 대한 차별 같은 갈등 현안이 생길 때마다 군대를 파견하거나 군함을 해당 지역에 띄울 수는 없기 때문이다. 그래서 국가 간 상호의존과 협력, 공감대 확대 등을 통한 해결이 강조되기 시작했다. 많은 이들은 신안보 개념이 등장하면서 국가 간에 경쟁보다는 협력의 동기가 강화될 것이라 믿었다. 신안보 문제는 그 속성상 많은 경우 특정 국가가 다른 국가를 겨냥해 발생하는 것이 아니며, 누구나 경우에 따라 그 피해자가 될 수 있기 때문이다. 세계화·정보화로 인해 국가 간 교류나 정보의 교환이 실과 양모두에서 급격히 증대되었다는 점 역시 이러한 믿음을 강화했다.

국가 간 상호의존이 강화된 만큼, 국제관계에서도 양자/다자간 갈등보다는 공통의 과제 해결에 집중할 수 있는 여건이 강화될 것이라고 믿었기 때문이다. '비국가행위자'의 역할이 커질 것이라는 기대도 있었다. 신안보라는 개념 자체가 전통적인 국가의 지리적 경계를 넘어서는 경우가 많으며, 정부의 기능만으로는 충분히 대응하기에 한계가 있기 때문이다. 다국적 기업, 국제 비정부기구, 국제기구 등 많은 이들이 개별 국가의 이익에 대한 집착을 넘어 공통의 문제를 해결하는 데 더 집중할 수 있으리라고 보았다. 이들은 경제적 이익이나 다국적 네트워크, 보편적 윤리에 따라 행동하므로 정부 차원 대응의 한계를 넘어설 수 있다는 것이 신안보 개념에 입각한 신념이었다.

신안보와 갈등 확대의 역설

그러나 21세기 들어 신안보 분야에서의 국가 간 협력은 곳곳에서 장애에 부닥쳤다. 가장 큰 문제는 주요 국가가 신안보와 관련한 사안들을 '공통의 이해관계'라고 보지 않았다는 점이다. 국제적 온실가스 배출량 규제를 골자로 한 '파리협약'과 관련해 미국이 2017년 6월 1일 탈퇴를 선언한 것이 그 대표적 예이다. 트럼프 대통령은 세계적 기후변화를 관리하는 일보다는 '미국 국민의 보호'

가 더 중요한 이익이라고 본 것이다. 많은 국가가 신안보 영역에 속하는 안보 문제들의 중요성에 원론적으로 공감하면서도 이것이 기존의 국익 특히 국제사회에서의 주도권이나 자국의 산업기반과 같은 이익들을 희생하면서까지 추구할 것은 아니라는 태도를 보였다.

신안보 분야에서의 협력은 국가 간의 전략적 경쟁이 격해지는 시기에는 작동하지 않았으며, 오히려 갈등이 증폭되는 원인이 되기도 했다. 유감스럽게도 코로나19는 전 세계를 휩쓸었고 지정학·인종·종교를 넘어 모든 국가에 피해를 입혔지만, 최소한 아직까지는 세계를 단합시키는 데에는 실패했다. 아니 오히려 코로나19가 퍼지는 과정에서 각 국가는 서로 협력해 문제를 해결하기보다는 각개약진하는 형태를 보였으며, 국가주의가 국제주의를 압도했다. 주요 국가 간에는 책임논쟁이 뜨거웠으며, 일방주의와 상호경쟁이 만연했다. 2020년 3월부터 미중 간에 벌어진 '발원지' 논쟁은 감염병이라는 신안보 위협을 '공통의 해결과제'가 아닌, '특정 국가의 책임'으로 규정하려는 시도로 이어졌고, 이는 국가 간 불신을 부채질했다. 신뢰할 만한 국제적 레짐regime의 부재로 인해 공동대응은 더욱 어려워졌다. WHO는 코로나19 사태에 대처하는 과정에서 국제기구로서의 신뢰성에 깊은 상처를 입었다. 또한, 급속한 감염병 확산과 지역적 확대에 따라 각 국가에 '공포'가 증폭되었으며, 이는 일종의 '포비아'를 만들어내 이질적인 문화·인종에 대한 혐오를 확대

재생산했다. 유럽을 여행하거나 유럽국가에 체류하고 있는 동양인에게 중국인을 빗댄 모욕이나 적대감이 여과 없이 표출되는 사례가 급증한 것도 코로나19 시대의 한 특징이었다. 신안보 문제를 해결하는 데서 적지 않은 역할을 할 것 같았던 비국가행위자들의 활동도 기대에 미치지 못했다. 예상보다 큰 규모의 신안보 위협 앞에서는 비국가행위자의 기능에 한계가 있다는 것을 보여주었던 것이다.

신안보는 국내 정치 측면에서도 적지 않은 영향을 미쳤다. 신안보 자체가 국민 한 명 한 명의 일상생활에 개입되는 문제가 적지 않았고, 특히 감염병 분야의 특성상 개인의 건강이나 생명이 직접 위협을 받을 수 있었기 때문이다. 이 과정에서 불거진 것이 '국민 생활을 어느 정도까지 통제하는 것이 적절한가'에 관한 논쟁이었다. 사회적 거리두기는 코로나19 확산을 막기 위해 어쩔 수 없이 택한 대응법이었다고 해도 과언이 아니다. 문제는 이러한 정책이 자칫 개인의 선택이나 자유에 대한 침해와 연결될 수 있다는 점이다. 코로나19와 같은 신종 감염병에 대해 어떤 처방이 최선인지는 여전히 정답이 존재하지 않으며, 각 국가의 의료체계나 그 국가의 사회문화적 전통, 개인주의적 성향의 정도 등이 영향을 미칠 수밖에 없다. 각국의 코로나19 대응 방향은 이를 고려한 것이며, 어떤 한 방향의 모범정답을 식별하기가 현재로서는 어렵다. 그럼에도 적지 않은 국가가 실제로 상황이 어떻게 관리되는가보다는 '정부의 상황

관리를 유권자들이 어떻게 인식하는가'에 초점을 맞추었다. '인간 안보'의 시대에 사회 전체의 안전을 표방하며 개인을 억압하고 정보를 통제하는 일이 횡행했으며, 일부에서는 일단의 시민이 그 역할을 맡는 대중영합주의populism가 나타나기도 했다. 신안보 시대에 전형적인 '국가안보 제일주의'가 나타나는 모순이 발생하기도 했던 것이다.

코로나19 시대의 안보 그리고 한국의 선택

신뢰할 만한 치료제나 백신이 나타난다고 하더라도 세계가 완전히 코로나19 이전 시대로 회귀하기는 불가능할 것이다. 이미 각 국가는 적당한 '국제적 거리두기'에 익숙해졌고, 미중 등 주요 국가는 코로나19 사태에서 전략경쟁에 대한 전의를 다졌다. 코로나19 사태로 많은 국가는 외교적 문제가 없는데도 주요 감염국들에서 오는 입국자를 제한하는 조치를 택했다. 그 실효성 여부는 젖혀두고라도 이러한 처방이 틀린 방안이었다는 것이 입증되기 전까지는 같은 조치가 반복될 수 있다. 물론, 이번 경우처럼 광범위하지는 않을 것이나, 각 국가는 타국에서 기인한 감염병 확산, 재해·재난, 난민 유입 등의 사태가 심각해질 경우 해당 국가와의 일시적 단절을 고려하게 될 것이다. 또한, 코로나19가 퍼지는 과정에서 걸러지지 않은 각종 정보가 흘러들어 공황을 증폭시켰다는 교훈에 입각해 경우에 따라서는 타국으로부터 오는 정보를 통제하는 일 역시 강화될 수 있다. 이는 앞으로의 시대가 많은 부분에서 세계화와 반세계화가 공존하는 양상을 보일 것이라는 뜻이다.

코로나19 확산 과정에서 기존의 국제 레짐은 신뢰를 얻지 못하고 있고 새로운 레짐의 창설 역시 여의치 않은 상황이다. 이렇듯 국제적 의제를 주도할 만한 국가가 없는 데서 생기는 국제·지역 차원의 불안 요인은 앞으로도 커질 것이다. 트럼프가 '미국 우선주의'를 소리 높여 외친 이후 중국이 그 빈 틈새를 공략하려 나섰으나, 코로나19의 전개 과정은 중국 역시 대안이 되기 어렵다는 것을 보여주었다. 그러나 동시에 이번 감염병 사태는 신안보와 관련한 위협(위험)들이 단순한 이론적 공상이 아니라 현실에서 구현될 수 있다는 점을 체감하게 해주었다. 감염병과 같은 신안보 사안들이 보건 의료 분야를 넘어서 매우 심각한 사회경제적 영향을 미칠 수 있음이 입증되었다. 이제 세계는 일정한 단계를 지나면 코로나19에서 보여주었던 각자도생의 단계에서 벗어나 조심스럽게 협력의 동력들을 찾기 시작할 것이다. 코로나19 이외의 새로운 위협이나 또 다른 감염병을 극복하려면 글로벌 공급망을 반드시 회복해야 하기 때문이다.

이러한 시대에 역할을 할 수 있는 것이 한국과 같은 중견국들이다. 이미 지적한 바와 같이 코로나19의 확산 차단과 관련해서는 국가마다 처방이 달랐고, 이는 해당 국가의 의료체계나 자원동원력이 고려되었기에 딱히 어떤 사례가 최선이라고 보기는 힘들다. 다만, 코로나19 확산 과정에서 한국이 보여준 정책은 '세계화' 속에서 진행되어온 협력 모멘텀의 지속이라는 점에서 충분한 의미를 지닌다. 한국은 자국이 출입국상 피해를 입는 것을 감수하고 감염병 진단과 확산 실태를 세계와 공유한 몇 안 되는 국가였다. 진단과 확산 차단 물자들을 다른 국가들에 제공하거나 노하우를 나누려 한 노력 역시 '세계화'가 불러온 협력정신에 그대로 부합한다. 이제는 이에 공감하고 취지를 같이하는 중견국들과의 공조를 바탕으로 정보·인력·물자를 자유롭게 교환하는 것이 코로나19 이후의 세계를 함께 헤쳐 나가는 최선의 방책임을 설득해가야 한다.

또한 신안보 사안의 도전이 때로는 대중영합주의로 인한 '민주주의의 위기' 자체를 불러올 수도 있다는 점에 대해 경각심을 가져야 한다. 이제는 신안보 영역을 헤쳐 나갈 수 있는 사회적 통합을 위해 무엇을 할 수 있는가에 관심을 기울여야 한다. 소집단 결정이 내리는 신속성의 유혹에서 벗어나 광범한 사회적 소통을 바탕으로 한 정책 결정의 미덕을 살려야 한다. 그것이 의료에 국한되지 않은 진짜 'K – 방역'이다.

코로나19 속,
소리 없는 백신 전쟁

강양구 지식큐레이터

1년 가깝게 바이러스 때문에 고통을 겪고 있다. 세계 어디서나 사람을 잡아 세우고 지금 인류에게 가장 필요한 것을 묻는다면, 이구동성으로 이렇게 답할 것이다. "백신!" 이런 사정 때문에 이 순간에도 세계 곳곳에서 수많은 과학자가 백신 개발과 임상 시험에 매달리고 있다. 과연 백신이 인류를 구할 수 있을까?

조심스럽지만, 현재까지는 좋은 소식이 잇따라 들려오고 있다. 2020년 3월 코로나19 대유행이 시작되자마자 개발에 성공해서 처음으로 임상 시험(1상)에 들어갔던 미국의 제약회사 모더나를 비롯해서 미국 화이자(+독일 바이오엔테크), 영국 아스트라제네카(+옥스퍼드 대학교 제너 연구소) 등에서 개발한 백신의 긍정적인 개발 소식이 계속해서 들려오고 있다.

이뿐만이 아니다. 러시아는 자국에서 개발한 백신의 사용을 승인했고(2020년 8월), 중국도 시노팜, 시노백, 칸시노 등에서 각각 개발한 3가지 백신의 임상 시험을 공격적으로 진행 중이다. 이 가운데 국영 제약회사 시노팜에서 개발한 백신은 의료진, 외교관, 기업인 등 일반 시민에게 접종이 시작되었다. 소리 없는 백신 전쟁에서 어느 쪽이 최종 승자가 될까?

포인트 1. 백신 개발 속도

백신은 바이러스가 들어왔을 때 효과적으로 대응할 수 있는 몸속의 면역 물질을 유도하는 예방약이다. 태어나자마자 신생아를 데리고 보건소나 병원에 가서 접종하는 갖가지 예방 주사나 매년 가을마다 접종이 권유되는 계절 독감 예방 주사가 바로 백신의 예다. 인류는 천연두나 소아마비 같은 감염병을 백신으로 통제한 경험이 있다.

이 때문에 세계보건기구WHO가 2019년 12월 31일 전 세계에 중국 후베이성 우한의 코로나19 유행 사실을 알리자마자 백신 개발이 시작되었다. 하지만 이때만 하더라도 채 1년이 안 된 시점에 백신이 개발되어 접종을 개시할 수도 있으리라고는 아무도 낙관하지 못했다. (독자가 이 책을 읽고 있는 2020년 12월 말에는 정말로 미국에서 백신 접종이 시작되었을 수도 있다.)

물론 2009년 신종 인플루엔자 A(신종 플루)가 유행할 때는 서둘러 백신이 개발되어서 우리나라에서도 11월에 청소년부터 백신 접종을 한 적이 있다. 신종 플루 백신은 그간 매년 접종해온 계절 독감(인플루엔자) 바이러스 백신과 개발과 생산 과정이 다르지 않았기에 가능했던 일이다. 반면에, 코로나 바이러스 백신은 한 번도 성공적으로 개발한 적이 없었다.

하지만 1918년 스페인 독감이 유행하고 나서 100년 동안 발전한 과학기술은 유례를 찾아볼 수 없게 빠른 백신 개발을 가능하게 했다. 이번에 코로나 백신이 순조롭게 개발되어서 실제로 바이러스 유행을 막는 데에 이바지한다면, 앞으로 인류의 신종 감염병 대응 역량은 크게 늘어날 것이다.

포인트 2. 혁신 백신 대 전통 백신

이 대목에서 이렇게 빠르게 백신 개발이 가능한 이유도 살필 필요가 있다. 앞에서 언급했듯이 백신은 우리 몸에 들어가 면역 반응을 일으켜 갖가지 면역 물질을 만들어내도록 해야 한다. 이렇게 면역 반응을 일으키는 물질이 바로 항원이다. 지금까지 백신의 항원으로는 죽이거나(사백신) 혹은 독성을 약하게 만든(생백신) 병원체를 이용했다.

미국 모더나나 미국 화이자(+독일 바이오엔테크)는 코로나19 유행 이전부터 새로운 방식의 백신 플랫폼을 궁리했다. 이들은 병원체의 유전자 일부를 인체에 집어넣어 독성은 없고 항원 역할은 할 수 있는 병원체의 단백질을 만들어내는 방법을 찾았다. 바로 최근 언론에 오르내리는 mRNA 백신은 이렇게 탄생했다.

이들은 코로나19 바이러스가 유행하자마자, 이 바이러스가 인체 세포와 결합하는 단백질(스파이크 단백질)을 만들어내는 유전자를 활용해서 mRNA 백신을 재빠르게 개발했다. 모더나가 3월 16일부터 임상 시험을 시작할 수 있었던 것도 이미 가지고 있던 mRNA 백신 플랫폼에 코로나19 바이러스 유전자를 얹어 개발하는 일이 가능했기 때문이다.

천연두를 제압한 우두법을 개발한 '백신의 아버지' 에드워드 제너의 이름을 딴 옥스퍼드 대학교 제너 연구소(+영국 아스트라제네카)는 또 다른 백신 플랫폼을 개발 중이었다. 제너 연구소는 아데노바이러스 같은 감기 바이러스를 이용해 병원체의 유전자 일부를 몸속에 집어넣은 다음에 그것이 항원 물질을 합성하도록 하는 방식을 궁리 중이었다.

이런 방식은 이미 여러 제약회사가 서아프리카에서 주기적으로 유행하는 에볼라 바이러스 백신을 만들 때 활용한 적이 있었다. 제너 연구소 역시 코로나19가 유행하자마자 침팬지 아데노 바이러스를 활용해 코로나 바이러스의 단백질(스파이크 단백질)을 몸속에서 생산하도록 하는 백신을 개발하는 데 성공했다.

모더나, 화이자, 아스트라제네카 외에 다른 백신의 사정도 마찬가지다. 러시아와 중국 칸시노의 백신 역시 아스트라제네카처럼 아데노 바이러스를 활용했다. 다만, 중국의 시노팜과 시노백의 백신은 코로나19 바이러스를 죽이는 전통적인 방식으로 만들어진 것이라서 눈에 띈다. 혁신과 전통 사이에서 어느 쪽이 최종 승자가 될 수 있을지는 또 다른 관전 포인트다.

포인트 3. 모더나, 화이자, 아스트라제네카

이제 본격적인 백신 정치를 이야기할 때다. 눈에 띄는 대결 구도는 서방에서 개발 중인 3가지 백신 사이의 경쟁이다. 2020년 11월 말까지는 미국의 모더나나 화이자(+독일 바이오엔테크)의 백신이 좀 더 주목을 받고 있다. 모더나와 화이자가 3상 임상 시험에 90% 이상의 효능을 보였다고 발표했기 때문이다.

하지만 모더나나 화이자의 승리를 예상하기에는 이르다. 우선

아스트라제네카(+옥스퍼드 대학교 제너 연구소)도 약간의 잡음이 있기는 했으나 3상 임상 시험의 비교적 긍정적인 중간 결과를 내놓았다(두 그룹 가운데 한 그룹의 효능 90%). 보통 70% 정도의 효능만 나와도 백신으로서의 가치가 충분하다는 예상을 염두에 두면, 이 백신의 가치도 여전하다.

더구나 아스트라제네카 백신은 모더나나 화이자와 비교가 불가능한 강력한 장점이 있다. 우선 원래 백신을 개발한 옥스퍼드 대학교 제너 연구소가 백신으로 이익을 추구하지 않겠다고 선언했다. 또 아데노 바이러스 백신은 적은 비용으로 대량 생산이 가능해서 생산 단가를 크게 떨어뜨릴 수 있다. 그 덕분에 이 백신은 모더나나 화이자의 10분의 1 정도로 가격을 책정하는 것이 가능하다.

이뿐만이 아니다. 아스트라제네카 백신은 독감 백신처럼 2도에서 8도 정도에서 유통하면 충분하다. 하지만 모더나나 화이자는 각각 영하 20도, 영하 70도 정도에서 장기 보관해야 한다. 모더나나 화이자 백신의 주된 성분인 mRNA가 온도에 취약하기 때문이다. 당연히 유통 비용이 더 높아질 수밖에 없다.

WHO를 비롯한 전 세계 보건의료 관계자가 한결같이 아스트라제네카 백신을 응원해온 사정도 이 때문이다. 모더나나 화이자 백신은 높은 가격과 까다로운 유통 문제 때문에 가난한 나라에게는 그림의 떡이 될 가능성이 크다. 반면에 아스트라제네카 백신은 안전성과 효과성을 입증하기만 한다면 가장 성공적인 코로나19 대응 백신이 될 가능성이 크다.

한국에게는 아스트라제네카 백신을 응원해야 할 또 다른 이유가 있다. 이미 SK바이오사이언스 같은 국내 기업이 아스트라제네카 백신을 위탁 생산하기로 업무 협약을 맺었다. 국내에서 아스트라제네카 백신을 생산하면, 한국 정부로서는 해당 백신의 물량을 확보하기가 좀 더 쉬워진다. (물론, 한국의 제약사가 다른 백신을 위탁 생산할 가능성도 크다.)

포인트 4. 뜻밖의 변수, 중국 백신

마지막으로 뜻밖의 변수를 지적하자. 중국에서 개발 중인 시노팜, 시노백, 칸시노 백신에도 관심을 둘 필요가 있다. 미국과 유럽의 전문가는 이구동성으로 중국 백신 개발 과정이 국제 표준을 따르지 않아서 신뢰할 수 없다고 목소리를 높인다. 하지만 모더나, 화이자, 아스트라제네카 백신이 긴급 사용 승인을 받는다면, 그 역시 통상적인 백신 허가 과정과는 거리가 멀다.

더구나 중국의 백신 개발 역량은 미국이나 유럽과 비교해도 뒤지지 않는다. 예를 들어, 아데노 바이러스 백신을 개발 중인 칸시노는 이미 같은 백신 플랫폼을 활용해서 에볼라 바이러스 백신을 개발한 적이 있다. 시노팜이나 시노백은 바이러스를 죽여서 만드는 전통적인 방식으로 백신을 제조했기 때문에 오히려 안전성이나 효과성이 나을 수도 있다.

지금 중국 백신은 내국인을 대상으로 본격적인 접종(시노팜)에 들어갔을 뿐 아니라 아랍에미리트 - 아르헨티나 - 세르비아(시노팜), 브라질-칠레-인도네시아(시노백), 멕시코(칸시노) 등에서 대규모 임상 시험을 진행 중이다. 중국 백신의 임상 시험이 중남미, 아시아, 동유럽 등의 저개발국이나 국제 정치의 변두리 국가에서 진행되고 있다는 것에 주목하자.

중국에서 개발 중인 백신의 안전성이나 효과성이 입증된다면 이들 나라는 그대로 서방 백신보다 (원조의 형태로 제공될 가능성이 큰) 이들 백신에 의존할 가능성이 크다. 그렇다면, 코로나 유행이 끝나고 나서 이들 나라에 대한 중국의 영향력은 급격하게 확대될 것이다. 어쩌면 바이러스가 시작된 중국이 이번 팬데믹의 최종 승자가 될 수도 있다.

앞에서 언급한 모더나, 화이자, 아스트라제네카의 백신 가운데 가격이 비싸고 유통이 까다로운 모더나나 화이자 백신이 승자가 된다면 중국 백신에 대한 세계의 관심이 더욱더 쏠릴 가능성도 크다. 시간이 지날수록 백신은 바이러스 유행뿐 아니라 국제 정치에서 그 중요성이 갈수록 커지고 있다.

코로나19 위기가 가져올
에너지 정치의 스펙트럼

김현우 에너지기후정책연구소 연구기획위원

코로나19 사태는 한국뿐 아니라 세계의 시민들에게 커다란 고통과 더불어 '비일상'이라는 특별한 경험을 안겨주고 있다. 그런데 이러한 체험은 일시적이거나 개인적인 것이 아닐뿐더러 앞으로 다가올 '기후위기' 상황에 대해서도 많은 시사점을 가져다준다. 코로나19 사태를 겪으며 우리는 기후위기의 양상을 부분적으로나마 느꼈고, 팬데믹 대응 행동을 통해 온실가스 감축과 기후변화 적응 행동의 방식과 효과를 어느 정도 이해하게 되었다. 실제로 코로나19 확산과 기후변화의 근원은 넓게 보아 동일하며 해법의 묶음도 동일하다는 목소리가 커지고 있다.

그렇지만 코로나19 바이러스 위기 확산과 기후위기 격화에는 중요한 차이가 있다는 점을 간과해서는 안 된다. 우선 바이러스는 변이를 일으키고 확산하며 각국의 대응에 따라 변동 폭을 갖지만 지구 온난화와 같이 '티핑 포인트tipping point(임계점)'가 있는 것은 아니다. 에너지 평형 상태의 문턱값을 넘어 온도가 상승한 지구에 대해서는 백신이나 치료제 같은 것을 쓸 수도 없고, 집단 격리나 자가 격리로 그 영향에서 벗어날 수도 없다. 코로나19 위기를 넘어선 다음에도 유사한 팬데믹과 기후위기의 뉴노멀을 겪게 될 것이라 예상하면서 우리는 코로나19 위기가 가져올 기후 정치와 에너지 정치의 다양한 전망을 그려볼 필요가 있다.

코로나19 위기가 가져온 배출 감축의 의미

코로나19 위기가 경제 전반을 위축시켜 생산 활동과 에너지 소비 활동이 크게 줄면서 온실가스 배출도 감소하고 있다. 코로나19 위기를 가장 처음 겪었고 세계 1위의 온실가스 배출국이기도 한 중국은 우한에서 확진자가 급증했던 2020년 3월 3일부터 16일 사이의 이산화탄소 배출량이 전년 대비 25% 정도 줄었다. 국제에너지기구IEA가 코로나19 확산이 미치는 영향을 분석한 「2020 글로벌에너지리뷰」에 따르면, 2020년의 세계 에너지 수요도 전년 대비 6% 감소할 전망이다. 이에 따라 세계 온실가스 배출 총량도 6% 내외로 줄어들 것이라는 예상이다.

하지만 IEA는 과거 사례를 볼 때 경제활동 재개를 위한 투자가 더 청정하고 더 탄력적인 에너지 인프라에 집중되지 않는 한 이산화탄소 배출은 위기 이후에 더 크게 반등할 수 있다고 내다보고 있다. 〈그림 1〉에서 보듯 역사적으로도 경제위기와 사회위기를 겪을 때마다 온실가스 배출은 눈에 띄게 줄어들었다가 위기가 끝나자마자 곧 반등하기를 되풀이했다. 100여 년 전에 스페인 독감으로 수백만 명이 사망한 이후와 대공황 이후, 제2차 세계대전 이후, 그리고 1차와 2차 석유위기 직후, 소비에트연방 붕괴와 2008년 금융위기 이후에도 온실가스 배출량은 금방 예년 추이로 회복되었다. 특히 제2차 세계대전 이후에는 가전제품과 승용차가 집집이 보급되고 미국에서 출현한 포드주의 모델이 세계로 퍼지면서 에너지 다소비와 온실가스 다배출 패턴이 구조화되었다. 한국의 경우 IMF 구제금융 직후인 1998년에 경제성장률이 −5.1%를 기록하며 온실가스 배출량도 14%가 줄었다가 이내 급격한 증가세로 돌아섰던 기록이 있다.

그러나 파리협정과 이후 국제 기후체제 논의의 근거가 되는 IPCC(기후변화에 관한 정부 간 패널)의 최근 보고서들은 지구 기온을 티핑 포인트로 가정하는 (산업혁명 이후) 1.5도 상승 수준으로 억제

단위
10억톤/년   스페인 독감   제2차 세계대전 종전   1차 및 2차 석유 위기   금융위기

〈그림 1〉 1900년 이후 세계 CO_2 배출량 추이(출처: Global Carbon Project)
(https://www.bbc.com/news/science-environment-52485712)

하려면 2020년을 '배출 정점'으로 삼고 매우 급격히 온실가스 배출량을 줄여서 2050년에는 '배출제로' 또는 온실가스 총배출량과 흡수량이 같아지는 '넷−제로net-zero' 또는 탄소중립 상태에 도달해야 한다고 말하고 있다. 그러나 코로나19로 인한 지금의 일시적인 배출 감소는 배출 정점을 의미하거나 구조적이고 지속적인 배출 감소를 뜻하지는 않는다.

코로나19 위기와 기후 정책의 후퇴

2015년 파리협정은 전 세계 국가들의 온실가스 배출 감축을 위한 상징적인 이정표였다. 196개 국가가 협정에 참여했고 자발적인 온실가스 감축목표NDC를 제출했다. 나아가 60개 이상의 국가(영국, 노르웨이, 독일, 우루과이, 프랑스 등)가 2050년까지 넷-제로라는 목표를 구속력 있는 법률 형태로 제시하고 있다. 중국과 미국 같은 경제 대국이자 최대 온실가스 배출국들의 행동이 더욱 중요함은 물론이다. 그러나 미국은 트럼프 대통령이 당선되자 곧 파리협정을 탈퇴하겠다고 발표했고, 온실가스 배출 감축 추세도 꺾이고 있다. 이러한 분위기에 영향을 받은 오스트레일리아, 브라질, 러시아, 중동의 산유국들은 배출량을 크게 줄이지 않고 있으며, 파리협정 때보다 강화된 목표로 작성해야 할 NDC 제출도 미루고 있다. 오히려 다행인 것은 중앙정부 이외에 주정부와 도시정부 그리고 기업 수준에서 온실가스를 감축하고 에너지 수급을 전환하려는 노력이 강화되고 있다는 점이다.

그러나 종합적으로 보면, 기후위기라는 도전의 심각성과 지구적 합의 부족이라는 현실의 간극은 뚜렷하다. 티핑 포인트에 이르기까지 남은 온실가스 배출량을 햇수로 계산한 '탄소예산'은 8년이 채 남지 않았지만, 지난 몇 년만 돌아보아도 우리는 미국의 파리협정 철수뿐 아니라 미중 무역 전쟁, 브렉시트, 오스트레일리아와 아마존의 산불, 깨지고 녹아내리는 극지방을 목격했다. 그리고 지금도 강대국들은 커다란 두 도전을 해결하기 위한 협력보다는 코로나19 위기 원인 공방과 비난, WHO 기금 삭감 같은 실망스러운 모습을 보이고 있다. 또 국제 저유가 상황이 팬데믹과 경기 위축으로 지속되면서 재생가능에너지 시장의 조건도 좋지 않다. 어쩌면 중국 정부가 코로나19로 인한 경기 위축을 오히려 경제와 사회의 '녹색 전환' 계기로 삼고 그것이 세계의 기후위기 대응을 앞당길 가능성도 생각해볼 수 있다. 그러나 중국이 재생가능에너지 확충을 선도하고 있고 온실가스 감축 목표 상향을 공언하고 있다지만, 중국 역시 자본주의적 기준의 경제성장과 경쟁을 외면할 수 없는 나라여서 경기 회복과 더불어 에너지 생산과 소비를 회복시키는 데에 더 큰 힘을 쏟고 있다.

코로나19 위기가 부분적인 온실가스 배출 감축을 가져왔지만, 기후위기를 극복하는 데에는 불리한 조건들이 더욱 많아진 셈이다. 특히 세계 기후 대응 정책과 파리협정 이행을 이끌어온 유럽 주요국에서 녹색경제와 에너지 전환 정책에 대한 논의가 사라졌으며, 2050년까지 유럽을 최초의 탄소중립 대륙으로 만들겠다는 유럽연합의 목표가 무산될 수 있다는 우려도 제기되고 있다. 이 와중에 2020년 11월 글래스고에서 예정된 26차 기후변화당사국총회 COP26마저 1년 연기되고 말았다.

글래스고 회의의 지연은 회담에 더 알찬 내용을 담을 수 있는 준비 시간의 확보를 뜻할 수도 있다. 그러나 2021년부터 발효되는 파리협정의 세부 사안에 대한 합의가 여전히 부족하며 2019년에

펼쳐진 전 세계적인 기후비상 운동의 요구를 받아 안을 의제와 체계도 미비한 상황을 감안하면 2020년 당사국총회의 공백은 아쉬울 수밖에 없다. 2020년 9월 전 세계 배출량의 2.9%에 해당하는 11개 국가만이 새롭게 감축 목표를 정해 발표했다. 코로나19 위기로 인해 각국의 예산 집행에 제약이 생긴 결과로 유엔은 회원국으로부터 기후 재원의 48%만을 확보할 수 있었다.

코로나19 위기와 기후위기 대응의 갈래들

바이러스 대응과 지구 온난화 대응은 서로 연결되어 있고, 코로나19 위기가 온실가스 감축과 적응 측면에서도 힌트를 준다는 것은 중요하다. 과거로 돌아가는 게 불가능하다면 "더 나은 복구 recover better"를 해내야 한다. 2020년 4월 28일 온라인으로 열린 피터스버그 기후대화Petersberger Klimadialogue에서 안토니우 구테흐스 유엔 사무총장은 감염병과 기후 파괴의 실존적 위협에 동시에 맞서야 할 뿐 아니라, 감염병 복구가 "우리 세계를 더 좋게 재건할 수 있는 드물고도 짧은 기회의 창"이 될 수 있다고 말했다. 즉 기후변화를 해결하고 환경을 보호하며 생물 다양성 손실을 되돌리고 인류의 장기적인 건강과 안보를 보장할 진지한 기회가 될 수 있다는 주장이다. 이를 위해 구테흐스 총장은 온실가스 감축 목표를 더욱 강화할 것과 에너지 전환 전략을 더 광범하게 짤 것을 요청했다.

2018년 말부터 미국과 영국을 중심으로 급물살을 타고 있는 '그린 뉴딜'도 이와 같은 취지로 이해할 수 있다. 조지프 스티글리츠와 니콜라스 스턴 등이 최근 발표한 논문도 '그린 뉴딜' 같은 친환경 정책이 코로나19 위기의 경제 회복 패키지로서 기후변화에 적극적으로 대응하면서도 전통적인 경기 부양책보다 더 많은 일자리를 만들어내고, 단기적으로는 경제적이며, 장기적으로 비용도 절감할 수 있다고 보고 있다.

하지만 이러한 구상과 논리가 현실 정치에서 그대로 작동하거나 긍정적 결과를 보장하는 것은 아니다. 2014년에 『이것이 모든 것을 바꾼다』(이순희 옮김, 열린책들, 2016)에서 기후변화가 자본주의 체제의 문제와 떨어질 수 없다는 것을 강조했던 나오미 클라인은 최근 코로나19 위기가 '재난 자본주의'로 귀결될 수 있다고 지적한다. 클라인은 전작 『쇼크 독트린』(김소희 옮김, 살림비즈, 2008)에서 허리케인 카트리나 이후 재난을 틈타 워싱턴의 우파 싱크탱크들이 모여 친시장적인 해법을 만들고 강제했던 것을 환기한다. 시민들이 재난의 충격과 혼란에 빠져 있는 동안 자본과 국가는 공공 부문을 민영화하거나 규제 완화를 얻어내고, 재난 극복을 위해 일시적으로 도입되었던 예외적 조치가 영구화되어 '더욱 나쁜 복구'가 되어버릴 가능성을 말하는 것이다. 실제로 세계 여러 나라에서 코로나19

위기가 에너지와 농업, 서비스 부문의 규제 완화와 대기업의 새로운 이윤 창출 기회가 되는 현상들이 보고되고 있다.

결국 두 위기에 대응하는 데는 경제 규모와 생산을 어느 정도 축소하고 전 사회적으로 조절하는 일이 뒤따를 수밖에 없다. 이런 사실을 받아들이지 않고서는 그린 뉴딜이나 다른 비슷한 복구와 재건 전략을 들고 나와도 공문구에 그칠 수밖에 없다. 코로나19뿐만 아니라 기후위기 역시 신속히 해결해야 할 거대한 지구적 문제이다. 코로나19가 전 지구적으로 변화와 대안을 논의할 예외적인 기회를 제공한 것은 분명하다. 두 위기는 새로운 자본축적의 기회가 될 수도 있고 전면적 체제 전환의 계기가 될 수도 있다. 2020년 미국 대선의 결과와 연기된 글래스고 26차 총회의 향방, 그리고 파리협정 발효 이후 뉴노멀 시대 기후 정치의 윤곽과 내포도 이러한 배경을 두고 만들어질 것이다.

2부

문 정부 4년의 국정과제,
어디까지 왔고 어디로 가야 하는가

1장

직면한
과제
Evaluation

소득주도성장은
빈곤 문제를 얼마나 개선했는가

이강국 리쓰메이칸대학교 경제학부 교수

우리 곁에는 소득이 없어 폐지를 줍는 노인들이 많다. 리어카에 폐지가 한가득이면 120킬로그램인데 고물상에 건네면 5000원을 받는다. 하루에 3번을 나르면 1만 5000원이 하루 수입이다. 또한 최저임금이 인상되었지만 그만큼도 받지 못하는 가난한 노동자들이 많다. 이러한 문제에 대응해 문재인 정부는 가난을 해결하고 복지를 확대하기 위해 5대 국정목표 중 하나로 '내 삶을 책임지는 국가'를 내세웠다. 소득주도성장과 포용국가를 추진해온 정부의 노력은 빈곤 문제를 얼마나 개선했을까.

소득주도성장에도 불구하고 여전히 심각한 가난

소득주도성장은 불평등을 개선하고 가계소득을 증가시켜 소비와 총수요를 확대하기 위한 경제 패러다임의 전환이었다. 최저임금 인상이 큰 논란이 되었지만, 정부는 이를 위해 3개의 축으로 많은 정책들을 시행했다. 첫째는 가계소득 증대 정책으로, 노동자를 위한 최저임금 인상과 임금 격차 축소, 근로장려세제 확대와 자영업자를 위한 카드수수료 경감과 일자리안정자금 지급 등을 추진했다. 둘째는 지출비용 경감으로, 건강보험 확대와 의료비 절감, 보육료와 주거비용 축소가 주요 정책이다. 셋째는 안전망 확충과 복지 정책으로, 고용보험의 확대와 실업부조의 강화, 아동수당 도입과 기초연금 확대, 기초생활보장제도 강화 등을 포함했다. 2018년에는 포용적 복지국가 개념을 발전시켜 빈곤층과 서민에 대한 복지정책 확대를 강조하고 역대 정부 최초로 사회정책 전략 회의를 열기도 했다.

소득주도성장의 공과, 특히 소득분배에 미친 영향을 두고는 논란이 있다. 보수언론은 분기별로 발표되는 가계동향조사 결과에 기초해 소득분배가 악화했다고 비판했다. 그러나 가계동향조사는 최근 표본이 크게 바뀌었고 소득의 변화가 큰 분기별 자료는 소득분배의 추이를 보여주는 데 한계가 있다는 점을 주의해야 한다. 정부의 공식 소득분배 자료는 '가계금융복지조사'이며 이 자료가 더욱 신뢰할 만한데, 이에 따르면 2018년 소득분배가 개선되었고 빈곤율도 하락했다. 시장소득 기준 지니계수는 2017년 0.406에서 0.402로 약간 하락했고 정부의 재분배 역할을 고려한 처분가능소득의 지니계수는 0.354에서 0.345로 하락했다. 중위소득의 절반 이하를 버는 사람들의 비율을 의미하는 상대적 빈곤율도 2017년 17.3%에서 2018년에는 16.7%로 낮아졌다. 그 밖에도 2018년 이후 노동시장 내의 저임금 노동자 비중이 줄어들고 임금불평등이 축소되었으며 거시경제 전체에서 노동소득분배율도 상승했다. 이를 고려하면 정부의 노력이 적어도 소득주도와 포용이라는 부분에서는 어느 정도 성과를 거두었다고 할 수 있다.

그럼에도 한국사회에서 가난의 문제는 해결되지 못했다. 여전히 최저임금도 받지 못하는 노동자가 2019년 전체 노동자의 약 16.5%인 339만 명이나 된다. 무엇보다도 노인빈곤 문제가 심각한데, 18~65세 근로연령층의 상대적 빈곤율은 11.8%지만 66세 이상 노년층의 상대적 빈곤율은 43.4%에 이른다. 한국은 구매력 평가 기준으로 1인당 국민소득이 유럽 국가들이나 일본과 비슷하다. 생활수준은 선진국 수준이 되었다는 말이다. 하지만 빈곤율은 2017년 OECD 국가들의 평균인 11.6%에 비해 훨씬 높다. 부끄럽게도 터키나 멕시코, 칠레보다도 높아서 OECD에서 미국 다음인 2등이다. 이러한 현실은 연금제도의 역사가 짧고 금액이 부족해 노년층의 빈곤문제가 심각하기 때문인데, 이는 압도적으로 높은 노인 자살률과도 관계가 깊다.

심각한 가난은 불평등으로 이어진다. 한국은 소득분배에서 개인 기준 상위 1%와 10%의 비중이 높지만 가구 기준으로 심각한 것은 역시 가난이다. 가구의 중위소득과 하위 10% 집단의 소득 최댓값의 배율인 P50/P10 지표가 OECD 국가들 중 가장 높다. 반면 가구의 상위소득과 중위소득의 격차는 국제적으로 크지 않다. 최근 20년간의 변화를 보아도 중간층 가구소득과 하위 10% 가구소득의 격차가 특히 커졌다. 결국 한국의 불평등은 상당 부분 빈곤 문제라 볼 수 있다. 문재인 정부 들어서도 2018년 이후 대부분이 고령자인 저소득층 비근로자 가구의 소득이 크게 줄어들어 노동시장 바깥의 빈곤 문제가 심각해졌음을 알 수 있다. 경기가 둔화하고 이들이 일자리를 찾기가 더욱 어려워진 현실에서는 사회복지의 역할이 보다 중요해진다.

낮은 기준 중위소득과 빈곤층을 위한 복지의 한계

가난은 나랏님도 해결할 수 없다고 하지만 많은 선진국들은 노령자에게 연금을 지급하고 빈곤층에 사회안전망을 제공하는 식으로 가난을 해결해왔다. 우리 정부도 노인들에게 기초연금을 지급하고 국민의 기초생활을 보장하기 위해 빈곤층에게 최저생계비를 지원하고 있다. 정부는 기준 중위소득에 기초해 기준 중위소득의 30% 이하 가구에 생계급여, 40% 이하 가구에 의료급여, 45% 이하 가구에 주거급여, 50% 이하의 가구에 교육급여를 지급하고 있다.

그러나 각종 복지사업에서 수급자를 선정하는 기준이 되는 기준 중위소득 자체가 낮아 사회복지를 통해 가난을 해결하는 데는 한계가 있다. 정부의 공식 소득분배 지표가 2017년 12월 가계동향조사에서 가계금융복지조사로 바뀌었지만 여전히 기준 중위소득은 바뀌지 않고 있다. 기준 중위소득은 국민기초생활보장법에 따라 최저생계비를 개편해 결정되었는데, 2019년까지는 전년도 기준 중위소득 값에 가계동향조사의 소득 평균증가율을 적용했고, 2020년에는 가계동향조사와 가계금융복지조사의 소득증가율을 조합해 사용했다. 문제는 기준 중위소득이 가계금융복지조사의 중위소득보다 낮은 수준이라는 것이다. 실제로 2018년 기준 중위소득은 452만 원이었는데, 가계금융복지조사 중위소득은 508만 원이었다. 또한 그 인상률은 박근혜 정부에서도 3%가 넘었는데 문재인 정부 들어 2020년까지 평균 2.06%에 그쳤다.

한편 기준 중위소득을 계산할 때 가구원 수에 따라 소득을 조정하는 가구균등화지수도 국세적으로 흔히 사용하는 가계금융복지조사의 지수와 다르다. 국제적으로 균등화소득을 계산할 때는 가구원 수의 제곱근을 곱하기 때문에 4인 가구 대비 1인 가구의 소득이 절반이 되어야 하지만 2020년 기준 중위소득에서는 그것이 0.37배였다. 2020년 7월 정부는 2021년 기준 중위소득 결정은 가계금융복지조사의 최근 3개년 소득증가율 기준으로 하고, 앞으로 기준 중위소득을 가계금융복지조사를 기준으로 해 변경하며 가구균등화지수도 4인 가구 대비 1인 가구의 소득을 0.4로 바꾸기로 결정했다. 그러나 즉시 변경하면 복지지출이 급증할 수 있기 때문에 그 차이를 6년 동안 단계적으로 조정하기로 했다. 결국 정부는 2021년 4인 가구 기준 중위소득을 487만 6290원으로 2020년 474만 9174원 대비 2.68% 인상했다. 그중 가계금융복지조사 중위소득과의 차이를 해소하는 부분이 1.68%였고, 기본 인상률은 최근 3개년 소득증가율 4.6%보다 훨씬 낮은 1%였다. 시민사회에서는 기준 중위소득을 인상하라는 목소리가 높았지만 보수적인 기획재정부가 경기침체와 소득증가율 둔화 그리고 재정의 제약을 들어 인상률을 삭감했다. 그나마 2021년 1인 가구의 기준 중위소득 인상률이 상대적으로 더 높아지긴 했지만 1인 가구의 생계급여 선정기준과 최대 생계급여액은 겨우 54만 8349원이다.

또한 시민사회에서 오랫동안 요구해왔고 대선공약이기도 했던 기초생활보장제도에서 부양의무자 기준의 폐지도 이루어지지 못했다. 정부는 생계급여에서 부양의무자 기준은 2022년까지 단계적으로 폐지하겠다고 밝혔지만 의료급여에 대해서는 언급하지 않았다. 2020년 6월 기초생활보장제도의 전체 수급자는 203만 명인데, 부양의무자 기준 탓에 급여를 받지 못하는 사각지대의 빈곤층이 약 100만 명에 달한다. 연락도 하기 힘든 자식이 있다는 이유로 정부가 극빈층 노인들의 생계를 팽개치고 있다는 비판이 높은 이유다. 이른바 줬다 뺏는 연금 문제도 여전하다. 현재 기초생활수급자인 가난한 노인들은 기초연금 30만 원을 받았다가 다음 달 생계급여에서 같은 금액을 삭감당한다. 이들에게 10만 원의 부가급여를 지급하겠다는 안이 합의되었지만 2019년에도 2020년에도 국회를 통과하지 못했다. 문제는 역시 돈이다. 의료급여에서 부양의무자 기준을 폐지하면 매년 최대 약 3조 5000억 원, 기초생활수급자 노인에게 10만 원의 부가급여를 지급하면 약 5000억 원이 더 들기 때문이다.

재난의 시대, 가난과 싸우려면 더 많은 노력이 필요하다

2020년은 코로나19의 충격이 불평등과 빈곤 문제를 더욱 심각하게 만들었다. 정부는 긴급재난지원금과 긴급고용안정지원금 등을 지급하며 일자리와 소득을 지키려고 했다. 실제로 2020년 2분기 소득 1분위 가구의 월평균 근로소득은 1년 전보다 18%나 줄었지만, 5분위 가구의 근로소득 감소율은 4%였고 사업소득의 변화도 비슷했다. 따라서 공적이전소득을 제외한 시장소득 기준의 5분위 배율은 2020년 2분기 8.42배로, 1년 전 7.04배보다 크게 높아졌다. 하지만 재난지원금의 지급 덕분에 월평균 전체 소득은 소득 1분위 가구가 2019년보다 8.9% 늘어난 반면 소득 5분위 가구는 2.6% 늘어났다. 결국 2020년 2분기 균등화 처분가능소득 기준 5분위 배율은 4.23배로 2019년 4.58배보다 낮아졌다. 팬데믹에 대한 정부의 대응이 불평등을 개선하는 효과를 발휘한 것이다. 하지만 2021년에도 경기침체가 지속된다면 취약계층에 대한 더욱 적극적인 정책 대응이 필요할 것이다. 또한 심화하는 고령화를 배경으로 정부는 기초연금 확대 등 빈곤 문제를 해결하기 위해 더 많은 노력을 기울여야 할 것이다.

사회복지와 안전망을 확충해 빈곤을 개선하려면 재정지출이 필요하다. 이는 나랏빚이 지속적으로 늘어나는 상황에서 쉬운 일은 아닐 것이다. 하지만 적극적인 재정확장이 불황과 빈곤을 막고 불평등을 개선하며 성장을 촉진하는 데도 도움이 된다는 것을 잊지 말아야 한다. 재정지출 구조의 변화도 진지하게 논의되어야 한다. 예를 들어 국방예산은 문재인 정부 들어서 4년 동안 꾸준히 증가해 약 12조 원이나 늘어났다. 또한 소득재분배를 위해 앞으로 고소득층에 대한 광범위한 증세도 추진되어야 할 것이다. 수많은 공제로 인해 소득세의 실효세율은 매우 낮다. 2017년 기준으로 근로소득 상위 20% 경계는 연간 총급여가 약 5300만 원인데 실효세율은 고작 3.4%였다.

많은 이들이 문재인 정부에서 빈곤이 개선될 것이라고 기대했다. 정부도 여러 정책을 도입했고, 성과도 없지 않았다. 그러나 소득주도성장과 포용국가에 대한 기대가 컸던 만큼 실망의 목소리도 작지 않다. 재난으로 불평등과 가난이 더 심각해지고 있는 지금이야말로 더 많은 정치적인 노력이 필요하다.

소득주도성장과 혁신성장의 약점을 보완하는 산업 정책

정승일 복지국가소사이어티

　　문재인 정부의 경제정책은 소득주도성장, 혁신성장, 공정경제라는 세 개의 큰 범주에서 설명된다. 또한 문재인 정부는 일자리위원회를 신설해 일자리 창출을 최우선 국정 목표로 삼아왔다.

　소득주도성장의 한계와 생산성 향상 산업 정책의 필요

　　먼저 소득주도성장론에 대해 이야기해보자. 문재인 정부는 최저임금 인상과 비정규직의 정규직 전환 등을 통해 임금 소득을 높이면 '소득 증가→소비수요 증가→기업투자 증가→경제성장'이라는 선순환 메커니즘이 창출될 것이라고 여겼다. 필자 역시 최저임금 인상과 노동권 및 노동조합권 강화 등 국가정책을 통한 임금소득 증가에 찬성하며 그것이 일정하게 실물투자 증가와 경제성장에 효과가 있다는 점을 인정한다.

그러나 생산성 향상을 위한 정책이 뒤따르지 않는 최저임금 인상 및 노동시간 단축은 그 지속 가능성이 문제로 제기될 수 있다. 문재인 정부의 소득주도성장론을 입안한 홍장표 교수는 2014년 4월 11일 민주당 정책연구원이 주최한 '경제성장 전략 마련을 위한 간담회'에서 발표한 「공정, 혁신, 상생의 경제정책 과제」에서 "최저임금제의 강화는 생산성 향상과 함께 가야 한다"라고 주장했다. 하지만 지난 3년간의 최저임금 인상 및 노동시간 단축은 사실상 생산성 향상 정책 여부와 무관하게 시행되었다. 이로 인해 생산성 및 기술력 향상을 위한 투자 여력이 없는 한계선상의 중소기업과 영세기업의 강한 정치적·경제적 저항에 직면했다. 게다가 이들 기업이 줄줄이 파산한다면 수많은 실업자가 발생하는 것은 당연한 결과다. 그런데 이번 코로나19 위기에서 드러났듯이 우리나라에는 아직 대규모 실직자에 대한 생계 보장과 직업재훈련을 위한 고용안전망과 재정이 마련되지 못했다. 최저임금 인상과 노동시간 단축 전략에 브레이크가 걸린 주된 이유다.

그러므로 중소기업과 영세기업의 생산성을 키우기 위한 국가전략이 필수적이다. 제조업을 예로 들면, 최저임금 인상과 노동시간 단축의 충격을 받는 중소기업과 영세기업의 대부분은 연구개발R&D 집약도가 낮은 분야에 있는데, 이들 중 다수는 2차, 3차 이하 하청업체들이다. 이들은 독자적인 제품개발 능력이 없어 저임금 노동에 의존하는 임가공이 주요 사업 모델이다. 소득주도성장 정책에 따라 이들 기업에서 임금을 인상하려면, 이들을 저임금이 아닌 적정임금, 저기술이 아닌 적정기술의 '새로운 사업 모델'로 전환해야 한다. 이것은 기업이 스스로 해낼 수 없다. 기업에 기능·기술 인력과 기술 개발 자원, 자동화·지능화 설비와 그 투자재원 등을 공급하고 지원하는 국가전략, 즉 제조업 르네상스 전략이 필요하다. 다시 말해 소득주도성장론이 표방하는 소득정책이 지속적인 힘을 받으려면 제조업을 중심으로 하는 산업 정책이 필수적으로 결합되어야 한다.

혁신성장의 한계와 제조업 중심 산업 정책의 필요

문재인 정부의 노력으로 공공재정에 의존한 단기 일자리는 증가하고 있지만, 아쉽게도 좋은 일자리는 계속 감소해왔다. 줄어드는 좋은 일자리의 핵심에 제조업이 있다. 본래 제조업 일자리는 서비스업(금융, IT 등 고부가 전문서비스 직종 제외) 일자리에 비해 임금이 20~30% 정도 더 높고 고용 안정성도 뛰어나다. 또한 제조업은 혁신경제의 핵심이다. 제조업은 전체 민간기업 R&D 투자와 R&D 인력의 각각 89%, 77.6%를 차지한다. 또한 민간 제조기업 부문의 R&D 기능과 제조·생산 기능의 긴밀한 결합은 경제 전체의 기술혁신 활동을 주도한다.

문재인 정부의 혁신성장 담론에 따른 민간기업 일자리 창출 전략의 핵심인 '혁신성장innovation-driven growth' 정책은 △R&D △벤처창업 △8대 신기술산업(전기차, 로봇, 바이오헬스, 항공우주, 에너지신산업, 첨단신소재, 차세대 디스플레이, 차세대 반도체 등)에 집중되어 있다. 그러나 이들 분야는 현재 총수출의 10% 이하를 담당하며, 향후 수년 내에 신규 일자리의 10~20% 이상을 담당하기 어렵다. 벤처기업의 창업과 투자 역시 매년 1만 명 이하의 신규 일자리를 창출할 뿐이다. 더구나 여기서 언급된 분야의 사업장 대부분이 서울과 경기 등 수도권에 밀집되어 있다. 산업 일자리가 왕성하게 창출되려면 벤처 창업 등 기존의 혁신성장 담론만으로는 부족하다.

2017년부터 2019년에 이르는 3년간 조선업에서만 수만 개의 일자리가 사라졌고, 섬유와 의복, 금속가공, 기계 등의 업종에서도 10만 개가 넘는 일자리가 사라졌다. 이와 함께 제조 공장 인근의 서비스직 일자리도 수십만 개가 사라졌다. 더구나 이러한 일자리 감소의 대부분이 부산-울산-경남과 전남-전북 등 비수도권에서 발생했다.

기존의 혁신성장 담론은 제조업을 외면해왔다. 제조업보다는 IT, 바이오 산업처럼 R&D 집약도가 높은 업종을 '혁신 산업'이라 우대하면서 상대적으로 R&D 집약도가 높지 않은 제조업, 가령 조선업과 기계, 전통 화학 등을 홀대해왔다. 또한 우수한 석박사 인력을 구하기 쉬워 R&D 집약도가 높은 업종이 집중된 수도권을 상대적으로 편애하면서 그와 반대로 우수한 기술인력을 구하기 어려워 R&D 집약도가 떨어지는 산업이 집중된 비수도권의 산업도시들, 가령 창원과 울산, 부산, 광양, 목포, 군산, 구미 등에서 발생하는 제조업 쇠퇴와 일자리 감소, 구조조정 등에 무관심했다. 중앙정부가 지난 20년간 아예 손을 놓고 있었다고 해도 과언이 아니다.

과거 한국의 고속 성장은 정부 주도 성장 전략 덕분이었다. 그러나 IMF와 세계은행 등 국제기구와 신고전파 경제학자들은 1970년대부터 산업 정책과 발전국가 모델에 비판적이었으며, 산업 정책으로 수출제조업을 육성한 한국의 '국가 주도 성장' 모델의 구조적 비효율성을 비판해왔다. 때마침 1997년 말에 한국 등 동아시아 5개국에서 외환금융위기가 발생하자 산업 정책은 그 위기의 주범으로 비난받았다.

동시에 1990년대 중후반부터 지식기반 경제 담론과 함께 혁신 정책 또는 혁신주도형 성장 담론이 대두했고, 이는 OECD 등에 큰 영향을 끼쳤다. OECD 경제 담론의 영향을 크게 받는 우리나라는 그때부터 혁신성장, 혁신주도형 성장 등의 담론으로 경제성장 정책을 구사해왔다. 김대중－노무현 정부 시절에는 IT, BT, NT 등 혁신적 신기술 분야 육성과 벤처 창업 육성 정책, 이명박 정부에서는 녹색성장 관련 산업기술 정책, 그리고 박근혜 정부의 창조산업기술 육성 정책이 모두 그런 담론에 기초해 기획되었다. 문재인 정부의 4차산업혁명과 디지털 뉴딜 관련 정책들 역시 혁신성장 담론의 범주 안에 있다.

전통 제조업을 소외시킨 혁신성장 담론은 우수 인력을 구하기 쉬운 수도권에 집중해 성장한다. 이 때문에 지역적 양극화와 산업 간 양극화가 심해지며, 특히 기술력과 숙련도가 낮은 업종에 종사하는 노동자들의 일자리는 점점 더 축소될 수밖에 없다.

그렇다고 해서 혁신성장의 담론과 정책이 필요 없다는 말이 아니다. 다만 그것만으로는 전통 제조업과 비수도권 일자리를 유지하고 나아가 발전시키는 게 불가능하므로 그 한계를 보완하는 국가정책이 필요하다는 것이다. 즉 20년 전에 폐기된 산업 정책 담론을 부활시키고 그것을 기존의 혁신성장 담론과 긴밀하게 결합시켜야 한다.

제조업 위기 탈출, 무엇을 어떻게 해야 하나

현재 우리나라 제조업이 겪는 어려움의 근본 원인은 창조적 개념설계의 역량 부족이라고 할 수 있다. 『축적의 시간』(서울대학교 공과대학 지음, 지식노마드, 2015)과 『축적의 길』(이정동 지음, 지식노마드, 2017)에 따르면, 거의 모든 산업에서 공통적으로 '개념설계 역량'이 부족하며 이것이 제조업과 건설업, 플랜트 등을 포함한 국내 산업의 근원적 취약점이다.

구글이 주도하는 인공지능(알파고)과 자율주행차와 같이 기존에 없던 새로운 기술과 제품이 출현하는 경우 그 기본 개념설계를 제시하는 주체가 해당 제품과 업종의 미래 핵심기술과 기술표준을 좌우한다. 제품별·업종별 글로벌 가치사슬의 맨 위에 있는 창의적 개념설계 역량을 우리가 확보하지 않고는 고부가가치 제품·업종으로의 산업고도화가 불가능하다. 그런데 창조적 개념설계 역량 구축은 누적적 경험 축적(자본 축적) 없이 불가능하니 개념설계 능력은 오랜 기간 시행착오와 실패, 그 극복의 과정에서 얻게 되는 값비싼 성과이다.

선진 산업체조차 낯선 고난도의 제품과 기술 영역에 접근할수록 우리 산업체들이 직면하는 기술적·사업적 불확실성은 더욱 커지게 마련이다. 그리고 이러한 불확실성은 실패와 손해의 위험 증가와 직결된다. 하지만 실패할 가능성을 무릅쓰고 해당 기술과 사업의 개발·개척에 과감히 시간을 투자하면 그만큼 성공 가능성이 증가한다. 따라서 기술·사업상 불확실성이 높은 신기술과 신제품, 신

사업 모델의 세계 선도형 사업이라면 그 개발과 개척 과정에서 발생하는 위험을 분담하고, 실패의 경험을 높이 평가하는 업무 관행과 기업문화를 제도화하려는 국가적 노력이 필요하다.

그러려면 무엇보다 먼저, 높은 불확실성과 실패 가능성을 용인하고 인내하는 자본patient capital의 축적과 지식 축적(투자와 헌신)을 촉진하기 위한 경제제도가 필요하다. 우리의 기업과 산업 현장, 금융, 투자, 노동, 교육, 대학, R&D 관련 분야 등 사회 전반의 제도와 정책을 독자적 개념설계 역량 축적의 관점에서 재해석하고 재편하는 역사적 과업이 필요한 것이다.

그중에서도 가장 중요한 것이 노동과 인력이다. 기술적 난관을 돌파하는 궁극적 주역은 인공지능과 컴퓨터가 아니라 인간의 주체적 의지와 지식, 그 능력이기 때문이다. 이런 의미에서 제조업 르네상스의 출발이자 끝은 사람과 노동이다. 경험·암묵지의 축적을 중시하고, 기능·기술 인력이 자기 분야에서 수십 년간 꾸준히 고수급 인력 즉 전문가로 성장할 수 있도록 인사승진 제도와 임금제도(숙련직무급) 그리고 평생학습 시스템을 어떻게 마련할 것인가가 중요하다.

혁신이론에서 기업은 '생산하는 인간 주체들이 결합한 사회적 실체'로 이해된다. 여기서 노동자는 제조 현장, R&D 현상 등에서 끊임없이 제기되는 난제와 불확실성에 직면해 그 해법을 고민하고 찾아가는 '학습하는 주체'이다. 따라서 평생학습(직무학습+산업학습)하는 노동자와 기업은 혁신경제, 혁신성장의 궁극적 주체다. 그런 이유로 혁신이론에서 노동력은 비용이 아닌 능력의 관점에서 파악된다. 앞서 말했듯이, 모든 생산과 기술발전을 가능케 하는 궁극적 원천은 지혜를 바탕으로 한 인간의 능력이며, 그 지혜는 수천 년의 역사를 거치며 각 국가공동체 또는 사회공동체 속에서 형성되었기 때문이다.

자유시장 중시 혁신성장에서 '학습·지식 중시 혁신성장'으로

지속 가능한 혁신성장은 국가의 적절한 개입과 조정을 필요로 한다. 스티글리츠 교수는 자신의 책『창조적 학습사회』(브루스 그린월드·조지프 스티글리츠 지음, 김민주·이엽 옮김, 한국경제신문, 2016)를 통해 지속적이고 누적적인 산업학습(산업지식 축적)을 위해서는 다음과 같은 포괄적인 경제정책의 국가 개입이 필요하다고 역설한 바 있다.

- 적극적 산업 정책(제조업 위주)
- 인내하는 자본과 강력한 금융규제(장기실물투자)
- 안정적인 거시경제

− 적극적인 국가복지와 적극적 노동시장 정책(포용적 성장)

혁신성장을 위해서는 규제 완화와 사유화, 시장화 등 자유시장 및 자유기업의 시장주의 경제학이 필수적이라는 기존의 주장은 산업학습, 즉 산업지식 축적의 중요성을 간과하고 있다. 오히려 지속 가능한 혁신성장에 필수적인 학습하는 경제·학습하는 기업을 달성하려면 시장주의(신자유주의)에 반대되는 경제정책과 경제사상이 필수적이다.

스티글리츠는 『창조적 학습사회』에서 산업 정책의 궁극적 목적은 학습(지식 축적)이 가능한 경제 환경을 만들어내는 것이라고 말한다. 매우 타당한 지적이다. 특히 제조업은 서비스업 등 비제조업에 비해 학습(산업지식 축적)과 이를 통한 생산성 향상이 가장 활발하게 이루어지는 업종이다. 학습을 중시하는 산업 정책은 서비스업보다는 제조업을 중시하며 또한 서비스업 중에서도 제조업과 직결된 생산자 서비스업을 중시한다. 그러므로 제조업에서 활발한 산업학습(산업기술지식 축적)을 가능케 하는 방향의 산업 정책이 필요하다. 이를 위해서는 과학과 합리성이 결합된 기능·기술 인력이 자기 분야에서 고수로 성장할 수 있도록 고등학교부터 전문대, 대학으로 이어지는 '평생직업교육' 시스템이 뒷받침되어야 할 것이다.

또한 안정적인 산업학습을 통해 혁신성장을 이루는 데에는 포용적 복지국가가 필수조건이다. 개인과 기업이 안정적인 학습, 즉 누적적 지식 축적에 나설 수 있으려면 스웨덴·북유럽 유형의 복지국가가 필요하다는 말이다.

또한 무분별한 금융시장 자유화와 금융개방은 금융시장과 거시경제에 '불안정성'을 초래하는데, 이는 개인과 기업 등 민간 경제주체의 안정적인 학습 환경을 조성하기에 불리하다. 더구나 금융시장(자본시장) 자유화와 주주자본주의, 월스트리트형 금융자본주의는 산업학습의 관점에서 파괴적이다. 또한 무분별한 금융시장 규제 완화는 막대한 금융자본이 부동산 시장, 즉 산업학습이 거의 무용지물인 시장에 집중되어 투기적 거품이 발생하도록 유도한다. 왕성한 산업학습을 위해서는 인내하는 자본을 키우는 형태로 기업 지배구조를 전환하고 금융시장을 개혁하는 것이 바람직할 것이다.

부동산 시장 안정화,
왜 안 되는 것일까?

정준호 강원대학교 부동산학과 교수

현 정부는 부동산 시장의 안정화를 위해 전방위적인 정책 처방을 구사하고 있다. 대출 억제, 조세부담 강화, 3기 신도시 건설과 같은 공급 대책 등 크고 작은 정책을 24차례 발표했다. 그런데도 이러한 정책들이 소기의 성과를 거두지 못한 것으로 보인다. 그 요인으로 정책 실패를 거론하는 이도 있겠지만 구조적인 요인 또한 지나칠 수 없다.

빚내서 집 사라?

2008년 금융위기 이후 주식과 부동산 시장 등 자산 시장 중심의 금융 축적이 세계적 차원에서 속도를 내온 것은 사실이다. 영국 경제에서의 지대rent 문제에 대해 분석해온 브렛 크리스토퍼스Brett Christophers에 따르면, 여기에는 막대한 지대를 창출하고 이를 전유하고자 하는 이해관계자들 사이의 불꽃 튀는 갈등과 이에 대한 조정이 뒤따른다. 특히 초과 이윤으로 또는 독점적 권한에서 생겨나는 지대는 토지에 한정된 것이 아니라 금융, 자연 자원, 지식 재산권, 통신주파수, 플랫폼, 계약자산 등 다양한 영역에서 창출될 수 있다. 이러한 지대는 기본적으로 공정 경쟁의 부재, 공급 제한 등에 의해 생겨난다. 이는 빈곤층에서 부유층으로 경제적 부를 이전하는 역할을 한다. 이 과정에서 자산 기반 불평등과 부의 이전에 따른 2차적 착취가 주목을 받고 있다. 이스마엘 이리고이Ismael Yrigoy가 2020년 〈뉴 폴리티컬 이코노미New Political Economy〉에 기고한 글에 따르면 이는 피에르조제프 프루동Pierre-Joseph Proudhon의 임차인 착취 개념에 기반하여, 현재 국면에서는 임차인의 주거비용 상승을 겨냥한 것이다. 임차인과 주택 소유자의 위상 변동에 따라 건물주가 '갓물주'로 대접받는 것에 더해서 모기지 대출을 통해 임금소득 일부가 금융자본으로 이전하는 것도 그러한 사례 중 하나로 거론된다. 특히 금융위기 이후 단행된 양적 완화는 1차 착취와 2차 착취를 연결하는 수단 역할을 했다는 것이다.

주요 선진국에서 '빚내서 집 사라'고 아주 노골적으로 이야기하지는 않지만, 자가 소유하라고 촉진하는 정책들을 내놓는 것은 주지의 사실이다. 이에 따라 민간임대사업자private landlordism가 나타나고 있는 것 또한 사실이다. 집을 여러 채 소유하는 자가 거리낌 없이 등장해 세를 놓고 있다. 이러한 정책 기조로 집을 소유하지 않은 자의 자가 소유가 증진되기보다는 도리어 다주택소유자가 늘어났고, 그에 따라 자가 소유율이 획기적으로 상승하는 것이 아니라 되레 하락하고 있다. 다주택소유자는 부를 더 축적할 수 있지만, 그 외 사람들에게는 지나친 가격 상승으로 인해 주택 소유의 장벽이 세워지고 있다. 이렇게 주거 사다리가 무너지면서 '평생 남의 집에서 사는' 세대(임대주택 세대)가 등장하고 있다. 주거 불안정이 사회 전체를 내파하고 집값이 지나치게 올라 자가 주택 소유가 사실상 불가능에 가까워졌으며, 일반 중산층 서민들은 평생 부채를 짊어지고 살아가고 있다는 뜻이다.

우리나라도 이와 유사한 현상들이 나타나고 있다. 지나친 집값 상승에 대한 두려움과 부동산 불패 신화에 기반한 중상류 젊은 세대의 부동산 구매 열풍은 이른바 '영끌(영혼까지 끌어모음)'이나 '빚투(빚을 내어 투자함)'라는 신조어를 만들어냈다. 그리고 지난 정부는 '빚내서 집 사라'고 부동산 시장에 관한 규제를 완화하고 전세 대

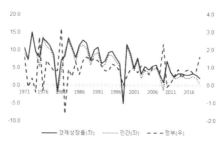

정부와 민간의 성장 기여도(%p): 1971-2019

― 경제성장률(좌) ········· 민간(좌) ― ― ― 정부(우)

유동성(M2)과 서울 아파트 매매 가격지수 순환

― M2 순환 변동치 ― ― ― 서울 아파트 매매가격 순환변동치

〈그림 1〉 경제성장에서 정부의 기여도 추이 및 유동성에 따른 부동산 가격 변동
(출처: 한국은행, 한국감정원)

출 등 금융권의 문턱을 낮추었다. 그러나 집을 살 여력이 없는 중하층이나 젊은 세대에게는 평생 전·월세살이로 전락할 수 있다는 두려움이 엄습하고 있는 것이 사실이다. 현재 상황에서 월세-전세-집장만으로 이어지는 주거 사다리는 이제 신화로 전락하고 말았다.

〈그림 1〉에서 보는 바와 같이, 2012년 이래 우리나라 경제는 민간경제의 활력이 떨어지고 이른바 '정부 주도 경제성장'으로 버티

고 있다. 이에 대처하기 위해 전 정부는 2004~2005년경부터 앞서 이야기한 바와 같이 부동산 관련 규제를 완화하는 등 부동산을 지렛대로 경기를 부양하고자 했다. 경기가 안 좋아 이자율을 낮추자 대출 장벽이 낮아지면서 막대한 유동성이 풀렸다. 그러나 그러한 유동성은 주식과 부동산 등 자산 시장으로 향했고, 이른바 생산적인 부문으로 움직인 것은 아니었다.

현 정부 부동산 정책의 실효성

현 정부는 전 정부의 부동산을 통한 경기 부양이 효과를 거두고 있던 2017년 5월에 집권했다. 이듬해 지방선거가 있었기에 지난 정부의 부동산 정책에 대한 급선회는 없었으며 초기에는 부동산 시장을 관망하고 있었다. 그러다 2018년부터 부동산 시장이 과열되면서 정부는 수요억제책을 내놓았고, 이후로 공급책을 포함해 전방위적인 정책을 펴고 있다.

부동산 통계의 정확성에 대해 정부와 시민단체인 경제정의실천시민연합(경실련) 간에 여러 가지 치열한 논쟁이 있었다. 너무 올랐다는 시민단체의 비판에 정부가 그렇게 크게 오른 것이 아니라고 해명했지만, 부동산 시장 가격이 정부가 해명한 이상으로 오른 것은 명백하다. 예를 들면, KB 국민은행 통계에 따르면 2017년 5월부터 2019년 12월까지 서울 아파트 중위가격이 약 3억 원 올라 거의 9억 원 수준이었다. 한국감정원 부동산 통계에 따르면 같은 기간에 서울 아파트 중위가격이 2.7억 원 올랐으며, 강남 3구는 각각 5.9억, 4.1억, 3.4억 원 정도 상승했다. 과도한 집값 상승은 서울을 위시한 수도권에 국한되었다.

앞서 이야기한 대로 저금리와 과잉유동성이 이에 한몫 한 것을 부정할 수 없다. 외환위기 이후 가계 금융이 자유화되면서 누구든지 담보가 있으면 은행권에서 대출을 받을 수 있으며, 이를 통해 재테크를 할 실탄을 갖출 수가 있게 되었다. 부동산 불패 신화로 부동산을 통해 자산축적을 한 성공사례가 적지 않은 한국에서 '집을 보금자리로 생각해야지 투자대상으로 봐서는 안 된다'는 도덕적 설교는 그다지 설득력이 없다. 집은 자산이자 주거 대상이다. 상반된 것이 동시에 존재하는 모순적인 덩어리다. 그래서 누구든지 값이 오를 만한 보금자리를 선호한다.

현 정부는 집권 초기 민간임대사업자에게 많은 유인책을 제공했다. 이 정책은 전 정부의 정책을 계승하며 다주택자에게 임대사업자 역할을 부여함과 동시에 정부가 이를 관리하겠다는 의지를 표명한 것이었다. 하지만 의도와는 달리 이는 다주택 구매의 채널로 이용되어 비판을 호되게 받았고, 최근에는 많은 인센티브가 철회되었다. 주지하는 바와 같이 종부세·취득세·양도세 등의 조세부담 강화, 공시가격의 현실화율 제고를 통한 조세 형평성 제고, 주택담보인정비율LTV·총부채상환비율DTI·총부채원리금상환비율DSR 등 대출요건 강화, 전세대출 강화 그리고 임차인의 주거권 강화를 위한 임대차3법 제정 등이 이어졌다.

현 정부의 정책은 주로 다주택자를 겨냥하는 핀셋 정책이다. 즉 부동산 불로소득을 전면 차단하고 환수하는 방향이 아니라 다주택자의 탐욕적인 행태에 초점을 둔 것이었다. 그래서 처음에 크지 않은 종부세 인상도 큰 효과가 없자 최근 종부세 추가 인상, 양도세 중과, 취득세 중과 등이 더해졌다. 현 정부의 정책은 또한 선제 대응이 아니라서 현실과 시차가 있다. 현 정부 집권 초기부터 전세 갭투자 문제가 다주택 구입의 중요한 통로라고 여기저기서 지적했지만, 이에 대한 전세대출 규제는 문제가 더욱 불거진 최근에서야 강화되었다. 이처럼 선제적이지 않은 핀셋 위주의 정책은 시장의 심리를 잠재울 수가 없었다.

부동산 정책 대안은 있는가

그렇다면 어떤 대책들이 중장기적으로 필요한가? 크게 대출, 조세, 공급 측면에서 볼 수가 있다. 대출 관련 정책은 초저금리하에서 LTV, DTI와 같은 거시건전성 대책의 한계를 인식해 좀 더 미시적으로 정교화할 필요가 있다. 초저금리 상황에서 최근 갭투자의 이미지로 떠오르는 전세는 주거 점유 형태보다는 사적 금융 또는 그림자 금융의 역할이 두드러지고 있다. 김세직·고제헌이 「한국의 전세금융과 가계부채 규모」(《경제논집》 57권)에서 추정한 바에 따르면 전세보증금은 1990년 265조 원에서 2016년 735조 원으로 거의 3배 정도 늘었으며, 이는 사실상 은행권의 주택담보대출과 견줄 수 있는 규모로 가계부채 문제의 뇌관으로 작용할 수 있다. 이를 관리하려면 전세보증금을 총부채원리금상환비율 심사 대상에 포함해 가계부채를 관리할 필요가 있다. 전세금 반환 보증과 은행 전세대출을 연계한 상품인 전세금안심대출이 2014년 출시되었고 최근 이에 대한 대출 규제가 강화되었다. 앞으로도 이 대출은 특정 계층을 중심으로 제한적으로 운용될 필요가 있다. 장기적으로는 공적 통제 아래 주택 금융제도를 운용할 필요가 있다. 이는 만기일시상환이나 소득을 고려하지 않고 담보가치에만 의지하는 대출을 차단하고 장기의 원리금 균등 상환 방식과 이에 조응하는 체제, 가령 담보대출에 상응하는 채권을 발행하는 균형 원칙 또는 채권 만기와 일치하는 자금 조달의 원칙을 가지고 작동하는 시스템을 구축하는 것이 필요하다.

자산 과세에 대해서는 조세 형평성 제고 및 불로소득 환수라는 목표가 지속되어야 한다. 세율 조정이 힘들다면 먼저 시장 상황에 탄력적인 현실화율 조정을 고려할 수 있을 것이다. 예를 들면, 부동산 가치는 시장가치로 평가하고 과세 가치는 조세 저항 및 조세 형평성을 반영해 시장가치에 일정한 가중치를 적용하는 방식으로 공시 제도를 운용해 시장 상황에 탄력적으로 대응하는 것이다. 지금처럼 주로 고가 부동산에 대한 현실화율 제고를 도모하고 중장기적으로 가격대 및 부동산 유형 간 균형을 유지하겠다는 핀셋 방식의 현실화율 제고 정책은 조세 저항 및 가격 평가의 균형성 유지 측면에서 문제가 제기될 수 있다.

공급과 관련해 공공 주도의 환매조건부 주택 공급이 시범적으로 이루어질 필요가 있다. 또한 사회주택을 포함해 다양한 형태의 주거 실험이 수용되어야 한다. 싱가포르처럼 일정한 규제가 수반되는 고밀도 개발을 통해 공급의 탄력성을 높이는 노력도 필요하다. 수도권 1차·2차 신도시에 대한 교통 접근성을 획기적으로 높이고 리모델링을 통해 주거 환경을 개선하는 것도 고려할 만하다.

현 정부는 최근 한국판 뉴딜을 제안한 바 있다. 이는 한국 경제의 기존 패러다임을 전환하겠다는 정책적 의도를 담고 있다. 이와 견줄 수 있는 미국 뉴딜은 장기의 원리금 균등 상환과 이에 조응하는 주택금융 제도, 노조강화, 금융자본 통제 등 3자를 통해 자본과 노동 간 권력 균형을 추구한 것이다. 현 정부의 뉴딜이 이러한 담대한 이상을 염두에 두고 있다면 자산 시장의 안정은 필수적이다.

트럼프의 유산과 바이든 시대에 관한 전망

남문희 〈시사IN〉 선임기자

미국 대선이 혼돈스러운 결과를 남기고 종료된 직후 한 모임에서 흥미로운 얘기를 들었다. 국내의 NL(민족해방) 계열 사람들이 트럼프를 지지하며 그의 기사회생을 믿어 의심치 않는다는 것이다. 대선 직후 중국산 부품을 사용한 개표기 때문에 트럼프 지지표 중 상당수가 기록에서 삭제됐다는 음모론에 가까운 이야기들은 들었지만 북한을 지지하며 미국을 적대해온 사람들로부터 그 비슷한 얘기를 듣게 된 것은 뜻밖이었다.

물론 이해 못 할 바는 아니다. 그들에게도 트럼프라는 '구관'이 바이든이라는 새로울 것 없는 '신관'보다 나으리라는 것은 명약관화할 테니까 말이다. 트럼프는 어찌 됐건 김정은 위원장을 세 차례나 직접 만났고 서로 친서를 주고받는 브로맨스를 자랑해왔다. 김 위원장을 '폭력배'라 부르며 트럼프가 김 위원장을 만나 정당성만 부여해줬다고 시비를 거는 바이든을 보니 막막했을 것이다. 물론 바이든도 김 위원장과의 만남 자체를 거부하지는 않았다. 다만 조건이 달렸다. '핵 능력을 축소한다고 동의하는 조건'으로 만나주겠다는 것이다. 6자회담 하나 여는 것 가지고도 비핵화라는 높은 문턱을 설정해놓고 시간만 까먹은 오바마 시대가 벌써부터 연상된다.

북핵 문제 해결의 실마리, 놓쳐버린 기회

만감이 교차한다. 트럼프 정권 초기부터 어쩌면 이 정부가 북한에게는 큰 기회가 될 수 있으니 과거와 같은 시행착오는 그만하고 반드시 성과를 거둘 수 있도록 북한도 노력하고 주변에서도 그런 얘기를 계속 해줘야 한다고 틈나는 대로 주장했었다. 기사로도 썼고 SNS에도 글을 올렸다. 그 과정에서 싸우기도 많이 싸웠다. 주로 북한 입장을 옹호하는 사람들이 시비를 걸어왔다. 그럴 때마다 한 얘기가 있다. 지금은 본인이 북한 편을 드는 거라고 생각할지 모르지만 그것이 결국 올바른 판단을 방해함으로써 결국은 해를 끼치게 될 것이라는 말이었다.

필자가 바란 것은 오로지 하나, 미국의 정권이 바뀔 때마다 30여 년간 같은 패턴으로 반복해온 시행착오를 이번만큼은 끝장냈으면 했다. 그러나 이번에도 도돌이표로 끝났고 매번 정권이 끝날 때마다 느끼는 좌절감에서 헤어나기 힘들다. 이렇게 좋은 기회마저 박차버렸는데 다음에 또 다른 기회가 있을까?

트럼프 정부는 한반도와 동북아 문제에서 미국 역대 정권보다도 무거운 2가지 도전 과제에 직면해 있었다. 하나는 중국의 대국굴기와 도전이 미국이 감내할 수준을 넘어버렸다는 것이고, 또 하나는 북한 핵문제가 더는 방치할 수 없는 수준에 이르렀다는 것이었다. 과거 부시 정부처럼 북핵 문제를 6자회담에 떠넘기고 중동 문제에만 매달릴 수도 없었고 오바마 정부처럼 무책임하게 '전략적 인내'만 되뇌고 있을 수도 없었다.

중국의 대국굴기에 제동을 걸고 북핵 문제의 해법을 찾아내야 했다. 돌이켜보면 트럼프 정부는 이 2가지 긴급 현안에 대한 해법을 과거 정부와 다른 '역발상'에서 찾은 것 같다. 미국의 역대 정권은 북핵 문제를 북한의 문제로만 인식했다. 북핵 문제를 야기한 것은 북한 정권이니 북한의 문제인 것은 틀림없지만 그것의 해법조차 북한 정권을 압박하고 고립시켜 얻으려 한 것이다. 반면 트럼프 정부는 북핵 문제를 북한이 아닌 중국의 문제로 방향 전환했다. 미국 대선 기간인 2016년 7월 공화당 정강정책에 이런 관점이 처음 등장한 것을 보면 트럼프 정부 이전에 공화당의 발상 전환이라고 보는 게 정확할 것 같다. 당시 정강정책의 아시아정책 편에는 아시아에서 미국의 실추된 리더십을 회복하기 위한 당면 과제로 북핵 문제 해결을 들었다. 그런데 흥미로운 것은 북핵 문제를 중국을 통해서 해결하겠다고 제시한 것이다. 과연 어떻게 하겠다는 것인지 당시로서는 이해하기 힘들었다. 그런데 2017년 4월 마라라고 회담 과정에서 그 방법이 극명하게 드러났다.

회담 당일 트럼프 대통령은 시리아 화학무기 공장에 미사일을 퍼부으며 시진핑 대통령에게 다음과 같이 말했다고 한다. '북핵 문제도 당신이 안 하면 우리가 하겠다.' 이 말에 시진핑이 엉겁결에 '우리가 해볼 테니 시간을 달라'고 답했다고 한다. 이 순간을 기점으로 중국이 북핵 문제 해결이라는 숙제를 졸지에 떠안게 됐고 미국은 회초리를 들고 숙제 검사하는 선생님과 같은 위치에 서게 됐다.

트럼프 정부의 중국 견제, 북한 포용

공화당과 트럼프 정부가 보기에 북한이 핵을 개발·유지하고 미국과 국제사회의 압력에 버티는 것은 배후에 중국이 있기 때문이다. 따라서 북핵 문제는 북한과 해결하기 전에 중국과 해결하지 않으면 안 되는 것이다. 그리고 중국을 두들기는 동안은 굳이 북한을 압박할 필요가 없다. 북한이 북핵 해법에 비협조적으로 나오면 그때마다 북한이 아닌 중국을 두들긴다. 또 중국이 숙제를 게을리하거나 반대로 숙제 풀기를 방해할 때마다 미국의 회초리가 날아들었다. 2018년 7월부터 본격화된 미중 무역 마찰도 사실은 이 숙제와 관련 있었다. 4·27 판문점 회담까지 남북미 관계에 협조하는 듯하던 북한이 5·12 다롄 북중 정상회담 이후 태도가 변했고 그것이 6·12 싱가포르 회담으로 이어지자 미국이 북한의 배후에 있는 중국을 치기 시작한 것이다.

반면 북한에 대해서는 끊임없이 포용했다. 트럼프 대통령이 친서를 보내고 기회가 되면 만나서 북한의 밝은 미래에 대해 언급했다. 가장 안타까운 것이 바로 하노이 회담이다. 왜 회담 장소를 하노이로 정했을까. 폼페이오 장관도 거듭해서 얘기한 바지만 트럼프 정부는 클린턴 정부 시절 이뤄진 미국과 베트남의 관계 개선을 북미 관계의 모델로 북한에 제시하고자 했던 것이다. 베트남의 수도 하노이를 회담 장소로 한 것도 바로 그런 이유에서였을 것이다.

국내에는 이 하노이 회담의 진실이 왜곡돼 알려져 상황에 대한 판단을 그르친 면이 있다. 잘 진행되던 회담을 존 볼튼이라는 훼방꾼이 나타나 망쳤다는 식이다. 그러나 하노이 회담은 그 이전 준비 회담에서부터 이미 어긋나 있었다. 본회담까지 성립하기 힘든 것을 트럼프 대통령이 김 위원장을 직접 만나 설득해보겠다고 해서 회담이 열렸고 통일전선부로부터 잘될 거라는 보고를 받고 아무 준비 없이 회담장에 온 김정은 위원장이 기존 입장을 고수해 파투가 난 것이다.

그런데 당시 미국 측 안을 유심히 살펴보면 그리 무리한 것이 아니었다. 영변과 영변 바깥의 핵물질 생산시설을 동결하는 대신 미국은 클린턴 2기 정부에서 북한에 약속했던 연락사무소 진출과 엠바고 해제, 미국 기업 진출, 남북 경협 재개 등을 하겠다는 것이었다. 그렇게 해서 북미 관계·남북 관계를 개선한 뒤 북한의 핵폐기는 서로의 신뢰 관계가 형성된 이후 하자는 것이다. 지난 30년간 북미 관계가 시행착오를 거듭하며 나름 도달했던 동결 – 비핵화라는 단계론을 그대로 적용한 것이다. 또한 연락사무소 이후 수교라는 클린턴 정부 시절 베트남 모델을 정확히 재연하고자 한 것이기도 하다.

바이든 정부의 대북 정책은?

바이든 정부가 등장하면 오바마 시대의 전략적 인내가 아니라 클린턴 2기 정책을 계승한 클린턴 3기가 될 것이라는 일부의 주장에 실소를 금치 못한다. 바로 그 클린턴 2기 정책을 그대로 가져다 해보려고 했던 하노이 회담이 저 모양이 됐고 북한 내에서는 그것을 더 살려보고자 했던 외무성 라인을 박살내고 중국과 결탁한 군부 중심의 주체파가 주도권을 장악했다. 그들이 2020년에 한 일은 6월 16일 남북교류의 상징인 남북연락사무소를 폭파한 것이다. 이런 폭거를 저질러 세계의 이목을 집중시킴으로써 중국의 홍콩보안법 통과와 실행 과정을 돕고 그 대가로 평양종합병원 관련 일부를 도움받은 것으로 알려졌다. 미국의 공세를 경험한 중국은 요즘 항미원조전쟁을 들먹이며 북한을 대미 전선의 한쪽 날개로 편입시키려 혈안이 돼 있다. 물론 북한의 현 지도부는 중국의 의도대로 끌려가지 않으려 노력할 것이다. 그러나 기회가 왔을 때 그것을 붙잡지 못하고 뒤늦게 후회하는 일은 여기서 끝냈어야 했다.

트럼프 대통령처럼 파격적으로 다가왔던 사람과도 문제를 풀지 못했는데 벌써부터 만나주는 것만으로도 큰 혜택이라는 태도를 보이며 중국과 협력해 북한을 압박하겠다는 기존의 전통적인 해법 외에는 별다른 아이디어가 없어 보이는 사람들과 어떻게 화학작용을 이룰지 궁금하다. 대선 이후 바이든 정부에서 외교안보 중책을 맡을 것으로 예상되는 인물들의 성향이나 궁량을 살펴보건대 지금까지 봐온 것으로는 '생각은 클린턴 3기를 지향했으나 귀결은 오바마 3기'가 되지 않을까 싶다. 트럼프 정부의 발상 전환을 바이든 정부가 계승하고 북한도 더는 시행착오 없는 결단을 내리기를 바랄 뿐이다.

국방 개혁,
안보의 미래는 튼실해졌나

김민석 〈중앙일보〉 논설위원

2020년 11월 첫 주말은 혼전의 연속이었다. 미국 대통령 선거가 이뤄지고 개표가 시작되면서부터다. 초반에 도널드 트럼프 대통령이 우세를 보이더니 시간이 갈수록 조 바이든 민주당 후보가 유력해졌고 결국 승기를 잡았다. 손에 땀을 쥐었다. 그도 그럴 것이 트럼프 대통령의 재선과 바이든 후보의 당선은 우리 안보 차원에서볼 때 하늘과 땅 차이만큼이나 크기 때문이었다. 누가 대통령이 되느냐에 따라 한미동맹과 세계 안보의 미래는 야성의 시대와 안정회복 사이에서 판가름이 날 것이었다. 트럼프 정부 4년과 문재인 정부 3년 반 동안 한국의 안보는 크게 불안해졌다. 북한은 핵무장을 완성했고, 한미연합방위태세는 약화됐다. 한국군의 전투력은 북한의 재래식 군사력에 대처하는 수준으로 강화했지만, 북한 핵전력에 대해선 명확한 대응책을 마련하지 못하고 있다.

국방 개혁 2.0 어디까지 왔나

국방부가 현 정부 들어 추진해온 '국방 개혁 2.0'은 이명박·박근혜 정부에서 추진한 '국방 개혁 14-30'의 연속선상에 있다. 국방개혁은 2005년 노무현 정부 때 시작했다. 3년마다 평가한 뒤 계획을 수정하게 되어 있다. 국방 개혁은 여러 정부를 거치면서 개선해왔고, 전력 증강도 꾸준히 개선되고 있다. 문재인 정부는 '강한 안보', '책임 국방'이라는 기조 아래 국방 개혁을 추진하고 있다. 서욱 국방부장관은 지난 9월 28일 '국방 개혁 2.0' 추진 평가를 하고, 개혁 목표는 72%, 전력 증강은 85%를 달성했다고 발표했다.

그 내용을 보면 병력은 2022년까지 50만 명으로 감축을 목표로 2020년 현재 55만 5000명을 유지하고 있다. 2017년 61만 8000명에서 6만 3000명이 줄었다. 병사 복무기간은 당초 21개월에서 2개월이 줄었다. 2021년 말에는 최종목표인 18개월이 된다. 출산율 감소와 병사 복무기간 단축에 따른 병력 축소로 육군의 전방 2개 사단을 포함해 6개 사단이 없어진다. 장성 수도 436명에서

2022년까지 360명으로 줄인다. 그 대신 새로운 무기체계는 지속적으로 확보하고 있다. 이명박·박근혜 정부 때 기초를 놓은 F-35A 스텔스 전투기, 공중급유기, 전술지대지 유도무기, 3000톤급 차기 잠수함인 장보고-3 등이다. 또 병력이 줄어드는 문제점을 보완하기 위해 민간인력을 늘리고 있다. 북한의 핵과 미사일을 감시하기 위해 전자광학위성감시체계도 도입한다. 또한 4차산업혁명에 따른 기술발전에 발맞춰 육군 드론봇체계, 인공지능에 기반한 국방지능형 플랫폼과 지휘체계 구축 등도 추진 중이다. 고위력, 초정밀, 유무인 복합체계, 소형 및 경량화, 극초음속 미사일, 스텔스 기술, 비살상 및 전자체계, 초연결 네트워크, 사이버, 탄과 미사일의 장사정 및 새로운 추진장치 등 10대 군사 능력 분야와 30개 핵심 전력을 선정해 확보할 계획도 세웠다.

문재인 정부의 국방 개혁은 북한의 위협에 대비하는 것을 기본으로 삼지만, 군의 문민화와 정치적 중립, 전시작전통제권 조기 전환 등에 초점이 맞춰져 있다. 그러나 국방력을 효율적으로 강화하는 국방 개혁의 본질에서는 다소 벗어나고 있다는 점도 부인하기 어렵다. 또한 육·해·공군 사이에 새로운 고성능 무기체계와 더 많은 예산을 확보하려는 경쟁 분위기도 있다. 그러다 보니 국방 개혁 2.0은 개혁 과제를 병렬형 나열식으로 추진하고 있다는 지적도 있다. 국회입법조사처의 보고서「'국방 개혁 2.0'의 평가와 향후 과제」에 따르면, 전장 패러다임의 변화에 따른 군사교리의 발전과 미래 국방인력 확보가 미진하다. 이 가운데 군사교리는 어떻게 싸워서 어떻게 이길까에 관한 명확한 목표가 정립되어 있지 않다. 전면전의 경우, 완전한 승리와 반격, 실지 회복과 정치적 승리, 피해의 최소화와 상대방이 무시하지 못할 수준의 타격, 정치적 목표를 위한 최소한의 작전 목표 달성 등이 설정되지 않았다는 것이다. 한국형 군사전략이 보이지 않는다.

대한민국 안보의 구멍들

병력 수급 문제도 심각하다. 국방부는 2022년까지 우리 군의 총 병력을 50만 명으로 감축한다지만, 그 이후에 관한 대책은 제시하지 못하고 있다. 한국국방연구원에 따르면 인구 감소에 따른 병력 확보 추계는 2025~2035년에는 48만 명, 2035~2045년에는 39.4만 명 수준에 그칠 것으로 추정된다. 더구나 문재인 정부 들어 정치적인 이유로 병사의 의무 복무기간을 21개월에서 18개월로 단축하는 바람에 병력 수급이 더욱 어려워졌다. 병사의 숙련도가 떨어지는 것도 문제다. 무기체계와 지원 시스템은 갈수록 복잡해져 더 많은 숙련 과정이 필요한데 복무기간은 짧아졌다는 것이다. 과거처럼 소총과 박격포 등만 사용하지 않고, 앞으로는 AI가 접목된 로봇체계를 운영해야 하는 시기도 온다. 미 국방부의 경우 AI가 장착된 로봇전투체계를 도입하면 이를 운영하는 병사는 최소한 고졸 이상이어야 한다고 권고하고 있다. 그러나 한국군의 경우 복무기간이 18개월인 육군을 기준으로 볼 때 숙련된 병사가 되어 제대로 된 전투력을 발휘할 시기에 전역한다. 따라서 군의 전투력이 전반적으로 떨어지는 것은 불을 보듯 분명하다.

북한의 핵과 미사일에 대한 대응 능력은 여전히 미흡하다. 북한은 이미 30~60발 수준의 핵탄두를 확보한 것으로 미 전문가들과 중앙정보국CIA은 추정하고 있다. 또한 북한은 이 핵탄두를 노동미사일과 잠수함용 탄도미사일SLBM, 화성-15와 16 등 대륙간탄도미사일ICBM 등에 장착할 가능성이 크다. 이에 대해 국방부는 3축체제를 갖추는 것을 목표로 하고 있다. 3축체제는 한국군 탄도미사일로 북한의 핵과 미사일기지를 제거하는 킬체인Kill Chain, 북한의 탄도미사일을 공중에서 요격하는 한국형 미사일 방어체계KAMD, 북한이 도발할 경우 북한 군 수뇌부를 제거하는 대량응징보복전략KMPR 등이다. 이 가운데 킬체인은 실전 배치한 전술 지대지 유도 무기와 F-35A 전투기 등으로 어느 정도 실현할 수는 있지만, 북한이 탄도미사일을 고체추진 방식으로 전환하고 있어서 향후 킬체인의 능력 발휘를 장담할 수 없다. 고체연료 미사일은 액체추진제와 달리 미사일을 전개한 뒤 곧바로 쏘고 이동할 수 있어 한국군이 대처할 시간적 여유가 없어진다. 한국군 KAMD는 여전히 패트리엇과 주한 미군 사드THAAD(고고도 미사일방어체계)뿐이다. 중고도 요격체계인 L-SAM은 2026년에야 개발될 전망이다. 대량응징보복전략인 KMPR은 북한과의 관계를 유지한다는 정부의 대북 정책 탓에 정해진 예산을 제대로 집행하지 않고 있다. 한국군의 북핵 및 미사일 대비가 정부의 정치적인 영향으로 미흡한 상황이라는 것이다.

한국군의 국방 개혁이 북한의 재래식 전력에 초점이 맞춰져 있어 4차산업혁명과 새로운 군사과학기술 발전을 따라가지 못하고 있는 점도 문제다. 국방부가 4차산업혁명에 따른 AI 기반체계와 로봇전투체계를 도입하려는 움직임은 있다. 그러나 여전히 산발적이다. 국방부와 정부 차원의 종합적이면서 구조적이고 근본적인 접근은 국방 개혁에 반영하지 못하고 있다. 이에 비해 미국과 중국 및 러시아는 기존의 방식을 버리고 AI를 장착한 전투로봇체계로 과감하게 전환 중이다. 미국의 경우 미래전투체계FCS 등 기존의 국방 개혁 계획을 2009년 공식 폐기했다. 미 국방부는 그 대신 2040년까지 3단계에 걸쳐 AI-로봇체계를 도입하겠다고 밝혔다. 인간 전투병과 AI-로봇 전투병으로 구성된 유무인복합전투를 한다는 것이다. 또 이를 위한 정보와 작전 및 지휘체계도 AI 기반으로 혁신적으로 바꾸고 있다. 중국도 시진핑 국가주석의 지시에 따라 중국군을 세계 최고의 AI센터로 만든다고 한다. 러시아는 2030년까지 러시

아군의 30%를 AI-전투로봇체계로 교체할 계획이다. 문제는 AI-로봇전투체계가 그 시스템 자체의 도입으로 끝나지 않는다는 점이다. 인간 전투병 1명과 AI-로봇전투병 3~4개가 한 팀이 되어 전투를 벌이면 분대전술 또는 소부대전투의 양상이 완전히 달라진다. 당연히 대대전술, 사단 및 군단작전 개념도 바뀐다. 따라서 제대별 전술과 교범, 작전계획을 새로 개발해야 한다. 또한 전투부대에 인간 전투병 대신 로봇이 투입되면서 병력 재배치가 전반적으로 발생한다. 부대구조를 전면적으로 개편해야 한다는 얘기다. 또 이를 위한 지원 및 교육체계도 완전히 바뀌야 한다. 다시 말하면 군구조와 국방운영체계에 일대 혁명이 발생하는 대규모 사업이다. 한국 국방부는 이런 거대한 문제에 직면했지만, 엄두를 내지 못하고 있는 실정이다. 국방부가 빠른 시일 내에 AI-로봇전투체계 도입과 전술 및 군구조 개편을 하지 않는다면 주변국의 잠재적인 위협을 감당할 수 없을 것으로 우려된다. 또한 AI-로봇전투체계는 한국의 낮은 출산율에 따른 병력 부족을 해결할 수도 있을 것이다.

현실적인 국방 투자의 방향

한국의 현 대비태세도 취약해졌다. 남북 사이에 2018년 전격적으로 이뤄진 '9·19 군사합의' 때문이다. 군사합의는 △지상·해상·공중 적대행위 중지 △비무장지대 GP(감시초소) 철수 △JSA(판문점 공동경비구역) 비무장화 △공동유해발굴 △한강하구 공동 이용 등 모두 7개 분야다. 합의서는 송영무 국방부장관과 노광철 북한 인민무력상이 서명했다. 군사합의 가운데 지상 적대행위 중지는 군사분계선MDL을 기준으로 남북이 각각 5킬로미터씩 완충지대를 설정한 것이다. 남북한은 이 구역에서 포병사격훈련과 연대급 이상 야외기동훈련을 중지키로 했다. 국방부에 따르면 야외기동훈련은 5킬로미터 밖에서 주로 이뤄져 군사대비태세에 큰 문제가 없다고 한다. 그러나 해상 적대행위 중지는 다른 문제다. 합의에 따르면 서해는 인천 앞에 있는 덕적도에서 북한 대동강 입구 초도까지, 동해는 속초에서 북한 통천까지를 완충수역으로 정하고 이 수역에서 포병·함포 사격과 해상기동훈련을 중지한다. 이에 따라 한국군의 군사훈련이 크게 줄어들었다. 사격훈련도 제한을 받고 있다. GP는 북한군이 침공할 때 최전방에서 1차로 방어하고 후방부대에 준비할 시간을 확보해준다는 데 의미가 있다. 지금까지 시범적으로 10개의 GP를 파괴 또는 철수했지만, GP를 더 철수하면 대비태세에 심각한 문제가 발생한다.

전시작전통제권 전환도 한미연합방위태세를 약화시킨다. 문재인 정부는 임기인 2022년 안에 전작권을 전환하기 위해 서두르고 있다. 2019년에 기본운용능력IOC 검증을 마치고, 2020년 완전운용능력FOC 검증에 이어 2021년 완전임무수행능력FMC 평가를 거쳐 전작권을 전환한다는 것이다. 그러나 2020년에는 코로나19 영향으로 연합훈련을 축소하는 바람에 FOC 평가를 하지 못해 전작권 전환 절차가 지연되고 있다. 한미는 당초 전작권 전환을 조건에 기초하기로 합의했다. 조건은 (1)연합방위 주도를 위해 필요한 한국군의 핵심 군사능력 (2)북한 핵·미사일 위협 대응 능력 (3)전작권 전환에 부합하는 한반도 및 역내 안보 환경 등이다. 이 가운데 한국군의 핵심 능력은 어느 정도 갖춰졌다고 할 수 있지만, 전작권 전환 뒤 미래연합사령관을 한국군 대장이 맡았을 때 북한 핵전력 대응에는 한계가 있다. 북핵에 대응하려면 미군 핵전력을 사용해야 하는데 한국군 대장이 그런 내용을 알 수도 없거니와 미 국방장관 및 합참의장과 신뢰를 갖고 수시로 대화해야 하는 데 아무래도 한계가 있다. 그래서 한국군 사령관이 연합전력을 운용하는 데 제한이 된다는 것이다(역대 주한미군사령관들과 연합작전에 참여한 경험이 있는 예비역 장성들의 판단이다). 두 번째로 한국군은 현재로선 북한의 핵과 미사일에 대응할 수 있는 능력이 부족하다. 마지막으로 북한의 핵무장과 미국과 중국의 전략적 패권 경쟁으로 역내 안보환경이 갈수록 나빠지고 있다. 우리 정부와 국방부는 전작권 환 조건이 충족되고 있다고 주장한다. 그러나 로버트 에이브람스 주한미군사령관은 동의하지 않고 있다. 한국과 미국의 새로운 평가가 필요한 부분이다. 북핵 위협이 더욱 커지고 있다. 이런 상황에 전작권을 전환하는 것은 강을 건널 때 말을 갈아타는 것이나 다름없는 위험한 행동이다.

　문재인 정부가 이명박·박근혜 정부 때보다 많은 국방비를 투입하고 있는 것은 사실이다. 군의 정치적 중립이나 민주화, 병영문화 등 군의 문화를 개선한 것도 부정할 수는 없다. 그러나 군의 존재 이유인 국가안보 차원에서는 부족한 면이 없지 않다. 근본적인 개혁이 없는 국방 투자는 국민 세금을 낭비할 수도 있고, 미래의 위협에 대처하지 못할 수도 있다. 동시에 북한과 관계 개선을 지나치게 의식해 우리 군의 대비태세를 약화시키고 있다는 점도 부인할 수 없다. 북한이 핵무장을 본격화하고 있는 가운데 조 바이든 미 대통령 당선인은 대통령 취임 후 북한을 더 강하게 압박할 가능성이 있다. 북한이 이에 대응해 핵무기로 한국을 위협하거나 심지어 도발할 가능성도 배제할 수 없다. 따라서 전작권 전환은 한미가 합의한 것처럼 조건이 충족했을 때 또는 북한이 비핵화를 했을 때나 가능하다. 국방 개혁도 조금 더 미래를 바라보고 투자해야 한다.

검찰 개혁,
제대로 가고 있는가

권경애 법무법인 해미르 변호사

문재인 대통령은 후보 시절부터 1호 공약으로 '검찰 개혁'을 내세웠다. 박근혜 전 대통령의 탄핵으로 치러진 선거 이후 인수위원회 과정 없이 출범한 문재인 정부는 4대 비전, 12대 약속을 발표했다. 제1대 비전 '촛불 혁명의 완성으로 국민이 주인인 대한민국' 중 제1의 약속이 '권력기관 개혁'이다. 국정원, 감사원, 검찰, 경찰, 기무사 등 이른바 권력기관의 개혁 업무는 취임 초기부터 문재인 대통령이 직접 챙겼다. 최근까지도 문재인 대통령은 '권력기관 개혁 전략 회의'를 직접 주재했다. 검경 수사권 조정안인 형사소송법 개정안과 검찰청 개정안, 그리고 고위공직자범죄수사처 설치 법안(공수처

법)의 초안은 권력기관을 관장하는 민정수석실에서 대통령의 직접
지휘를 받아 만들었다.

윤석열 총장은 정말 검찰 개혁을 저지하는가

조국 전 민정수석과 박상기 법무부장관, 김부겸 행안부장관은
2018년 6월 21일 검경 수사권 조정 합의문에 서명했다. 검경 수사
권 조정 합의안과 고위공직자범죄수사처 설치 법안은 이듬해 4월 국
회 사법개혁특별위원회에서 패스트트랙(신속처리안건)으로 지정되
었다. 한국당 의원들의 거센 반발로 극한 대치 국면을 이어가던 국회
는 2019년 12월 30일에 공수처법을 통과시켰고, 2020년 1월 13일
검경 수사권 조정안을 통과시켰다. 검경 수사권 조정안을 구체화하
는 '검사의 수사개시 범죄 범위에 관한 규정'과 '검사와 사법경찰관
의 상호협력과 일반적 수사준칙에 관한 규정'도 국무회의를 통과해
2021년 시행을 앞두고 있다. 공수처 설치도 우여곡절을 겪고 있으나
이미 공수처 설치는 돌이킬 수 없는 단계에 돌입해 있다. 참여정부 시
절부터 민주당의 20년 숙원 과제이던 '검찰 개혁'의 법제화와 현실
화는 착착 진행되고 있는 것이다. 우리는 70년 동안 유지되어온 형사
사법제도의 거대한 변혁을 앞둔 출발점에 서 있는 것이다.

그런데 추미애 법무부장관은 검찰 개혁을 완수할 때까지 정치적

야심을 갖지 않겠다고 했다. 취임 후 윤석열 검찰총장에게 초유의 지휘권과 감찰권을 발동해서 징계 절차에 회부하려는 시도를 한 것 이외에는 검찰 개혁과 관련해 선보인 조치가 잘 떠오르지 않는 추미애 장관이 말하는 검찰 개혁은 무엇인가. 추미애 장관과 집권여당은 윤석열 총장이 검찰 개혁을 저지하려고 무고한 조국 전 장관 가족을 수사했다고 한다. 그들은 윤석열 총장의 조국 수사가 검찰 개혁을 저지하기 위해 대통령의 임명권에 도전한 쿠데타라고 규정한다. 그들에게 윤석열 총장은 스스로 대권의 야심을 품고 총선에 개입해 선거 결과를 왜곡시키려고 수하 한동훈 검사를 통해 채널A라는 언론과 유착해 유시민을 검거하려는 모략을 획책한 역모자이기도 하다. 역모가 발각되자 추미애 장관의 명을 잘라먹고 법무부의 감찰도 방해한 자다.

과연 윤석열 총장은 검찰 개혁을 저지하려고 조국 수사를 감행했는가. 정치적 야심을 품고 검찰의 기득권을 지키려고 검찰의 권력을 이용해 대통령의 임명권에 도전한 쿠데타 수장인가.

윤석열 총장은 인사청문회에서 정부의 검찰 개혁안에 동의한다는 의사를 분명히 밝혔다. 임기 동안 검경 수사권 조정안이나 공수처법에 반대하는 발언이나 행동을 공식적으로 표출한 바도 없다. 오히려 집권여당의 검찰 개혁에 부응하도록 준비하고 검찰을 독려하는 언행을 일관되게 하고 있다.

윤석열 총장은 지난 2월 3일 대검찰청 회의실에서 열린 상반기

검사 전입식에서 "재판 시스템의 변화, 형사 법제의 개정과 함께 공판중심주의와 구두변론주의 재판을 준비하는 수사 과정을 어떻게 변화시키고 만들어갈지 잘 검토해야 한다", "검찰이 과거부터 해오던 조서재판이라는 것을 벗어나지 못해서 공판중심주의, 구두변론주의라는 재판 운영 시스템의 변화를 따라가지 못한 측면도 있었다"고 말했다(「윤석열 "공판중심주의 맞춰 수사과정도 달라져야"」, 〈한겨레〉, 2020.2.3). 윤석열 총장은 2020년 11월 23일 수사구조 개편에 대비한 제도를 시범 실시 중인 대구지검과 광주지검, 부산지검의 기획검사와 제도 담당 검사 등이 참석한 오찬 간담회에서도 개정 형사소송법 시행 관련 사안을 점검하면서 "검사의 배틀 필드(전장)는 법정"이라면서 "검찰 업무에서 가장 중요한 것은 재판이고, 수사도 재판의 준비 과정"이라고 역설했다. 특히 윤석열 총장은 "소추와 재판은 공정한 경쟁과 동등한 기회가 보장된 상태에서 당사자의 상호 공방을 통해 진실을 찾아가는 것"이라면서 '공정한 검찰'을 검찰 개혁의 목표로 다시 한번 제시했다. 사회적 약자를 위한 '적극적 우대 조치'의 필요성도 강조했다(「검찰 수모에도 '마이웨이'… 윤석열, 검사와의 만남 지속」, 〈한국일보〉, 2020.11.23).

검찰 개혁의 두 얼굴

문재인 정부가 발표하고 있는 검찰 개혁의 큰 청사진은 우리나라 형사사법체계를 영미법상의 형사사법제도로 변환시킨다는 것이다. 개혁의 핵심 내용은 수사권은 경찰에 부여하고, 검찰은 기소와 공소유지를 담당하는 기관으로 탈바꿈시켜서 공판중심주의, 구두변론주의의 형사재판제도를 만들겠다는 것이다. 검사가 수사를 통해 작성한 조서에 더 높은 증거능력이 부여되고 대부분 조서대로 재판의 결론이 나는 '조서재판'의 관행과는 달리, 공판중심주의의 형사재판제도에서 검사와 피고인은 대등한 당사자이다. 공판중심주의·구두변론주의로 전환되면, 검사는 경찰의 수사 자료를 토대로 기소 여부를 결정하고, 기소된 사건에서는 재판부 앞에서 구두변론을 통해 주장과 입증을 하는 피고인과 대등한 일방 당사자가 되는 것이다. 윤석열 총장은 집권여당이 예고하고 있는 검찰의 변화에 맞춰 공판중심주의, 구두변론주의의 형사사법제도를 준비하도록 일관되게 검찰을 독려해왔다.

공판중심주의와 당사자대등주의의 형사사법제도를 위해 검찰을 기소와 공소유지를 맡는 기관으로 탈바꿈시킨다는 검찰 개혁의 궁극적 목표를 지체하는 것은 오히려 청와대와 집권여당이다. 정작 검찰의 특수수사권을 유지시키는 검경 수사권 조정안은 문재인 대통령의 의지였던 것이다. 검경 수사권 조정안의 구체화를 위한 대통령령인 '검사의 수사개시 범죄 범위에 관한 규정'과 '검사와 사법경찰관의 상호협력과 일반적 수사준칙에 관한 규정'도 청와대가 주관한 검경 수사권 후속 조치를 위한 태스크포스TF에서 마련하고 법무부가 의견을 제시하는 방법으로 결정되었다. 검찰에 인정된 특수수사 분야는 부패범죄, 경제범죄, 공직자범죄, 선거범죄, 방위산업범죄, 대형참사범죄이다. 개정 검찰청법에서 검찰의 직접수사권 범위를 대통령령으로 정하도록 했고, 집권여당과 추미애 법무부장관의 윤석열 총장에 대한 압박 수위가 고조될 것으로 예상되었다. 예상과 달리, 대통령령은 오히려 방위산업범죄나 대형참사범죄 등 미처 거론되지 않았던 분야도 검찰 수사권에 포함시켰다. 공정거래위원회나 증권선물위원회가 검찰총장에게 고발하도록 한 연관법의 개정안 논의도 시작되지 않아서 경찰에 수사권을 넘기는 것이 현실적으로 불가능한 경제범죄 영역이나, 공직자범죄나 선거범죄 등 정치적 색채가 강한 범죄 영역을 검찰의 특수수사 영역으로 남겨둔 것은 현실적 필요성 때문이다. 경찰은 특히 대형참사범죄 분야를 검찰의 특수수사 분야로 정한 것은 검찰 개혁의 취지 자체를 몰각하는 것이라고 반발하고 있다. 그러나 경찰은 검찰의 수사지휘에서 벗어나는 11만 명의 거대 경찰조직의 견제에 대해서는 함구한다. 경찰청법을 개정해 자치경찰제를 도입하고, 국가수사본부를 설립해 경찰의 전문 수사 역량을 준비하고 체계적으로 분산하는 등, 경찰권 견제장치를 마련하는 제도화 작업은 발걸음도 떼지 못했다.

형사법 학계나 민변과 참여연대 등 친정부적 시민단체의 검경 수사권 조정안이 검찰에게 특수수사권을 광범위하게 인정하고 있다고 비판하는데, 이러한 비판은 검찰이 감수할 몫은 아니다. 조국 전 수석 시절부터 대통령령이 국무회의를 통과하는 전 과정에서 검찰의 의견은 철저히 무시되었다. 검찰은 검경 수사권 조정안에 관해서는 경찰에 대한 수사지휘권이 폐지되는 대신 경찰의 불기소결정에 대한 재수사요청권이나 기소 의견의 송치사건에 대한 보완수사요청권의 실질화를 요구했다. 비대해진 경찰조직의 사건 암장이나 부실기소를 막을 최소한의 견제장치를 마련해달라는 정당한 요구였으나 묵살되었다. 윤석열 총장은 공수처에 대해서도 고위공직자의 부패범죄 수사총량의 확대는 바람직하다는 이유로 일관되게 찬성의견을 표명했다. 단, 공수처법이 국회 본회의에 상정되기 직전 박주민 의원이 기습적으로 삽입한 공수처법 제24조의 제2항이 검찰의 인지사건에 대한 공수처의 이첩 요청권과 이첩 의무에 더하여 인지사건 통보 의무를 추가한 것은 공수처에 의한 고위공직자범죄의 사건 암장 위험이 있다는 이유로 반발한 바 있다. 그러나 특수수사권 범위와 관련해서 윤석열 검찰총장은 오히려 조국 전 법무부 장관의 특수부 축소 방안 발표가 나자마자 특수부 폐지 및 축소를 즉각 단행했다. 인권침해적 수사관행에 대해서도 야간 조사를 폐지하고 피의자를 포토라인에 세우는 관행도 없애는 등 개선된 수사지침을 즉시 시행했다.

집권여당과 추미애 법무부장관, 윤석열 검찰총장의 전장은 '검찰 개혁의 제도화와 법제화' 영역이 아니었다. 검찰 개혁을 저지하기 위해 조국 장관을 수사하고 기소했다는 집권여당의 주장과는 달리, 윤석열 총장은 검찰 수사권 고수를 위해 집권여당의 검찰 개혁 방향과 방법에 대해 저항이라 부를 만한 대립각을 세운 바가 없다. 오히려 검찰에 대한 시대적 요청에 조응하며 변화를 준비하는 유연성을 발휘하고 있다는 것이 사실에 조금 더 근접한 평가이다.

집권여당과 윤석열 총장의 격전은 조국 전 장관 가족 사건이나 이철 VIK 대표와 유시민 등 정권의 주요 인사들이 거론되거나 연루된 수사, 정권의 명운을 가를 울산시장 선거개입 사건, 정부와 집권당 인사들의 로비나 이권개입 의혹이 불거져 나온 라임이나 옵티머스 사건, 원전 사건의 수사와 관련해서 벌어졌다.

추미애 장관의 개혁은 어디를 향하는가

추미애 장관은 2020년 1월 3일에 취임했다. 취임하자마자 신라젠과 VIK 사건 및 라임 사태를 수사하던 남부지검의 증권범죄합수단을 폐지했다. 한동훈 반부패부장 등 조국 장관 수사에 관여한 검사들을 지방으로 발령해 좌천시켰다. 문재인 대통령의 법대 후배인 이성윤 검찰국장을 서울중앙지검장으로 승진시키는 등 친여 성향의 검사들로 검찰 인사를 채웠다. 울산시장 선거개입 사건의 공소장 비공개를 결정하며 조금 늦게 알아도 될 권리라며 헌법에 명시된 국민의 알권리를 왜곡했다. 한동훈 검사가 채널A 기자와 총선에 영향을 미칠 의도로 검언유착을 획책했다는 전과자 지 모 씨의 신뢰할 수 없는 제보만을 근거로 윤석열 총장을 수사에서 배제시키는 지휘권을 발동했다. 라임과 옵티머스 사모펀드 사기 사건의 공모자에 청와대 행정관들이 포함되고, 사모펀드 선수들의 로비 명단에 강기정 등 집권여당 핵심 인사들이 언급되자 집권여당은 총공세를 퍼부었다. 〈한겨레21〉은 윤석열 총장이 윤중천으로부터 별장 접대를 받았다는 오보로 정국을 발칵 뒤집어놓았다. 악의적인 오보였다. 제보자 지 씨를 발굴해 검찰 개혁의 기수로 등극시키고 윤석열 장모와 부인의 비리 의혹을 지속적으로 보도한 〈뉴스타파〉는 〈PD수첩〉과 협업하며 맹활약했다. 두 미디어의 활약은 〈김어준의 뉴스공장〉과 〈유시민의 알릴레오〉에 버금가도록 돋보였다.

윤석열 총장이 박근혜 전 대통령과 최순실의 국정농단을 수사한 기준 그대로 현 정권 인사의 비리에 칼을 대자, 적폐청산의 공신이 내동령에게 맞서는 쿠데타의 수장으로 변질된 것이다. 조국 수사 이후 문재인 정부의 '검찰 개혁'은 정권비리 수사를 방해하고 수사한 검사를 처치할 수 있는 요술 지팡이가 되어주었다.

　이 글을 쓰는 시점(2020년 11월 말)에 추미애 법무부장관은 전과자들의 제보와 어용언론들의 활약에 힘입어 윤석열 총장의 직무를 배제하고 징계를 청구한다고 발표했다. 추 장관이 윤석열 총장의 징계 절차를 알아보라고 법무부에 지시한 것은 1월 10일이다. 취임 일주일 후다. 추 장관은 10개월의 대장정을 통해 자신의 과업을 성공적으로 마무리하고 있다. 임기가 보장된 검찰총장을 직무에서 배제시켜 해임 또는 파면시킬 징계 절차를 궤도에 올림으로써 대통령이 직접 사임시키는 부담을 덜어준 것이다. 검찰총장의 존재 및 임기보장제도의 첫째 기능은 정치적 외압의 방패막이다. 최근 윤석열 총장은 퇴임 후 행보에 대해 여지를 둔 발언을 하면서 일선 검사들과 모임을 가졌다. 일선 검사들에게 검찰 개혁에 조력할 것과 위축되지 말고 원칙대로 충실히 정권 비리 수사에 본분을 다하라고 독려하는 방패막 역할을 수행하려 했던 것이다. 검찰의 방패막을 치우고 일선 검사들을 묶어둘 필사적인 사유가 있었던 것인가. 이제 집권세력은 친정부 인사를 처장으로 앉힐 공수처 출범에 박차를 가해 권력형 부패범죄가 사라진 한 번도 경험해보지 못한 나라를 선사해줄 요량인 모양이다. 그리고 후일 역사는 2020년 11월 24일을 합법의 외피를 두른 독재적 폭거로 검찰총장의 임기를 단축하고 검찰과 권력기관을 장악한 민주주의와 법치주의의 수치의 날로 기록할 것이다.

법원 개혁,
어떻게 나아가야 하는가

김남일 〈한겨레〉 디지털콘텐츠부장

　문재인 정부 4년이라는 말은 청와대의 마음을 급하게 한다. 정권의 가을, 펼치기보다 거둬야 할 때가 온 것이다. 2021년 3월 여당 대선 후보 경선이 본격화하면 정치의 시간은 더욱 빨라진다. 다만 여기에는 착시가 있다. 이제는 12월 대선이 아닌 3월 대선이다. 2021년 상반기까지는 174석(2020년 12월 기준) 거대 집권여당이 할 수 있는 일이 제법 많다. 법원 개혁도 그 하나일 것인데, 다만 우선순위의 앞줄은 아닌 것이 분명해 보인다.

법원 개혁, 무엇을 할 것인가

법원 개혁의 핵심은 대법원장 권한 분산이다. 대한민국에는 제왕이 두 명 있다. 제왕적 대통령, 제왕적 대법원장. 전자는 사사건건 발목을 잡는 야당은 물론 차기 대권 주자가 포진한 여당의 견제로 골치 아플 때가 많은 5년짜리 제왕이다. 대통령의 제왕적 권한을 쪼개는 개헌 논의는 당장 내일 국민투표를 치러도 되는 수준까지 이뤄진 상태다.

반면 후자는 임기 6년간 누구도 건드리지 않는 지위를 대대로 지켜왔다. 신성가족이다. 황제나 왕 중 어디에 가까울까. 굳이 따지면 황제 쪽이다. 그만큼 견제받지 않는 권한이 세다. 단적인 예는 인사권이다. 대법원장은 법원장을 비롯해 전국 법관 2888명(2020년 6월 기준)의 인사권을 쥐고 있다.

여느 공무원 조직이나 사기업처럼 사법부에도 좋은 자리, 높은 자리가 있다. 지방법원 합의부 배석판사로 시작해 지방법원 단독판사와 고등법원 합의부 배석판사, 대법원 재판연구관을 거쳐 지방법원 부장판사를 맡게 된다. 여기까지는 일반적 인사 코스다. 지방법원 부장판사에서 고등법원 부장판사(차관급)로 올라가는 구간에 승진 병목이 생긴다. 소수의 예외는 있지만 고등법원 부장판사가 되지 못하면 법원장이 될 수 없고, 법원장을 못 하면 대법관이 될 수 없었다. 판결을 할 때마다 법정에 선 사건 당사자가 아니라 저 위에서 어떻게 볼지에 자꾸 신경이 쓰인다.

제왕이 된 대법원장과 신료가 되려는 법관은 짝이 잘 맞는다. 양승태 전 대법원장 시절 재판 개입, 법관 사찰, 행정·입법 로비 등은 인사권으로 대표되는 대법원장의 사법행정권이 남용된 결과였다. 이른바 엘리트 판사로 구성된 법원행정처가 대법원장 비서실 구실을 했다. 막 임용한 판사에게까지 대법원장 뜻을 일사불란하게 관철시키고, 여기에 찬성하는 판사는 끌어올리고 그렇지 않은 판사는 내치는 집행기구였다. 대법원장의 손과 발이 됐던 법원행정처 판사에게는 다음 인사에서 법원행정처와 일선 법원 주요 보직이 맡겨졌다. 양승태 대법원도, 그 전 이용훈 대법원도 마찬가지였다. 재판 잘하는 법관보다 사법행정에 능한 법관이 더 대우를 받은 셈이다. 대법원장을 정점으로 한 사법관료화를 깨기 위해 법원행정처를 폐지하는 것이 법원 개혁의 핵심 과제가 된 배경이다.

대법원장 인사권은 헌법과 법률, 양심에 따라 독립한 재판, 즉 좋은 재판을 해야 할 법관들을 말 잘 듣는 관료로 키웠다. 2017년 9월 취임한 김명수 대법원장은 곧바로 고등법원 부장판사 승진제도 폐지를 약속했다. 2020년 3월 사법관료화를 떠받치던 이 제도를 폐지하는 법원조직법 개정안이 20대 국회에서 처리됐다.

김명수 대법원에서 이뤄낸 진전은 분명 의미 있다. 고등법원 부장판사 승진제도 폐지에 이어 2021년에는 법원장 인사에 일선 판사의 의사를 반영하는 법원장 후보 추천제가 7개 지방법원으로 확대된다. 모두 대법원장에 집중된 인사권을 분산하는 법원 개혁 방안으로 오래전부터 요구돼온 것들이다.

법원 개혁, 어디까지 왔나

'법원 개혁은 여전히 발도 떼지 못했다'고 답하는 법조인이 많다. 김명수 대법원장은 고등법원 부장판사 승진제도 폐지를 환영하며 "사법행정제도 개혁의 첫 결실을 맺었다. 법원행정처 폐지와 사법행정회의 신설 등도 국회에서 신속히 논의되도록 최선을 다하겠다"고 했다. 그로부터 반년 뒤 21대 국회에서 법원행정처 폐지 법안들이 발의되자 대법원은 위헌 의견부터 내며 맞섰다. 해당 법안들이 대법원장의 사법행정권을 침해한다는 이유에서다.

양승태 대법원의 사법행정권 남용 실태가 법원 자체 조사로 불거지자 김명수 대법원장은 2018년 3월 '국민과 함께하는 사법발전위원회'(위원장 이홍훈 전 대법관)를 출범시켰다. 사법발전위원회 및 후속추진단은 법원행정처를 폐지하고 대법원장 포함 법관 6명과 외부위원 5명이 참여하는 사법행정회의를 구성하자고 제안했다. 대법원장 권한 분산의 핵심인 법관 인사(전보)는 법관들로만 이뤄진 법관인사위원회가 우선안을 만들고 사법행정회의는 나중에

심의·의결하도록 했다. 김명수 대법원은 이를 엎었다. 사법행정회의는 대법원장 포함 법원 내부위원 7명과 외부위원 4명으로 수적 우위를 확실히 했고, 외부위원은 법관 인사안 확정 단계에서 아예 빼버리기도 했다.

대법원은 2018년 12월 이런 내용의 법원조직법 개정안을 국회에 제출했다. 개혁이 아닌 개악이라는 비판에도, 이후 김명수 대법원은 여기서 단 한 글자도 고치지 않고 있다. 김명수 대법원장은 2020년 10월 대법원 국정감사에서 이렇게 못 박았다. "사법행정 구조를 전면적으로 개편하기 위해서는 법률 개정이 따라야 한다. 대법원은 2018년 12월 법원조직법 개정에 관한 의견을 국민과 국회에 말씀드렸다."

법원 개혁, 어디까지 갈까

법원 개혁이 부진한 데는 여러 이유가 있다. 첫째, 문재인 정부는 검찰 개혁을 여전히 국정과제 맨 앞자리에 두고 있다. 지지층이 갈라지고 지지율이 떨어져도 조국, 추미애 두 사람을 법무부장관에 잇달아 기용하며 이 정부가 무엇을 우선순위에 두고 해내려 하는지 분명히 보여줬다. 더불어민주당 역시 검찰의 수사 및 기소권을 분점하는 고위공직자범죄수사처 법안 처리와 출범에 집권 중후반기 국회 동력을 쏟아부었다. 2021년 상반기는 단계별로 공수처장 후보 추천, 후보자 인사청문, 선출된 공수처장을 둘러싼 진영 대결이 나머지 이슈를 빨아들일 가능성이 크다. 법원 개혁은 다시 뒤로 밀릴 것이다.

둘째, 개혁 로드맵이 엉켰다. 20세기 마지막 10년을 기점으로 한국사회 가장 강고한 기득권 집단이 된 법조, 이를 떠받치는 두 세력인 검찰과 법원을 상대로 동시에 싸움을 벌여 이길 정권은 없다. 국회에는 여야 모두 재조在曹 출신(판검사 출신) 의원들이 버티고 있다. 그래서 개혁에는 순서가 있다. 검찰이 가장 먼저 깨져야 했지만 문재인 정부는 시작부터 특수부 중심의 검찰 적폐수사에 힘을 실어 줬다. 직전 대법원장 구속기소로 이어진 검찰의 사법농단 수사는 그 결과물이다. 검찰은 정권의 힘이 가장 센 집권 초기 자신에게 향하던 개혁 칼끝을 길 건너 법원으로 돌리는 데 성공하며 시간을 벌었다. 문재인 정부는 법원 개혁 명분을 확보했지만, 애초 개혁 1순위는 검찰이었다. 당장 쓸모 있는 검찰을 손볼 수도 없는 난망한 상황이 지속됐다. 결국 문재인 정부 마지막 해에도 검찰 개혁은 진행형이고 법원 개혁은 미래형이다.

셋째, 최고법원 인적 구성에 대한 자신감이다. 문재인 대통령 임기 초중반 대법원 구성에 큰 변화가 생겼다. 2017년 7월~2018년 12월 김명수 대법원장 포함 대법관 9명을 문재인 대통령이 임명했다. 2020년에도 2명의 대법관을 새로 임명했다. 대법원 전원합의체는 이 기간 양심적 병역거부 무죄, 일제 강제징용피해자 손해배상 책임 인정, 전교조 법외노조 통보 위법 등 전향적 판결을 내놓았다. 문재인 정부 법원 개혁에 낙제점을 주는 이들도 대법원 구성의 다양성 측면에선 후한 점수를 주는 이유다.

대법관 14명 가운데 '양승태 제청 – 박근혜 임명' 대법관은 3명만 남았다. 문재인 대통령은 2021년 이들 3명 가운데 6년 임기가 끝나는 2명의 대법관을 마저 임명하게 된다. 검찰 출신 박상옥 대법관(2021년 5월 임기만료) 후임으로 검찰 출신을 다시 임명할 가능성은 없다고 봐야 한다. 대법관 임기를 고려하면 최소 2024년까지 현재 짜인 대법원 구도를 가져갈 수 있다. 역설적으로 집권여당에게는 법원 개혁의 절박함을 떨어뜨리는 요인이다.

넷째, 개혁 대상으로 하여금 개혁안을 만들도록 했다. 청와대와 더불어민주당이 법무부 외청인 검찰한테 하듯 법원을 대하기는 어렵다. 참여정부 시절부터 검찰 개혁을 강조해온 문재인 대통령도 법원 개혁에는 말을 아낀다. 구체적 발언은 2018년 9월 사법부 70주년 기념식 축사가 처음이자 마지막이었다. 문재인 대통령은 사법농단, 재판 거래 의혹을 거론한 뒤 "의혹은 반드시 규명되어야 하며, 만약 잘못이 있었다면 사법부 스스로 바로잡아야 한다. 저는 사법부가 국민의 희망에 응답할 역량이 있다고 믿는다. 지난날

법원 내부의 용기가 사법부의 독립을 지켜왔듯이, 이번에도 사법부 스스로 위기를 극복해낼 것이다. 나아가 사법부의 민주화라는 대개혁을 이루어낼 것"이라고 했다. 법원 개혁을 위한 국회의 입법 노력을 덧붙이기는 했지만 방점은 "사법부 스스로"에 찍혔다. 이후 2년이 넘도록 대통령은 법원 개혁을 말하지 않았다. 대통령이 말하지 않으면 여당은 관심이 없다는 뜻으로 받아들인다.

삼권분립에 대한 존중은 자주 '재판 독립', '법관 독립'이 아닌 '사법부 독립'이라는 궤도 이탈로 이어진다. 외부위원이 과반 또는 동수인 사법행정회의(또는 사법행정위원회)를 신설하자는 판사 출신 여당의원들의 법안에 김명수 대법원이 사법부 독립 침해라며 위헌 의견부터 내는 것은 역으로 입법권 침해가 될 수 있다. 입법은 시대 변화와 국민 요구를 반영하되 헌법적, 법률적 문제와 여러 이해관계를 조정하는 어려운 과정이다. 이를 모를 리 없는 대법원이 '우리가 낸 의견 외에는 위헌'이라는 식으로 논의 자체를 봉쇄하는 것은 무얼 의미할까. 독립된 법관에 의한 독립된 재판이라는 헌법적 책임보다 조직으로서의 사법부 지키기에 연연하는 인상이 짙다. 대법원은 "외국에도 이런 제도는 없다"고 한다. 직전 대법원장과 대법관이 한꺼번에 형사재판 대상이 되는 외국 선례는 있었는가.

법원행정처는 단순히 대법원장의 제왕적 권한을 사법부 내부에 관철하는 조직이 아니다. 국회와 언론을 상대로 법원 내부 논리를 전파하고 설득하며, 때로는 거래도 하는 위험한 임무가 주어진 조직이기도 하다. 여당 의원의 사법행정회의 신설안에 반대하는 위헌 의견 역시 김명수 대법원의 법원행정처에서 만들었음을 주지해야 한다. 양승태 대법원은 이 임무를 최대치로 실행했으나, 관료 되기를 거부한 이탄희라는 한 사람을 통해 무너지기 시작했다.

지금의 법원 개혁은 한가로운 풍경화, 헛되고 헛된 바니타스 정물화에 가깝다. 직전 대법원장이 구속되고 재판을 받는 초유의 상황에도 사법부의 개혁 의지와 속도는 여전히 2년 전 자료를 참고하라는 수준에 머문다. 자폐적 법원 개혁을 방치한 채 검찰 개혁에 우선순위를 둔 정부여당, 2022년 대선에 맞춰 짜인 정치 시간표, 보수 진영의 사법 장악 프레임, 이 모두를 놓치지 않는 사법부의 완만한 권력 내려놓기 또는 버티기가 계속될 것이다.

변곡점은 있다. 110차 공판(2020년 12월 초 기준)을 넘긴 양승태 전 대법원장 1심 결과가 2021년에 나올 수 있다. 양승태 전 대법원장 사건은 임종헌 전 법원행정처 차장 1심 재판 결과와 연동되는데, 두 사람의 재판 결과가 국민의 법 상식에서 크게 벗어날 경우 대선이란 정치 일정에 법원 개혁이 얹힐 수 있다.

다만 정치 일정에 쫓긴 어설픈 개혁에 그치고 동력이 소진하면, 다음 개혁의 시간은 한참 후에나 찾아올 것이다. 3년 넘게 남은 21대 국회에서 더불어민주당 의석은 170석 안팎을 유지할 것이다.

대선 전에는 형사 판결문 공개 확대, 대법관 증원 논의를 포함한 상고제도 개선 등 시민 삶에 착근한 사법서비스 개선에 집중하고, 대선 이후 국회 후반기 사법개혁특별위원회를 통한 제대로 된 법원 개혁을 추진하는 것도 방법이다.

특히 판결문 공개 범위를 크게 넓히는 것은 시민에 의한 사법감시라는 측면에서 의미가 크다. 현재 대법원 종합법률정보시스템을 통한 판결문 공개 비율은 전국 각급 법원 판결의 0.003% 수준이다. 일단 국회는 2020년 11월 민사소송법을 개정해 확정 사건뿐만 아니라 미확정 사건 판결문도 열람·복사(2023년부터 시행)가 가능하도록 했다. 이에 더해 현재 국회에는 사건번호와 당사자 이름을 몰라도 키워드 검색을 통해 확정·미확정 형사사건 판결문을 열람·복사할 수 있도록 하는 형사소송법 개정안이 발의돼 있다.

정권의 가을걷이는 하나라도 더 줍겠다는 의지가 중요하다.

공정성 수렁에
발이 빠진 교육 공공성

최원형 〈한겨레〉 기자

교육은 부동산과 함께 집권 후반기에 접어든 문재인 정부가 가장 좋지 못한 평가를 받는 분야다. 이 두 분야는 한국사회에서 스스로를 '중산층'이라고 여기는 사람들이 가장 절실하게 욕망하는 대상이라는 공통점을 지닌다. 2018년 말 〈스카이캐슬〉이라는 드라마가 '교육 스릴러'라는 평가를 받으며 인기를 끌었는데, 이 드라마의 제목이 다름 아닌 '교육'(스카이)과 '부동산'(캐슬)의 합성어라는 점은 상징적이다. 여기서 교육에 대한 욕망은 '교육은 계층이동의 사다리'라는 오래된 인식과 깊이 연관되어 있다. 문재인 정부의 교육정책이 그리 좋지 못한 평가를 받는 데에는 여러 이유가 있을 수 있겠지만, 무엇보다 이 글에서는 '공정성' 담론에 사로잡혀 교육을 '기회 분배의 장場'으로 만든 접근이 가져온 부정적인 효과들을 집중적으로 다룬다.

문재인 정부의 교육정책

먼저 '촛불정부'를 자임하는 문재인 정부가 교육 분야에서 무엇을 약속했는지 살펴볼 필요가 있다. 문재인 정부의 교육 공약을 총괄하는 말은 '교육의 국가책임 강화'다. 교육에서 '공공성'을 강화하겠다는 말로 풀이된다. 이 기치 아래 정부는 '유아에서 대학까지 교육의 공공성 강화', '교실혁명을 통한 공교육 혁신', '교육의 희망사다리 복원', '고등교육의 질 제고 및 평생·직업교육 혁신', '미래교육 환경 조성 및 안전한 학교 구현', '교육 민주주의 회복 및 교육자치 강화' 등을 국정과제로 제시했다. 구체적으로는 대학수학능력시험(수능)을 전 과목 절대평가로 전환하겠다는 약속이 담긴 대입제도 개선, 고교학점제 전면 실시로 대표되는 학생 맞춤형 교육, 외고·자사고·특목고를 단계적으로 일반고로 전환한다는 내용의 고교체제 개편, 국공립유치원 확대와 같은 유아교육 공공성 강화 등이 주목을 끌었다.

이 가운데 비교적 좋은 평가를 받은 것은 유아교육 공공성 강화다. 2018년 사립유치원 비리가 불거진 상황에서 정부는 사립유치원의 회계 투명성을 강화하기 위한 조처들을 일관되게 추진했고, 이는 1년이나 지난 끝에 국회에서 '유치원 3법'이 통과되는 밑거름이 됐다. 진통이 없지 않았으나, 고교 무상교육도 2021년부터 전체 고등학생을 대상으로 전면 실시된다. 수십 년째 종합감사를 받지 않은 사립대들에 대한 종합감사에 착수하고 사학혁신 제도개선 과제를 제시하는 등 고등교육 분야에서도 일부 성과를 인정받는다.

그러나 전반적으로는 문재인 정부의 교육정책에 '낙제점'을 주는 평가가 지배적이다. 2017년부터 역대 최고 수준으로 뛰어오른 사교육비 통계는 정부가 '공공성' 강화 공약을 지키지 못했음을 보여주는 대표적인 성적표로 언급된다. 이념적 지형도 가리지 않는다. 결과로 드러난 것뿐 아니라 정책을 세우고 집행하는 과정에서 드러난 혼란도 컸다. 이 때문에 약속을 지키지 못한 결과물들을 기계적으로 열거하기보다는, 그 과정에서의 혼란이 도대체 어떤 배경에서 비롯했는지 톺아보는 작업이 더 필요하다. 뒤를 잇는 정치세력 역시 이런 구조로부터 자유로울 수 없을 것이기 때문이다.

공정성과 공공성의 딜레마에 빠진 대학 입시

문재인 정부의 교육 개혁이 수렁에 빠진 지점들은 하나같이

'대학입시'와 연관되어 있다고 해도 과언이 아니다. 정부는 출범 뒤 전 과목 절대평가 도입으로 대표되는 수능 체제 개편을 추진했으나, 1년 동안 진통을 겪은 끝에 사실상 이를 철회했다. 엉뚱하게도 이 문제는 국가교육회의가 '대입제도 개편안'을 놓고 '정시냐, 수시냐'를 묻는 공론화 작업을 벌이는 결과를 낳았다. 현 정부 교육정책의 주요 입안자로 평가받던 김상곤 사회부총리 겸 교육부장관이 경질된 것도 이와 무관하지 않았다. 국가교육회의 공론화 결과를 받아 든 교육부는 2022학년도 대입부터 전체 대학에 정시 비율을 30%까지 높이도록 권고했다. 교육정책의 전반적인 흐름이, 절대평가 도입 등 수능 체제를 개편하는 방향에서 학생부종합전형(학종)을 축소하는 대신 정시를 확대하는 방향으로 돌아선 것이다. 그리고 그 배경에는 단지 학생부종합전형(학종)의 문제점을 짚어내고 개선하는 것을 넘어, "시험을 통해 한 줄 세우기가 가능한 정시가 가장 공정하다"고 믿는 '공정성' 여론이 있었다.

일단락된 줄 알았던 대입 문제는 2019년 조국 전 법무부장관의 자녀와 관련된 문제로 다시금 불거졌다. 조 전 장관 자녀가 대학·대학원 입시 등에서 특혜를 누렸다는 비판이 제기된 것이다. 9월 문재인 대통령은 이전에도 이후로도 없던 '교육관계장관회의'를 열어, "공정한 교육제도로 국민의 신뢰를 회복하는 것이 지금 이 시기 가장 중요한 교육 개혁 과제"라고 선포했다. 그 결과 교육부는 11월 말에 "서울 소재 16개 대학에 2023학년도까지 수능위주전형 40% 이상을 완성하도록 권고한다"는 내용을 담은 '대입 공정성 강화 방안'을 내놨다. 이 역시 '공정성' 여론을 신경 쓴 결과였다. 당시 문재인 대통령은 "정시가 능사는 아닌 줄 알지만 그래도 지금으로서는 차라리 정시가 수시보다 공정하다는 입시 당사자들과 학부모들의 목소리에 귀를 기울여야 한다"고 말했는데, 이는 사실상 '여론이 원하니까'라는 고백과 다르지 않았다.

이렇게 여론의 영향으로 단행된 대입제도 개편, 더 나아가 교육의 '공정성' 강화는 애초 이 정부가 약속했던 '공공성' 강화에 부합할까? 교육계에서는 '시험을 통한 평가만이 공정하다'는 전제를 깔고 있는 정시 확대 주장이 협소한 차원의 공정성에만 갇혀 있을 뿐, 사회 전반의 공공성을 강화하는 방향의 공정성과는 무관하다고 지적한다. 더 나아가 정부가 약속했던 교육 분야 공공성 강화 정책과 정면으로 충돌한다는 비판까지 제기한다. 대입제도와 뗄 수 없는 고교 교육 분야에서, 정부는 공교육을 강화하겠다며 고교 서열화 해소를 위한 외고·특목고·자사고의 일반고 전환, 고교 교육의 다양성 제고를 위해 도입하기로 한 '고교학점제' 등의 과제들을 내건 바 있다. 그러나 정시 확대는 이른바 '주요' 교과에 힘을 쏟게 만들고 서울 강남과 같은 교육 '과열' 지구와 사교육의 영향력에 더 민감하다는 점 등에서 방향성 자체가 상반된다는 것이다. 이를 의식한 탓인지 정부 역시 대입 공정성 강화 방안과 함께 외고·특목고·자사고의 일반고 일괄 전환, 고교학점제 전면 도입을 통한 일반고 강화 등 공교육 강화 대책을 내놨다. 그러나 본격적인 시행 시기를 2025년으로 정해, 사실상 다음 정부의 몫으로 떠넘겼다는 비판을 받았다.

교육정책은 누구를 대변하는가

사실 대입 정책과 그에 대한 공정성 시비는 어느 정부 때에나 교육정책의 목줄을 쥐고 흔드는 꼬리였다. 다만 문재인 정부의 대입 정책에서 특히 눈여겨볼 것은, 정시 확대를 제시하면서 그 대상을 '서울 소재 16개 대학'으로 제한했다는 지점이다. 대학 서열화는 오랫동안 현실 속에 존재하는 문제였지만, 그동안 어느 정부도 '서울 소재 16개 대학'과 같이 서열화된 대학 구조를 전제로 삼아 그 일부에만 적용되는 정책을 내놓진 않았다. 이에 대해 교육부는 "학종·논술전형의 비율이 45%를 넘는 대학들이기 때문"이라고 해명했다. 그러나 문재인 대통령 스스로 그 진정한 의미를 밝힌 바 있다. "결국 핵심적인 문제는 입시의 영향력이 크고 경쟁이 몰려 있는 서울의 상위권 대학의 학종 비중이 그 신뢰도에 비해 지나치게 높다는 데 있다." 대입제도에 대해 제기된 공정성 시비, 곧 여론이 정시 확대를 요구하는 대상은 궁극적으로 바로 이들 '상위권' 대학이라는 걸 제대로 짚어냈고, 더 나아가 이를 공인까지 한 것이다.

오랫동안 우리 사회는 대학에 가는 것, 곧 '고등교육의 기회' 자체가 계층이동의 사다리라고 생각해왔다. 그러나 대학 서열화가 공고하게 고착되고 학령 인구가 줄어드는 흐름 속에서 보편적인 고등교육의 기회 자체는 더 이상 가치 있는 자원으로 취급받지 못하게 됐다. 이수빈·최성수는 2020년 「한국 대학들의 사회이동 성적표」라는 논문에서 17개 대학군을 나눠 그 졸업자들의 계층이동 성공률을 살폈는데, 이른바 '상위권' 대학과 국공립대 졸업자들만이 상향 이동을 하는 경향이 확인됐을 뿐 그 외 대학군은 그렇지 못했다고 짚었다. 이는 과거 '대학'(고등교육)에 대한 욕망이 '더 좋은 대학'(상위권 대학)에 대한 욕망으로 더욱 날카롭게 벼려져온 흐름을 압축적으로 보여준다. 이제 계층이동(또는 유지)의 기능을 할 수 있는 것은 '서울 소재 16개 대학'으로 대변되는 상위권 대학뿐이다. 그리고 이 희소한 자원을 둘러싸고 공정성을 요구하는 여론이 만들어진다.

그렇다면 '서울 소재 16개 대학', 곧 우리 사회의 유일한 계층이동 사다리에 가장 집착하는 건 과연 누굴까? 문정주·최율은 2019년 「배제의 법칙으로서의 입시제도」 논문에서 주관적으로 자신이 '상층'이라고 생각하는 사람일수록 정시 전형을 선호하는 경향성이 두드러진다고 짚었다. '하층'은 일관적으로 학종을 지지하고 있으며, '중층'의 경우에도 하층과 통계적으로 유의미한 차이가 드러나지 않았다. 논문은 이를 다음과 같이 풀이해본다. 만약 학종이 소수의 최상층 계층에게만 유리하게 작동한다면, 하층을 위한 사회적 배려 차원의 제도적 지원과 최상층의 경제적·물질적 공세 사이에 낀 나머지 상층은 얼마 남지 않은 자리를 차지하기 위해 중간층과 치열한 경쟁을 했을 가능성이 있다. 학종을 축소하고 정시를 확대하는 것은 바로 이 "최상층을 제외한 나머지 상층"의 욕망에 부합한다. 이들이 바로 문재인 정부의 대입 정책에 큰 영향을 준 공정성 담론의 진정한 주인공들이라 할 수 있다.

국민 모두에게 "똘똘한 한 채"를 가질 기회를 공정하게 나눠주는 게 부동산 정책의 방향이 될 수 없듯, '서울 소재 16개 대학'에 입학할 기회를 공정하게 나눠주는 게 교육정책의 방향이 될 수 없다. 만약 문재인 정부가 교육의 공공성을 강화하기 위한 확고한 철학과 의지가 있었다면, 그 표어는 일관되게 "누구에게나 원하는 교육 기회를 보장하겠다"가 되었어야 마땅하다. 누구나 보편적으로 누릴 수 있는 '공공재' 또는 '사회재'일 때에만 교육은 모든 인간이 제 나름의 행복을 추구하며 어울려 살아갈 수 있도록 돕는 본질적인 구실을 할 수 있으며, 또 그제서야 계층이동의 사다리로도 기능할 수 있다. 반면 더 높은 사회경제적 지위를 획득하기 위한 수단, 곧 '지위재' 성격을 우선적으로 부여받은 교육은 그것이 가져다주는 보상의 크기를 최대화하기 위해 다수에게는 닫히고 소수에게만 열리기 마련이다. 문재인 정부에서 첨예하게 불거진 공정성 담론은 앞으로도 교육 분야뿐 아니라 사회 전반에서 뜨거운 논쟁을 불러일으킬 것으로 보인다. 그러나 공공성이라는 프리즘을 통과시켜 볼 때에만 비로소 그것이 누구의, 누구에 의한, 누구를 위한 공정성인지 그 본질적인 의미를 새길 수 있을 것이다.

누더기가 된 선거법,
어떻게 개정할 것인가

하승수 세금도둑잡아라 공동대표·녹색전환연구소 기획이사

2016년 가을부터 일어난 촛불은 여러 개혁 과제에 대한 요구로 이어졌다. 그중 하나가 바로 정치 개혁의 핵심인 '선거제도 개혁' 문제였다. 한국의 선거제도는 거대양당의 정치 독과점 구조를 낳았고, 이것은 다양한 정치적 목소리를 원천 봉쇄하는 결과로 이어졌다. 그리고 이런 정치적 기득권 구조는 사회경제적 기득권 구조를 유지하는 데 기여하고 있었다. 그래서 2017년부터 시민사회 단체들은 '정치개혁공동행동'이라는 연대 기구를 결성하고, 연동형 비례대표제 도입을 포함한 선거제도 개혁을 제안했다.

후퇴한 비례대표제의 취지

그러나 이에 대한 정치권의 반응은 미지근했다. 2017년 하반기부터 국회에 정치개혁특별위원회가 만들어졌지만, 논의는 진전되지 않았다. 2018년에 들어서는 대통령이 헌법 개정을 추진하면서 "국회 의석은 투표자의 의사에 비례하여 배분되어야 한다"는 '비례성의 원칙'을 헌법에 명시하는 방안이 추진됐다. 그러나 대통령이 2018년 3월 26일에 발의한 개헌안은 국회를 통과하지 못했다.

무산되는 듯했던 선거제도 개혁 논의는 2018년 6월 지방선거가 끝난 후에 조금씩 진전되기 시작했다. 2018년 10월, 국회에 다시 정치개혁특위가 구성됐고, 사상 처음으로 소수정당인 정의당 심상정 의원이 특위 위원장을 맡았다. 그리고 2019년 4월에 준연동형 비례대표제 도입을 골자로 하는 공직선거법 개정안이 패스트트랙(신속처리안건) 절차를 밟게 되었다.

그러나 패스트트랙에 오른 준연동형 비례대표제는 애초에 논의되던 연동형 비례대표제보다 많이 후퇴한 안이었다. 정당 득표율에 따라 전체 의석이 배분되는 것이 연동형 비례대표제인데, '준연동형'은 정당 득표율의 절반만큼만 의석을 보장하겠다는 것이었다.

그런데 패스트트랙에 올라간 이후 여당인 민주당은 더 후퇴한 안을 제시했다. 당초에는 지역구 225석·비례대표 75석으로 지역구와 비례대표 의석을 배분하는 것으로 되어 있었는데, 새로운 안에서는 지역구 253석·비례대표 47석으로 지역구 의석을 더 늘리는 형태를 제안한 것이다. 또한 비례대표 47석 중에서 30석에 한해서만 '준연동형' 개념을 적용하는 것으로 소수야당에 수정안을 제시했다. 결국 민주당이 제시한 수정안대로 2019년 12월 공직선거법이 통과되었다. '준연동형'이 '준준연동형'으로 후퇴한 것이다.

이처럼 국회 통과 과정에서 당초에 제안됐던 연동형 비례대표제의 취지는 많이 후퇴했다. '누더기 선거법'이라는 지적이 나올 수밖에 없었다. 그런데 막상 총선 국면이 되자, 거대양당은 비례대표용 위성정당까지 창당했다. 사상 유례가 없는 일이었다. 결국 2020년 4월 치러진 총선은 선거제도 개혁의 효과를 전혀 내지 못하는 결과를 빚었다. 비례대표 의석 47석 중 36석을 거대양당의 위성정당이 차지했다.

2020년 총선에서 드러난 문제점은 그것만이 아니었다. 거대정당들의 지역구 공천, 비례대표 공천은 역대 선거 중 최악이라고 할 정도로 문제가 많았다. 지역구 공천에서는 '전략공천'이라는 이름으로 밀실에서 후보가 정해지는 경우가 속출했다. 경선을 준비하던 후보들이 경선에 참여할 기회조차 보장받지 못하는 일들이 발생했다. 후보 등록일에 임박해서 지역구 후보자가 교체되는 경우도 있었다.

비례대표 공천에서도 위성정당의 비례대표 순번이 한꺼번에 바뀌거나(미래한국당), 형식은 공모였으나 '보이지 않는 손'에 의해 사실상 비례대표 공천이 결정된 경우(더불어시민당)도 있었다. 이것은 부실한 후보 검증으로 이어졌다.

선거법, 추가 개정은 불가피하다

그렇다면, 이것으로 끝일까? 그렇게 될 수는 없다. 지금의 누더기가 된 준연동형 비례대표제는 유권자들의 지지를 받지 못하고 있다. 거대양당도 이를 유지하고 싶은 마음이 없다. 그렇다면 선거법은 다시 개정되는 것이 불가피하다.

결국 2가지 가능성이 있다. 첫 번째 가능성은 이전의 선거제도로 후퇴하는 것이다. 즉, 지역구 따로, 비례대표 따로 뽑는 과거의 병립형 방식으로 돌아가는 것이다. 그러나 이렇게 될 경우에 과거보다 비례성이 더 떨어지는 결과를 초래할 것이다. 헌법재판소는 지역구 간의 인구편차를 2 대 1 이하로 유지해야 한다는 견해다. 그런데 농촌 인구는 계속 감소하고 있고 도시 인구는 증가한다. 그것을 조정하다 보면, 또다시 지역구 숫자가 늘어날 가능성이 높고, 그만큼 비례대표 의석은 줄어들 것이다. 지금의 47석보다 비례대표 의석이 축소되면, 그렇지 않아도 승자독식 선거의 장식품에 불과한 비례대표의 의미는 더욱 줄어든다.

두 번째 가능성은 더 진전된 비례대표제로 나아가는 것이다. 이번 2020년 총선에서 적용된 누더기 선거법을 진짜 비례대표제다운 선거제도로 바꾸는 방법이다. 이런 방향으로 나아가려면 기존에 논의된 연동형 비례대표제가 아닌 새로운 대안에 관한 논의가 필요하다. 현재 300석인 국회의석을 획기적으로 늘리지 못한다면 연동형 비례대표제를 제대로 도입하는 일은 불가능하기 때문이다. 그 대안은 순수 정당명부식 비례대표제가 될 수밖에 없다.

지난 2018~2019년의 선거제도 개혁 논의가 누더기 선거법으로 귀결된 데에는 몇 가지 원인이 있다. 민주당의 개혁 의지 부족과 미래통합당의 개혁 방해가 일차적인 원인이었지만, 그 외에 다른 원인도 있었다. 300석인 국회의석을 늘리지도 253석인 지역구 의석을 줄이지도 못하는 상황에서는 연동형 비례대표제를 제대로 도입할 수 없다는 반론에 부딪힌 것이다.

독일, 뉴질랜드 등이 채택하고 있는 연동형 비례대표제는 이론적으로는 '혼합형 비례대표제'라고 불리는 방식이다. 지역구 선거를 하면서도 충분한 비례대표 의석으로 비례성을 보장한다. 정당 득표율에 비해 지역구에서 당선자가 적게 나오는 정당은 비례대표 의석을 많이 배분받는 방식이라고 생각하면 된다. 가령 300명의 국회의원이 있는데, A당이 20%의 전국 정당 득표율을 얻고도 지역구에서 10명밖에 당선이 안 되었다고 생각해보자. 그럴 경우에 연동형 비례대표제에서는 A당이 전국 정당 득표율에 따라 받아야 하는 의석 60석(300석×20%)에서 지역구 당선자 10명을 뺀 50석을 비례대표 의석으로 채워준다.

이렇게 연동형 비례대표제를 하려면 비례대표 의석이 충분해야 한다. 그래야 정당 득표율에 비해 지역구 당선자가 모자라는 정당들에 비례대표로 모자라는 의석을 채워줄 수 있기 때문이다. 그래서 독일은 지역구 299석·비례대표 299석이고, 뉴질랜드도 지역구 72석·비례대표 48석이다. 그런데 우리처럼 지역구 253석·비례대표 47석인 구조에서는 비례대표 의석이 턱없이 부족하다. 연동형 비례대표제를 제대로 할 수가 없는 것이다.

그래서 국회의원 의석을 300석에서 더 늘리는 방안이 논의되었지만, 유권자들의 반대여론에 부딪혔다. 국회에 대한 불신이 워낙 크기 때문이다. 국회의원 연봉을 줄이는 등 특권을 폐지하는 조건으로 국회의석을 늘리는 것에 대해서도 부정적인 여론이 컸다. 따라서 제대로 된 비례대표제를 하려면 연동형 비례대표제가 아닌 새로운 대안이 필요하다. 300석의 국회의원 숫자를 늘리지 못한다면 어쩔 수 없는 것이다.

대안은 간단하다. 비례대표제를 실시하는 다수의 국가는 '연동형(혼합형)'이 아니라, 순수 정당명부식 비례대표제를 채택하고 있다. 쉽게 생각해서 지금까지 해왔던 지역구 선거(1등만 당선되는 승자독식의 선거)를 아예 하지 않는다고 보면 된다.

개방명부, 권역별 비례대표제 등에 관한 논의가 필요하다

사실 덴마크, 스웨덴, 네덜란드, 오스트리아, 스위스 등의 국가는 연동형 비례대표제가 아니라 순수 정당명부식 비례대표제를 채택하고 있다. 우리와 같은 지역구 선거를 하지 않는다.

정당명부식 비례대표제는 매우 간단하다. 각 정당이 얻은 정당 득표율만큼 의석을 배분한다. 정당지지율이 30%인 정당에는 30%의 의석을, 5%의 정당지지를 얻은 정당에는 5%의 의석을 배분하면 끝이다. 투표용지는 정당투표용지 한 장만 있어도 된다. 지역구 선거를 하지 않기 때문이다. 그렇게 되면 위성정당은 원천 봉쇄된다. 투표용지가 한 장이니 본체정당과 위성정당으로 나눠서 찍을 수가 없다.

그리고 여기에 개방명부open list 방식을 도입하면 유권자들의 선택권을 늘릴 수 있다. 개방명부는 유권자들이 정당을 선택하면서 그 정당의 비례대표 후보자도 선택할 수 있는 방식이다. 그리고 유권자들의 선택을 많이 받은 순서대로 국회의원이 된다. 이 방식은 지금처럼 정당이 비례대표 순번을 정하는 것이 아니다. 개방명부를 도입하면 지금까지 나타났던 비례대표 밀실공천 문제도 해결된다.

비례대표 후보자 중에 누가 국회의원이 될지도 유권자들이 직접 정하기 때문이다.

이런 개방명부 방식은 자연스럽게 권역별 비례대표제와 연결된다. 정당의 비례대표 후보자를 전국 단위로 낸다면 그 수가 너무 많아서 유권자가 고르기가 어려울 수 있다. 그러나 각 시·도(권역)별로 정당이 비례대표 후보자를 내면 유권자가 명단을 보고 후보자를 고르기는 그렇게 어렵지 않다. 가령 광주광역시에 사는 유권자라면 광주광역시의 비례대표 명단을 보고 직접 고르면 되는 것이다.

덴마크, 스웨덴 같은 복지국가들은 이러한 방식을 채택하고 있다. 실제 방식은 나라마다 조금 더 복잡하지만 개념은 지금 설명한 대로이다. 그리고 덴마크, 스웨덴은 이렇게 권역별 비례대표제를 할 경우에 나타날 수 있는 문제도 보완하는 제도를 갖추고 있다. 권역별 비례대표제를 하면 정당 득표율이 낮은 소수정당이 불리할 수 있는데, 그런 문제를 해결하려고 '보정의석'이라는 제도까지 두고 있는 것이다.

가령 10명의 국회의원을 뽑는 권역에서 1명이라도 당선이 되려면 10%의 정당지지를 받아야 한다. 정당지지율이 5%이면 국회의원을 배출하지 못할 수 있다. 그러나 그럴 때 덴마크와 스웨덴에서는 전국 단위로 남겨둔 보정의석으로 소수정당에 의석을 보장해준다. 가령 덴마크는 175명의 국회의원을 뽑을 때 135석은 전국을

10개 권역으로 나눠서 권역별 비례대표제로 뽑는다. 그리고 40석의 보정의석을 남겨뒀다가 전국 단위 정당 득표율과 의석비율을 맞추는 데 사용한다. 권역별 배분에서 정당 득표율에 비해 의석을 부족하게 배분받은 정당은 보정의석에서 추가로 배분받을 수 있다.

대한민국에서 지금 설명한 순수 정당명부식 비례대표제에 개방명부·권역별 방식을 적용하는 것은 비교적 쉽다. 지금의 253석 지역구 의석을 권역별 비례대표제로 뽑고, 47석의 비례대표 의석을 보정의석으로 돌리면 된다. 그리고 각 권역별로 개방명부를 도입하면 유권자들이 정당도 고르고 후보자도 고를 수 있다.

그리고 이런 방식은 국회의원 선거만이 아니라 지방선거제도에도 도입할 수 있다. 승자독식 선거제도의 폐해는 지방선거에서 더 크게 나타나고 있다. 득표율 40~50%대로도 90% 이상의 광역지방의회(시·도의회) 의석을 차지하는 일이 비일비재한 것이 한국 지방선거의 현실이다. 그에 따라 특정 정당의 공천만 받으면 당선되는 '어쩌다 지방의원'들로 지방의회가 채워지고 있다. 이런 현실을 그대로 두고 제대로 된 지방자치를 하기란 불가능하다.

따라서 2022년 지방선거를 앞두고 선거제도 개혁 논의가 다시 일어나야 한다. 그러려면 2021년이 중요하다. 2021년이 선거제도 개혁의 불씨를 다시 살리는 한 해가 되기를 기대한다.

2050 탄소중립 사회를 향한 그린 뉴딜

이유진 녹색전환연구소 연구원

"현세대가 다음 세대에게 물려주어야 할 가장 기본적인 자산은 무엇인가? 그것은 바로 존재할 수 있는 시간이다."(이재영, 「기후변화 대응을 위한 우리 교육의 방향」, 『교육정책포럼』 315호, 2019.9.19) 기후위기에 직면한 지금, 지구에서 사는 세대가 져야 할 책임을 가장 적확하게 표현한 말이다. 인류가 경제활동을 위해 배출한 온실가스가 인류의 생존을 위협하고 있다. 2020년 우리는 기후위기가 77억 인간과 모든 생명의 기반을 흔들 정도로 강력해지고 있음을 충분히 경험했다.

지난 약 150여 년 동안 지구 평균기온은 섭씨 1도 상승했으며,

슈퍼태풍, 폭염, 혹한, 가뭄, 산불, 해수면 상승과 같은 재난이 본격화하고 있다. 기후변화에관한정부간협의체IPCC는 2018년 인류 생존을 위한 지구평균기온 상승의 마지노선을 1.5도라고 밝혔고, 이제 0.5도가 남았다. 지금 속도대로라면 2030~2052년 사이에 1.5도 상승에 도달한다. 현세대가 온실가스 배출량을 10년 안에 절반으로 줄이고, 2050년까지 배출 순증 제로 사회를 만들어야 다음 세대가 존재할 시간을 남길 수 있다.

2050 탄소중립 선언까지

2020년, 우리나라에서는 기후위기 선언이 잇따랐다. 가장 먼저 집단 선언을 한 곳은 기초지방정부였다. 6월 5일, 환경의 날에 226개 기초지방정부가 1.5도 기후위기 비상선언을 했다. 7월 7일에는 17개 광역지자체와 기초지자체 63개가 '탄소중립 지방정부 실천연대'를 결성했다. 7월 9일에는 17개 시도교육감이 '기후위기·환경재난시대 학교환경교육 비상선언'을 했다.

이렇게 선언이 이어지는 가운데 정부는 7월 14일 한국판 뉴딜을 발표하면서 기후위기에 대응하기 위한 그린 뉴딜을 발표했다. 그린 뉴딜로 탄소중립(넷-제로)을 향한 경제·사회의 녹색 전환을 추구하며, 2025년까지 73조 원을 투입해 △그린 리모델링 △그린 에너지 △친환경 미래 모빌리티를 중심으로 일자리 66만 개를 만든다는 목표를 세웠다. 시민사회는 정부가 발표한 그린 뉴딜이 기후위기 대응책으로 턱없이 부족하며, 온실가스 감축과 불평등 문제를 동시에 접근하는 '진짜 그린 뉴딜'이 필요하다고 견해를 밝혔다.

그린 뉴딜을 둘러싼 논쟁이 지속하는 가운데, 9월 24일 국회는 '기후위기 비상 대응 촉구 결의안'을 통과시켰다. 재적 의원 258명 가운데 252명이 찬성했고, 6명이 기권했다(2030년 온실가스 감축 목표를 IPCC의 권고인 '2010년 대비 최소 45% 감축'에 부합하도록 기존 목표를 상향조정하고, 2050년 온실가스 순배출 제로 상태인 탄소중립을 목표로 대책을 세울 것을 촉구했다. 국회에 '기후위기 대응 특별위원회'를 설치하는 데 합의했다). 그로부터 한 달 뒤인 10월 28일, 문재인 대통령은 국회 시정연설에서 '2050년 탄소중립'을 선언했다. 기초와 광역 지방정부, 교육청, 국회, 행정부까지, 기후위기 대응의 시급성에 한목소리를 내는 유례없는 상황이 벌어졌다.

이는 국내 기후 운동의 성과이며, 동시에 국제사회의 영향이 컸다. 유럽연합은 2019년 탄소중립 목표 달성을 위한 그린 딜Green Deal을 발표하고, 탄소국경조정을 포함한 구체적 법·제도 수립에 돌입했다. 세계 최대 온실가스 배출국가인 중국이 9월 22일 유엔 총회에서 2060년까지 탄소중립을 발표했고, 곧이어 2035년 내 연기관 차량 생산·판매 금지를 선언했다. 10월 26일 스가 요시히데 일본 총리는 국회 연설에서 2050년까지 탄소배출 제로를 달성하겠다고 밝혔다. 이전까지 일본 정부는 '2050년까지 80% 감축' 입장이었다. 미국 대통령 선거에서 바이든이 당선되면서 미국은 2021년 파리협정에 복귀한다. 바이든 대통령은 임기 동안 2400조 원을 투입해 2050년 탄소중립, 100% 청정에너지, 2035년 전력 부문 탄소제로 목표를 달성하겠다고 약속했다.

▌탄소중립 사회는 어떤 사회?

이제 기후위기 대응을 위한 한국의 온실가스 감축 목표는 2050년 탄소중립이다. 실로 엄청난 목표다. '탄소중립'은 이산화탄소 배출을 최소화하고, 배출한 이산화탄소는 상쇄 대책을 수립해 순배출량을 '0'으로 만드는 것이다. 앞으로 30년 안에 석유, 석탄, 가스와 같은 화석에너지를 사용하지 않는 사회를 만들어야 한다 (2019년 기준 1차 에너지 중 화석에너지 비중 80%). 경제와 사회 시스템을 탈탄소화하는 혁명에 가까운 변화가 일어나야 달성할 수 있는 목표인 것이다.

2050년 탄소중립 사회에서 석탄발전소는 애초에 퇴출당했고, 내연기관차량과 주유소는 존재하지 않는다. 사회를 움직이는 에너지는 태양광, 풍력, 바이오에너지와 같은 재생가능에너지가

80~90%를 차지하고, 가스발전은 탄소를 포집저장할 수 있는 한도에서만 가동할 수 있다. 수출을 떠받치고 있는 철강, 조선, 자동차, 석유화학·정유 산업은 일대 전환을 이뤄야 한다. 화석에너지 관련 산업 퇴출에 따른 노동과 지역사회의 변화도 감수해야 하며, 이 과정은 상당히 고통스러울 것이다. 2020년 한국사회에서 진행된 기후위기 선언은 이런 고통을 감수하겠다는 각오와 합의에 기반을 둔 것인지, 곱씹어볼 일이다.

앞으로 30년 뒤의 사회에 대해 구상하고, 그것도 온실가스 순배출 제로라는 계량할 수 있는 지표를 달성하기 위해 달려가는 것은 처음 해보는 일이다. 이것은 하나뿐인 지구에서 인간의 무한한 욕망 실현이 불가능하다는 것을 인식하는 일이기도 하다. 우리 사회를 떠받치는 주요 지표는 경제성장률인데, 그 지표를 대신해 탄소중립을 위한 온실가스 감축 지표가 본격적으로 등장했다. 2050년 탄소중립 선언은 우리가 미래를 어떻게 계획하고 준비할 것인가에 대한 방향 전환을 의미한다. 이제 남은 것은 어떻게 목표에 도달할 것인지, 이를 구체화하는 일이다.

2050 탄소중립 사회를 준비하는 원칙

탄소중립 사회를 만들기 위해서는 첫째, 경제성장률을 초월해

기후위기 대응과 탄소중립을 우리 사회의 최우선 과제로 삼아야 한다. 모든 정부 정책 계획과 부처가 기후위기 대응을 주류화하는 것이다. 예를 들면, 기획재정부는 기후위기 적응과 감축에 예산을 책정하고(탄소예산제를 도입해 정부 예산의 일정 비율 이상을 의무적으로 온실가스 감축 관련 사업과 활동에 지원하는 것을 고려할 수 있다), 국토교통부는 국토계획을 수정해 공항과 도로 건설 대신 철도와 공공교통, 자전거와 도보 체계로 바꾸고, 고용노동부는 탈탄소 전환에 따른 일자리 대책을 세우는 등 모든 부처가 각자의 임무에서 기후위기 대응에 나서야 한다. 이를 위해서는 정부 조직구조부터 바꿔야 하는데, 기후에너지부와 영국의 기후변화위원회 같은 독립적인 조정기구가 필요하다. 당장 관계부처 합동으로 발표할 2021년 경제정책 방향도 온실가스 감축을 중심으로 수립해야 한다. 나아가 언론에서 경제성장률보다 온실가스 감축목표 달성 여부를 비중 있게 다루기 시작해야 본격적인 시작이라고 볼 수 있다.

둘째, 2050 탄소중립에 대한 구체적인 경로와 세부 실행방안을 마련해야 한다. 사회기반 인프라, 에너지, 산업, 건물, 교통, 농업, 생물 다양성 등 모든 분야에서 온실가스 감축을 위한 2021~2030년, 2031~2040년, 2041~2050년까지의 경로가 나와야 한다. 2050년 탄소중립을 목표로 하는 기후위기 대응 기본법(탈탄소 사회 기본법)을 만들고, 정부조직 개편, 독립적인 온실가스 검증기관,

탄소예산제도, 기후영향가제도 등 제도 논의도 본격화해야 한다. 그린 뉴딜은 탈탄소 로드맵을 실행에 옮기는 수단으로 현재 정부가 발표한 것을 대폭 수정·보완하는 작업을 거쳐야 한다. 그린 뉴딜을 2050 탄소중립 사회 실현 수단으로 재구성하는 것이다. 에너지와 자원소비는 2020년을 정점으로 모두 줄어들기 시작해야 한다. 쇠퇴하는 산업이 발생할 수밖에 없고, 이 과정에서 질서 있는 후퇴를 위한 준비가 필요하다. 유럽연합은 그린 딜을 통한 탄소중립(에너지 전환, 순환경제, 건축, 교통, 농업, 생물 다양성 보호, 유해 오염물질 배출 제로) 정책을 세우는 데 2년 정도의 시간을 들여 의견을 수렴해 완성해가고 있다. 우리도 탈탄소 부문별 로드맵을 수립하면서 탄소중립 사회를 받아들이고, 이해하며, 조정하는 작업을 거쳐야 한다. 정부와 17개 광역정부, 226개 기초지방정부, 읍·면·동 마을로 이어지는, 국가와 지역 간의 정합성 있는 행동 계획을 마련하고 투명성을 유지해야 한다.

셋째, 깨끗하고 안전한 재생가능에너지로의 전환에 속도를 내야 한다. 2017년 기준 우리나라 온실가스 배출량의 87%는 에너지에서 배출된다. 에너지 수요 관리, 효율 개선을 기반으로 재생가능에너지를 확대해야 하는데, 분산에너지 전략 수립과 지역 역량 강화를 추진해야 한다. 우리나라는 OECD 국가 중에서 석탄발전 비중이 가장 높고, 재생가능에너지 비중이 가장 낮아 탄소국경조정을 포함한 기후규제가 강화될 때 영향을 받을 수밖에 없는 구조다. 탈석탄, 탈내연기관, RE100, 배출권거래제, 탄소세 등 탈탄소화를 위한 제도를 빠르게 논의해야 하는데, 그전에 전기요금과 전력시장 개편, 태양광 가짜뉴스 문제를 돌파해야 한다. 기업도 정부도 시민도 에너지전환 비용을 함께 지불하면서 동시에 에너지 비용을 줄이기 위한 기술개발과 혁신, 소비 절감에 나서야 할 것이다.

넷째, 탈탄소 순환경제의 기틀을 마련해야 한다. 산업 부문에서 기업들이 스스로 에너지 전환과 순환경제의 일원이 되도록 노력해야 한다. 기업이 기술 혁신과 경영 전환을 할 수 있도록 탄소배출의 환경비용을 세금과 가격 제도에 반영하고, 기술혁신과 전환을 지원하는 등 제도를 개선해야한다. 정부의 확고한 비전에 따라 재제조, 재사용, 재활용을 확대하는 물질 순환 시스템을 만들어야 온실가스 배출을 줄이고, 자원을 가치 있게 사용할 수 있다. 2050년 탄소중립 사회에서는 100% 재생가능에너지와 100% 자원순환이 핵심 수단으로 작동해야 한다.

다섯째, 탄소중립 사회로 가는 여정에서 누구도 배제되지 않도록 한다. 그린 뉴딜이 사회적 약자들의 기댈 언덕이 되게 하는 것이 중요하다. 탈탄소 전환 과정에서 일자리를 잃거나 고통받게 될 지역공동체에 대한 안전망을 구축할 필요가 있다. 석탄발전을 포함한 탈탄소 충격이 큰 지역과 노동자에 대한 준비를 위해 정의로운전환위원회를 운영해야 한다.

2021년 문재인 정부의 과제

2021년은 바이든 취임과 동시에 미국이 파리협정에 복귀할 것이고, 유럽연합의 탄소국경조정제도가 윤곽을 드러내는 해이다. 또한 2021년 3월 중국은 탄소중립을 반영한 '14차 5개년 계획(2021~2025년)'을 발표할 예정이다. 거대 경제 대국의 방향 전환은 세계 경제의 판도를 흔들 것이다.

한국도 2050 탄소중립을 먼저 상상하고 그려본 뒤 백캐스팅 방식으로 세부 계획을 세워야 하는 상황이다. 문재인 정부는 2021년 기존에 발표한 그린 뉴딜을 실행에 옮기면서 동시에 탄소중립 사회에 대한 밑그림을 그려야 하는데, 법률 제정을 통한 '탈탄소 정책의 제도화'와 투명한 '탈탄소 사회 실행 경로에 대한 사회적 합의 도출'은 문재인 정부의 중요한 임무이다.

가장 먼저 할 일은 시민들이 탄소중립 사회의 목표를 이해하고 행동에 옮길 수 있도록 전국적으로 학습과 토론을 진행하는 일이다. 공무원부터 정치인, 기업인, 시민, 노동자, 농어민, 학생 등 우리 모두가 2050 탄소중립 선언이 무엇을 의미하는지 머리와 가슴으로 이해해야 한다. 그래야만 한 발자국이라도 앞으로 나아갈 수 있다. 탈탄소 사회 실행 경로에 대해 사회적 합의를 이끌어내려면 논의 과정을 잘 설계하는 것이 중요하다. 모두가 참여할 수 있는 쌍방향 소통 방식을 설계하고, 탈탄소 사회의 비전과 실행방안을 마련하는 것이 바람직하다. 그린 뉴딜은 섭씨 1.5도, 탄소중립 사회를 만드는 수단이 되어야만 한다. 가야 할 미래는 정해졌다. 이제는 어떻게 해야 보다 빨리 그 미래에 낙오 없이 도달할 수 있을지에 대해 고민할 때다.

풀지 못한
현안
Agenda

지역균형과
지역 격차 해소의 길

양승훈 경남대학교 사회학과 교수

최근 시도 광역권을 묶어 하나의 광역 단위로 만들자는 메가시티 논의가 급물살을 타고 있다. 호남, 부산·울산·경남, 대구·경북할 것 없이 모두 하나의 권역으로 묶겠다고 한다. 동시에 코로나19로 인한 국난을 극복하고 새로운 산업과 일자리, 그리고 사회협약을 맺겠다고 대두된 '한국형 뉴딜'의 기본 정신을 바탕으로 '지역균형 뉴딜'이 추진됐다. 지역균형을 해결해야 한다는 당위는 넘친다. 도대체 왜 그래야 하며 어떻게 해야 하는가? 2020년 현재의 시점에서 벌어지는 일들을 진단하고, 그 진단 아래 한국사회에 필요한 것들, 챙겨야 할 논의들을 음미해보려 한다.

글로벌 세계에서는 모두가 대도시를, 메트로폴리탄을 원한다. 프랑스에서는 파리로, 영국에서는 런던으로, 일본에서는 도쿄 대도심으로, 미국에서는 뉴욕 도심과 서부 해안으로 젊고 유능한 인구가 다시 밀려들고 있다. 화상회의가 발전하고 비대면으로 대부분이 해결되는 세상이 왔으니 지방에 거주하는 이들이 많아지지 않을까 했지만, 결과적으로 지리적 결집은 더욱 강해졌다. '노동의 지리학'이 만들어낸 '도시의 승리' 덕택이다. 한국의 지역 격차도 유사하게 흘러간다. 대한민국의 인구 분포를 행정안전부 주민등록 통계를 통해 살펴보면, 수도권에 절반이 살고 절반은 충청권과 호남권 그리고 영남권에 산다. 수도권은 국토의 11.8%를 차지할 뿐인데, 인구의 절반이 산다. 수도권은 비수도권에 비해 7배 이상 과밀하다. 서울의 비싼 집값 때문에 서울 인구는 줄어도 경기와 인천 등 수도권 인구는 점점 팽창하고 있다. 충청권은 세종 행정복합도시의 건설로 인구가 그런대로 유지되거나 늘어나고 있다. 호남권과 영남권은 인구가 급격하게 줄고 저출생 고령화가 빨라지고 있다.

지방을 누가 떠나고 누가 남고 있는가? 지방에서는 청년이 떠나고 여성이 떠난다. 청년이면서 여성인, 즉 젊은 여성의 유출이 가장 뚜렷한 현상이고 핵심적인 문제다. 여기에 교육, 노동시장, 결혼, 출산, 보육의 문제가 함께 얽혀 있다. 요약하자면 지역의 우수한 청년은 대학 진학 시기에, 남은 청년은 커리어의 발전을 위해 대학을 졸업하면서 수도권으로 떠난다. 특히 여성의 정규직 일자리가 희소하기에 외부 여성은 이주를 꺼리고, 지역의 우수한 여성 인력은 기회만 되면 수도권으로 떠나려 한다.

외떨어진 지방 사립대의 공기

우선, 주요 대학이 수도권에 밀집해 있기에 대학 진학 시기에 일군의 청년들이 고향을 떠난다. 그렇지 않으면 거점 대학에 진학하는 정도가 지역을 떠나지 않는 선택이다. 대학 진학률이 70~80%인 점을 감안하면 또래의 반 정도는 멀지 않은 지역에 위치한 대학으로 갈 것이다. 오랜 옛날, 지역 거점 대학의 인기는 좋았다. 이를테면 중화학공업화 시절 부여받은 특성화 공과대학(부산대: 기계, 충남대: 조선, 경북대: 전자 등)에 다니면 대기업 취업이 쉬웠고, 인문사회계열 역시 대기업이나 지역의 공공 부문 취업이 어렵지 않았다. 신기루는 IMF 구제금융 사태를 거치며 사라졌다. 우수한 학생은 KAIST와 포항공과대학교 같은 일부 대학을 제외하곤 모두 서울로 향하는 것이 철칙이다. 지역 대학에는 교대, 사대, 의대를 제외하면 성적이 우수한 학생이 남지 않는다. 심지어 의대생들도 졸업 후 커리어는 서울에 가서 쌓겠다고 생각한다. 지역에 '필수과' 의사가 부족한 게 괜한 일이 아니다. 부산이나 대구, 광주를 제외하면 대학생들이 모이는 '허브'가 없다. 울산 같으면 4년제 종합대학이 울산대학교 한 곳에 그친다. 수십 개 대학이 집결되어 있는 서울의 대학가 공기는 쉽게 대체될 수 없다.

지역에 남은 청년들은 바로 취업난과 부딪힌다. 지역에는 괜찮은 일자리, 노동사회학의 개념을 빌리자면 선망직장이 없다. 물론 권역별로 혁신도시들이 입주했다. 혁신도시의 일자리 중에서 공기업, 공단은 청년들이 선호하는 일자리다. 하지만 공기업 일자리 경쟁은 언제나 지역 출신 서울의 4년제 대학생들과 가산점이나 쿼터를 받는 지역 거점 대학의 학생들이 독식한다. 지역의 4년제 사립대를 나온 대다수 학생들은 고배를 마시거나 응시 자체를 포기하기 일쑤다. 안분지족을 선택한 대다수에게 주어지는 일자리는 생각보다 더 열악하다. 일자리가 많다고 알려진 부산·울산·경남의 신규 일자리는 대개 비정규직 생산직 일자리거나, 공과대학을 나온 엔지니어의 일자리다. 대기업은 주요 직능을 수도권으로 옮겼고, 지방에 남은 것은 공장과 조선소뿐이다. 심지어 SK 하이닉스는 2019년 신규 공장도 용인에 짓겠다고 의사 결정을 내렸다. 물론 그래도 눈높이를 낮추면 산학협력단이나 IPP 인턴십 프로그램, 또는 지역맞춤형 일자리 등을 통해서 취업이 된다. 중소기업에 취업해 200만 원 언저리의 박봉과 승진해도 오르지 않는 임금을 받으며, 교육이나 숙련을 쌓을 기회도 없이 '갈려나간다.' 그게 현재의 지방대생이 경험하는 노동시장의 실태다.

산업적 가부장제와 지방 여성의 경력 단절

지역의 노동시장 자체도 열악할 뿐더러 성별화되어 있다는 게 문제다. 여학생들을 채용하는 일자리는 대개 비정규직이다. 지방 대×문과×여학생에게 정규직 일자리는 공무원 또는 공기업뿐이다. 정규직 일자리 부재는 외부 여성의 유입을 막는 큰 장애물이다. 공과대학을 나와 지방 공장을 다니게 된 수도권 출신 남성들은 말한다. 결혼 때문에 서울로 이직해야 한다고. 수도권 정규직 여성 관점에서 지방으로의 결혼 이주는 그 자체로 경력단절이다. 지방의 대학을 나온 여학생일수록 더욱 간절한 마음으로 경력 경로를 만들기 위해 서울로 향한다. 정치, 미디어, 출판 등등 수도권에만 '제대로' 구축된 직군이 너무 많다. 영세한 서비스업 공공 부문의 일자리를 제외하면 마땅히 '커리어 우먼'으로 살 방도가 없는 지방보다는 수도권으로 가는 게 합리적인 선택이다. 그렇게 서울로 취업을 해서 가게 되더라도 비싼 주거비와 생활비라는 벽에 부딪힌다. 비혼주의를 '선택'한 여성보다 훨씬 더 많은 평범한 일하는 여성들이 결혼과 출산을 '포기'하게 된다. 2020년 기준 전국 평균 출생률이 0.8명대를 기록할 때 전남, 전북, 경남, 경북의 출생률은 0.9~1.2명

수준으로 전국 평균을 상회한다. 거기에는 지방의 여성들이 '정규직으로 일할 수 없어' 결혼과 출산을 선택한 원인이 있다. 그나마도 지역 산업이 위기에 처해 경기가 악화되면 곧바로 임신과 출산이 줄어든다. 거제와 울산에서는 조선업에 위기가 오자 1년 만에 출생율이 0.5씩 떨어지기도 했다.

엔지니어의 배움과 성장

지역의 우수한 인재라고 볼 수 있는 조선소를 포함한 지방 대기업 공장 엔지니어들을 살펴보자. 통상 일터에서 경험을 통해 익히는 암묵지와 학교 수업이나 세미나, 책이나 문서로 배우는 형식지가 있다. 지방의 공장에 입사한 순간 형식지를 축적하거나 다양한 사람들과 네트워킹을 하는 데서 단절된다. 예컨대 거제도에서 근무하면 섬을 벗어나기 힘들다. 거제, 포항이나 여수 등의 산업단지 역시 만날 사람은 회사 사람뿐이다. 산업단지 근처에 번듯한 4년제 대학이 있는 경우도 드물다. 거제의 조선소 엔지니어가 큰맘 먹고 부산대학교 대학원에 간다고 생각해보면 왕복 3시간에 톨게이트비만 2만 원이 넘게 든다. 지하철을 이용해 판교에서 서울과 수도권 소재 대학에 다니는 IT 엔지니어와는 현격한 차이가 나게 되는 것이다. 배움과 성장이 사치가 되고 '공돌이'라는 자조적인 말만

남게 된다. 조선업의 오랜 강자 현대중공업마저 엔지니어들의 지적 활동의 중요성을 느끼고 연구개발 기능과 설계 기능은 판교로 이동시키고 만다. 현대차연구소도 울산을 떠나 경기도로 간 지 오래다. 영국의 경제지리학자 도린 매시는 이를 '노동의 지리적 분업'이라고 했다. 구상 기능은 메트로폴리탄 도심으로, 생산만 지방으로 가는 것이다. '두뇌'가 사라진 지방은 인건비가 오르고 설비가 노후되면 산업과 도시의 쇠퇴를 함께 겪는다.

▍지역균형발전을 넘어선 자원의 지리적 재분배와 메가시티

1995년 지방선거가 시작된 이래 지방정부들은 지역균형발전이라는 목표 아래 '우리 고장 살리기'에 25년간 매진해왔다. 꽃 축제, 과일 축제, 곤충 축제 등 시군구 단위의 축제가 생겼고, 동시에 마산의 로봇랜드처럼 손실만 누적되는 공원들이 늘어났다. '경로의존성'이라는 개념이 있다. 각 지역이 누적한 산업이나 문화적 배경을 고려해야 새로운 산업과 지역 살리기도 가능하다는 것이다. 농어촌에 산업단지를 짓거나, 이미 구축된 산업도시를 관광도시로 바꾸려고 하는 기초단체의 각개약진 노력은 쉽게 성과를 내기 어렵다. 좀 더 큰 광역 단위에서 집중적인 자원을 가지고 전략적인 투자를 해야만 지역 격차를 줄여볼 수 있다. 그게 메가시티의 기본적인 전제다. 메가시티는 도시의 기능을 압축해서 집약적으로 기능을 모으자는 구상이다.

메가시티를 구체적으로 구상해보자. 부산·울산·경남 같은 경우 부산은 서비스 부문과 대학에, 울산과 창원 등은 제조 기능에 집중한다. 그 대신 산업도시의 부족한 인프라나 부산에 부족한 제조업 인프라는 광역 내 연결성을 강화함으로써 해결한다. 예컨대 부산·울산·경남을 연결하는 광역전철을 도입하는 것이다. 서울 같으면 소요산부터 인천까지, 청량리부터 천안아산까지 지하철·전철로 연결되어 있고 끝부터 끝까지 3550원이면 갈 수 있다. 실제 울산부터 거제까지 운전하면 1시간 좀 넘고, 톨게이트비만 편도 1만 원이다. 광역전철로 연결하면 권역 전체를 1시간 안팎의 거리로 충분히 연결할 수 있다. 창원 산업도시의 엔지니어가 부산의 대학원을, 부산 출신들이 거제나 울산의 일터로 전철에서 책을 읽으며 통근할 수 있게 된다. 현재 여성 일자리가 비교적 많은 부산으로 여성들이 지하철을 타고 출근하는 것도 생각해볼 수 있을 것이다. 현재 선호하는 부산 해운대나 서면 등 주거지역에 보육시설과 교육시설을 좀 더 집중적으로 강화할 수도 있을 것이다. 직주근접을 압축적으로 설계해주는 것이 광역 내 교통망인 것이다. 3차 병원이 부족한 지역의 의료 인프라도 광역 내 교통망의 강화로 보강할 수 있고, 수도권 출신들도 비교적 선호하는 부산은 의료진이나 엔지니어 등을 영입하기도 수월해질 것이다. 잠시 특정 도시 인구가 빠지고 부산 부동산 시장에 거품이 생기더라도 전체 권역 관점에서는 성장이 발생할 수 있는 것이다. 또한 각 지자체들의 중복 투자를 줄이고 선택과 집중을 할 수 있는 여지가 많아진다.

여전히 남아 있는 질문

물론 이는 '아래에서 위로', 풀뿌리 민주주의가 지향하는 지역의 고유한 방식을 이용한 발전은 아니다. '위에서 아래로', 초광역정부라는 준국가기관이 자원 배분을 결정하는 것에 대해서 문제를 제기할 수도 있다. 그러나 '작은' 민주주의를 떠나 생각해보자. 애초에 민주주의는 '자원의 배분' 문제를 풀어내는 정치체계이기도 했다. 지금은 자원이 수도권에 집중되어 '지방 소멸'이 극적으로 진행되는 상황에 봉착했다. 물론 메가시티 등 지역 재편성 논의에 지역 주민들을 참여시킬 수 있을지는 계속 함께 고민해야 할 것이다.

지역을 떠나고 지역에서 밀려나는 청년과 여성의 문제는 메가시티라는 구상으로 일정 부분 완화될 수 있을 것이다. 한국형 뉴딜의 전제로 지역균형 뉴딜이 있는 것처럼, 메가시티와 지역 격차 해소의 전제에는 '청년과 여성이 살기 좋은 지역'에 대한 고민이 있어야 한다. 제조업 정규직 채용은 왜 남성이어야만 하는지, '우수한 엔지니어'들은 왜 수도권에서만 데려와야 하는지, 지역에서 인재를 잘 키울 수는 없는지 등등 산적한 문제들을 함께 풀어가야 한다. 메가시티는 자기완결적인 해법이 아니라, 지난하게 풀어가야 할 지역 격차 해소 논의의 시작이다.

노동 개혁,
어디까지 했는가

하종강 성공회대학교 노동아카데미 주임교수

'노동 존중 사회'라는 국정 과제

문재인 정부는 집권 초기에 자신들의 정체성을 나타내는 표현으로 '노동 존중 사회'라는 단어를 즐겨 사용했다. 그러나 문재인 정부 100대 국정 과제 중 '노동 존중 사회'는 그 순위가 63번째에 불과했고 실제로도 '노동'을 존중했다기보다는 기업과 재계로 하여금 긴장감과 경계심을 불러일으킨 역효과가 훨씬 강했다.

노동조합 간부들을 만나보면, 과거 정부 때보다 노동자 권리 주장이 훨씬 더 어려운 상황이라고 했다. 이명박·박근혜 정부 시절에는 민주노총 등 노동단체의 활동이 부패하고 부도덕한 정권과 맞서 저항의 견인 역할을 하고 있다고 받아들이는 시민들이 많았지만, 문재인 정부가 들어선 뒤에는 상대적으로 우호적이었던 '촛불 시민'들조차 노동자들의 권리 주장에 대해 '조금만 기다리면 노동 존중 사회를 표방하는 문재인 정부가 어련히 알아서 해결해줄 텐데, 노동자들이 너무 성급하게 요구한다'는 식의 싸늘한 분위기로 바뀌었다는 것이다. 노동자들은 '깨어 있는 시민'이라는 소중한 연대 세력을 잃은 셈이다.

'최저시급 1만 원' 공약은 대통령이 일찌감치 "임기 내에 지킬 수 없게 돼 미안하다"고 포기 의사를 밝혔고, 인천국제공항의 비정규직 근무자들을 눈물 흘리게 만들었던 '공공 부문 비정규직 제로' 선언은 "노력하지 않은 비정규직들이 정규직으로 무임승차하는 로 또 취업"이라는 비난만 불러일으킨 채, 대부분 '자회사 정규직'이라는 무늬뿐인 정규직화로 마무리됐다.

대한민국 국민 중에서 문재인 정부가 들어선 뒤 최저임금이 지나치게 많이 인상됐다고 생각하지 않는 사람을 찾아보기 어려운 상황이 돼버렸다. 하지만 실제로는 상여금이 최저임금에 포함되도록 산정 방식이 바뀌고, 최저임금을 2년 연속 두 자릿수 이상 올렸다는 공포심이 그 뒤 최저임금 인상률을 최저 수준으로 끌어내리는 바람에 인상 효과가 상당 부분 감쇄됐다고 보는 것이 올바른 시각이다.

한국사회 노동문제의 특징

우리나라가 짧은 기간에 고도 경제성장을 이룩한 것은 분명한 사실이고, 그것은 노동자들이 그만큼 많은 희생을 치렀다는 뜻이기도 하다. 기업이 마땅히 들여야 할 노동비용을 들이지 않고 절약함으로써 기업경쟁력을 유지하고 이윤을 창출해온 측면이 강했다. 한국의 기업들은 노동비용 절약으로 이윤을 확보하는 방식의 경영에 너무 오랜 시간 길들어왔다. 50주기를 맞은 전태일 열사 분신 사건은 경제성장을 위해 노동자들이 희생되는 과정에서 발생한 상징적 사건이다.

이러한 현상은 'IMF 외환위기'를 겪는 과정에서 더욱 짙어졌다. '우선 기업이 살아야 한다'는 정서가 사회 전반에 만연하면서 기업의 이윤 추구가 모든 인류 도덕 가치 위에 군림하는 현상이 발생했다. 보수 정치인이 "세월호 사건 진상 규명에 지나치게 매달리면 경제가 어려워진다"고 국민들을 협박하고 그 주장에 동조해 유가족 농성 천막 앞에서 '폭식 투쟁'을 하는 청년들이 생기는 이유는 그 때문이다. 사회심리학자들은 이러한 현상을 '경제 염려증'이라고 부르기도 한다.

한국 경제 규모는 세계 12위이다. 쉽게 말하면 전 세계에서 12번째로 돈이 많은 나라라는 뜻이다. 그런데 OECD 가입국 중 한국의 노동지표 순위를 보면 연간 노동시간 1위(가끔 2위), 인구

10만 명당 노동재해 사망자수 1위, 저임금 노동자 비율 1위, 성별 임금 격차 1위 등 부정적 항목에서 최상위를 기록하고 있는 반면, 단체협약 적용률, 비준한 국제노동협약 개수, GDP 대비 공적 사회복지 지출, 고위관리직 여성노동자 비율 등 긍정적 항목에서는 최하위를 기록하고 있는 것을 알 수 있다.

이러한 이상한 현상들이 결국 전 세계 224개 나라 중에서 대한민국이 출생률 220위를 차지하는 공포스러운 결과를 초래했다. 자살률은 13년째 OECD 국가 중 1위를 차지하고 있다. 경제 규모가 세계 최하위 수준인 가난한 나라라면 모를까, 우리나라와 경제 수준이 비슷한 나라에서 이와 같은 불균형 현상은 찾아보기 어렵다. 대한민국에서만 볼 수 있는 독특한 현상이다. 문재인 정부의 노동정책은 이와 같은 불균형 현상을 개선하는 방향으로 추진되어야 하고 이때 반드시 필요한 법 제도가 이른바 '전태일 3법'이라는 것이 노동계의 주장이다.

'전태일 3법'의 내용 1. 중대재해기업처벌법 제정

우리나라의 노동재해 사망률은 OECD 통계에서(1994년 이후 통계가 제공되는 2016년까지) 23년 동안 21번이나 1위를 차지했다. 지난해 855명이 산재 사고로 숨졌다는 것이 노동부 통계인데, 사고성 재해 사망 건수만 그렇다는 것이고 직장인에게 갈수록 많아지는 심혈관계 질환이나 과로로 인한 직업성 재해 사망 건수를 포함하면 아직도 우리나라 노동자는 1년에 2000명 이상이 노동재해로 사망한다. 과거 19년 동안 평균 연 2300명이 노동재해로 사망했다. 하루에 5명 내지 6명의 노동자가 업무와 관련해 사망하는 꼴이다.

10만 명당 노동재해 사망자 수 통계를 보면 2015년 기준으로 영국은 0.4명인 데 반해 한국은 10.1명이다. 한국의 직장인들은 생산직·사무직을 막론하고 자신의 직업 때문에 사망할 확률이 영국 직장인보다 25배나 더 높다는 뜻이다.

우리나라에서는 중대 재해가 발생해도 하청업체 관리자 정도만 처벌을 받고 사업주나 대기업 경영자는 처벌 대상에서 제외되는 경우가 많다. 다단계 하청 노동자, 특수고용노동자의 노동재해에 대해 실질적 책임이 있는 원청회사가 처벌을 받는 경우는 매우 드물다. 처벌을 받는다 해도 그 수위가 너무 낮다. 2008년 이천 냉동창고 사고 당시 40명의 노동자가 목숨을 잃었지만 기업이 받은 처벌은 벌금 2000만 원이었다. "노동자 1명 '목숨값'이 겨우 50만 원이냐"라는 말이 나올 수밖에 없는 상황이다.

기업들이 평소에 지속적으로 안전보건에 투자를 해오지 않았으므로 뒤늦게 한꺼번에 안전보건 조치를 마련하려면 큰 비용을 치를 수밖에 없다. 기업이 자발적으로 안전보건 조치를 마련한다는 것을 기대하기는 어려운 상황이다. 안전보건 조치를 제대로 마련하지 않아서 중대재해가 발생한 기업에는 안전보건 조치에 소요되는 금액보다 더 많은 벌금을 부과함으로써 기업이 안전보건 조치를 하도록 강제하는 입법 조치가 필요하다는 것이 '중대재해기업처벌법' 제정을 요구하는 이유이다. 회사가 노동자 안전과 보건을 제대로 지키지 않으면 도산할 수도 있다는 부담을 갖도록 함으로써 국가 경제의 건전한 발전에 이바지하도록 하자는 것이 중대재해기업처벌법의 취지이다.

영국은 기업이 지켜야 할 법을 지키지 않아서 사망 사고가 발생하면 살인죄로 처벌하는 '기업살인법'을 2007년에 도입했다. 매출 규모에 따라 벌금 양형이 정해진다. 2011년 '이튼 앤 코츠월드 홀딩' 사건 때는 기업 연 매출액의 250%에 해당하는 벌금을 물렸고, 2014년 '모바일 스위퍼즈' 사건 때는 회사 자산의 15배에 해당하는 벌금을 물리기도 했다. 해당 기업은 치명적 손실을 입겠지만 사회 전체의 비용을 줄일 수 있다. 기업살인법 도입 이후 영국은 10만 명당 0.7명이었던 노동재해 사망 노동자 수가 10년 만에 절반 수준으로 떨어졌다. 3년 이상 유기징역 또는 5억 원 이하 벌금형을 요구하는 한국의 중대재해기업처벌법은 영국의 기업살인법에 비하면 그 처벌 수위가 매우 낮은 편이다.

철저한 시장경제 사회인 미국에서는 징벌적 배상금 제도가 있어서 회사가 다시는 그러한 잘못을 하지 못하도록 회사 매출 규모에 비례해 민사 배상금을 판결한다. 노동자 한 명이 사망하면 수백억 원의 배상금을 물어야 하는 경우가 많다.

형사적 처벌인 기업살인법도 없고, 민사적 배상인 징벌적 배상 제도도 없는 우리나라에서는 기업 경영자들이 노동재해로 인한 사망사고에 대해 큰 부담을 느끼지 않을 수밖에 없다.

'전태일 3법'의 내용 2. 근로기준법 개정

현행 근로기준법 제11조(적용범위)에서는 5인 미만의 노동자가 일하는 사업장에 대해서는 법 적용을 배제할 수 있도록 규정하고 있다. 우리나라 전체 사업장 중 60%가 5인 미만 사업장이다. 법 적용에서 배제된 5인 미만 사업장 노동자는 350만 명에 달하는 것으로 추산된다.

주 40시간 노동, 연장·야간·휴일수당도 적용받지 못하고 억울한 해고를 당해도 노동위원회에 구제신청을 할 수 없다. 개정안은 근로기준법을 "모든 사업 또는 사업장에 적용"하는 것으로 바꾸어 5인 미만 사업장 노동자뿐 아니라 초단시간 노동자, 특수고용노동자, 파견 노동자 역시 해고·휴일·노동시간 등에서 노동법의 보호를 받도록 하자는 것이다.

'전태일 3법'의 내용 3. 노동조합법 개정

현행 노동조합법에서는 택배와 대리기사 등 플랫폼노동자, 학습지 교사 등 221만 명에 달하는 특수고용노동자와 파견·용역 등 346만 명에 달하는 간접고용노동자가 노동조합을 만드는 것조차 배제하고 있다. 이 비정규직 노동자들이 노동조합을 조직하고 '진짜 사장'인 원청회사와 교섭할 수 있도록 노동조합법에 그 권리를 규정하자는 것이다.

공식적으로 5만 명에 달하는 택배노동자들을 포괄하는 현행법 자체가 없다. 화물자동차운수사업법이나 근로기준법에서도 포괄하지 못하므로 법에 근거한 노동조건 보호가 불가능한 상황이다.

우리나라를 '배달천국'이라고 부르면서 빠른 배송과 배달에 감탄하고 있지만 소비자가 저렴한 비용으로 편리한 서비스를 누리는 만큼 누군가가 너무 싼값으로 고생을 담당하고 있는 것은 아닌가 하는 생각을 해볼 필요가 있다. 기업을 편드는 보수언론 매체에서도 "편리함에 상응하는 비용을 지불할 때가 됐다"고 은근히 서비스 요금 인상을 부추긴다. 그러나 지금 비용을 인상해봐야 그 이익이 택배회사로 갈 뿐 배달노동자에게 돌아가지는 않는 상황이다. 그 구조를 노동자가 스스로 바꿀 수 있도록 법 제도를 정비할 필요가 있다. 이 비정규직 노동자들이 노동조합을 조직해 원청회사와 교섭을 할 수 있도록 하면 노동자들의 교섭력으로 법의 미비점을 조금이라도 보완할 수 있다.

　이러한 '전태일 3법' 외에 코로나19로 인한 피해가 집중된 영세 하청업체 노동자를 위한 전 국민 고용보험 제도에도 관심을 기울일 필요가 있다. 이러한 법 제도를 갖추는 일은 노동자만을 위한 것이 아니라 노동소득의 총량을 늘림으로써 국가 경제를 건강하게 발전시키는 지름길이라고 인식할 필요가 있다. 더불어 그러한 경제 논리에 앞서 보편적 '인권'의 문제이고 '인간'의 문제이기도 하다는 엄중함을 느낄 필요가 있다.

정보 인권 없이
표류하는 디지털 뉴딜

이광석 서울과학기술대학교 IT정책대학원 교수

2020년 1월 이른바 '데이터 3법'(개인정보보호법·정보통신망법·신용정보법) 개정안이 국회 본회의에서 가결됐다. 업계, 정부, 언론은 모두 한목소리로 '빅데이터 활성화 골든타임'을 지켰다며 자축했다. 일부는 이것이 시민 개개인의 데이터 처분과 활용 권리를 찾아주는 '데이터 주권'의 진전이라 추켜세우기도 했다. 하지만 시민사회는 침통한 어조로 이를 20대 국회 '최악의 입법'이자 '개인정보 도둑법'으로 평가했다. 한마디로 데이터 3법은 데이터를 원유와 같은 새로운 성장 동력원으로 보고 기존 정보 보호 관련법을 손질해 닷컴, 금융 등 관련 기업이 시민들로부터 생성된 데이터를 합법

적으로 활용하고 시장 이익을 극대화하기 위한 법 개정 작업이었다
고 볼 수 있다.

데이터 3법의 탄생과 이후

정보 인권을 보장하려는 국가 철학이나 보호 법안이 우선되지
않으면 데이터 3법은 사기업이 정보를 활용하는 데에만 초점을 맞
춘 대단히 일방적인 법 개정이 될 수밖에 없다. 유럽연합EU만 하더
라도 수년간 논의를 거쳐 2018년부터 일반데이터보호규정general
data protection regulation, GDPR을 마련했다. GDPR은 새로운 신기술 환
경과 빅데이터 국면에 더욱 취약한 지위로 추락한 정보 시민 주체
들이 최소한의 개인 데이터 정보와 권리를 보호할 수 있도록 마련
한 법제도 장치로 볼 수 있다.

우리의 데이터 3법은 새로운 기술 환경에 맞춰 개인정보 보호
의 원칙을 법제화한 EU의 GDPR과는 질적 거리가 크다. 우리는
GDPR과 같은 새로운 시민 데이터 권리 법안을 만드는 대신 기존
관련 법안들을 수정해 데이터 산업 부흥의 길을 더 터주었다. 이를
테면, 특정 개인을 알아볼 수 없도록 '비식별 조치'를 취한 '가명정
보'라는 데이터 개념을 신설해 이를 닷컴, 금융 기업들에서 개인 동
의 없이도 쉽게 영리적 목적으로 이용할 수 있도록 폭넓게 허용했

다. 이는 이제까지 개인 데이터 권리 보호론과 상업적 목적의 데이터 활용론 사이에서 어렵게 유지되던 긴장 관계를 무너뜨린 계기가 됐다.

　문제는 데이터 3법이 통과되면서 시민 정보 인권의 운동장이 크게 기울어진 상황에 더해, 코로나19 팬데믹 상황에서 일종의 경기 부양책으로 '디지털 뉴딜'이 제안됐다는 데 있다. 디지털 뉴딜 계획은 데이터 관련 신산업 부흥론의 연장선상에 있었다. 데이터 3법이 이른바 데이터 활용론의 법제도 정비였다면, 디지털 뉴딜은 바이러스 재난이라는 위기 상황에서 좀 더 적극적인 방식으로 첨단산업의 부흥을 이끌고 경제 '선도국'으로 나아가려는 본격적 시도라 볼 수 있다. 물론 정보 인권의 측면에서 달리 보면, 우리 국민의 삶 활동 대부분을 시장 데이터로 사유화할 실제 기반을 더 단단히 다지는 계기가 됐다.

디지털 뉴딜과 성장주의

　디지털 뉴딜은 정부가 2020년 7월 14일 발표한 '한국판 뉴딜 종합계획'에서 구체화됐다. 한국판 뉴딜의 핵심은 한마디로 코로나 팬데믹 이후 디지털 혁신을 통한 이른바 "선도국가로의 도약"이다. 또 다른 '한강의 기적' 같은 구태의연한 시장 논리가 흐른다.

1930년대 대공황 시절 미 연방 정부가 나서서 노동 시민들의 빈곤을 함께 넘어서려 했던 미국의 사회 포용적 '뉴딜'과는 성격이 좀 다르다.

한국판 뉴딜은 2025년까지 국고로 114조 원가량이 소요된다. 190만 개 정도 일자리가 창출될 것으로 내다본다. 이는 크게 디지털 뉴딜과 그린 뉴딜이라는 두 축으로 이뤄져 있다. 그 바탕에 '사회안전망 마련' 사업도 있으나 구색용이라는 비판이 거세다. 한국판 뉴딜의 강조점은 디지털 뉴딜에 있다. 실제 전체 국가 예산 중 40%가량이 디지털 뉴딜 사업에 소요되고, 신규 일자리 90만 개 창출까지 기대한다. 전체 사업에서 가장 큰 비중을 차지한다.

한국판 뉴딜의 내용에는 시민의 삶을 보호할 사회적 안전망에 대한 근본적 논의가 별로 없으며, 디지털 관련 기업들의 시민 데이터 활용과 데이터 처리를 돕는 노동 인력들의 단기 고용 효과에 주로 초점을 맞추고 있다. 디지털 뉴딜은 시민 데이터의 경제 활용을 통한 정부 주도 경기 부양론에 가깝다.

정부가 발표한 '한국판 뉴딜 종합계획'을 들여다보자. "D·N·A(데이터·네트워크·인공지능)를 기반으로 한 혁신과 역동성이 확산되는 디지털 중심지이자 글로벌 메가트렌드를 주도하는 '똑똑한 나라'" 건설이 국가 디지털 뉴딜의 정책 슬로건으로 제시되고 있다. 초지일관 한국사회 첨단 디지털 기술의 존재 근거를 성장과 발전을 위한 변수로 주로 강하게 어필하고 있음을 알 수 있다. 디지털 뉴딜은 크게 D·N·A 생태계 강화(데이터 댐 건설, 지능형 정부 등), 교육 인프라의 디지털 전환(온라인 교육 및 인프라 강화), 비대면산업 육성(스마트 의료 등), 핵심 인프라의 디지털화(사회간접자본soc 디지털 관리체계, 스마트 물류 등)라는 4대 분야의 12개 세부 과제로 이뤄져 있다.

총사업비 가운데 단일 과제로 가장 큰 국고가 투입되고, 일자리 창출 기대감이 가장 큰 영역이 '데이터 댐'이다. 종합계획 보고서는 "데이터 수집·가공·거래·활용 기반을 강화하여 데이터 경제를 가속화"하는 일을 '데이터 댐' 사업으로 보고 있다. 한마디로 수력 발전을 위해 댐에 물을 가둬 관리하듯, 데이터를 국가 산업의 원천 자원으로 적극 활용할 수 있도록 하겠다는 은유적 표현이다. 데이터 댐의 핵심은 주로 공공데이터 개방, 관련 데이터 플랫폼 확대 등을 통해 사기업 활용이 가능한 데이터 자원 저장소를 확충하는 것이다.

디지털 뉴딜의 근본적인 문제들

계획이 발표된 시점에서 5년 이내에 43조 원의 데이터 시장 이윤을 창출하는 것이 디지털 뉴딜의 구체적 목표다. 디지털 뉴딜을 계기로 첨단기술 혁신을 통해 경제성장을 도모하려는 이른바 디지털 국부론 그 자체는 본질적 문제가 아니다. 눈을 돌려야 할 곳은 정부가 대규모 데이터 댐 축조 사업에 '올인'하면서 생겨나는 빈틈이다. 시민(빅데이터 일상 감시), 노동자(플랫폼 노동 통제), 소비자(소비활동 데이터의 사적 포획)로서의 정체성을 지닌 우리 국민들에게 크게 영향을 미칠 수 있는 데이터 오남용과 정보 인권 문제에 정부가 대단히 안이하고 무심하게 대처하고 있는 것이다.

예를 들어, 데이터 댐 관련 일자리 마련책을 보자. 향후 5년간 창출될 총 39만 개의 디지털 댐 일자리 가운데 주된 부분이 '데이터 레이블링' 등 지능형 알고리즘 분석을 돕는 단순 허드렛일에 해당한다. '양질의' 지속 가능한 일자리를 마련한다는 디지털 뉴딜의 사업 취지와 달리, 현장에서는 일종의 '공공취로형 데이터 댐' 건설에 고학력 청년들을 동원하는 모습이 크게 눈에 띈다. 이런 식의 신규 일자리는 또 다른 형태의 위태로운 디지털 노동력 수취에 가깝다.

데이터 댐을 유지할 데이터 관리 방식도 문제다. 사업 계획에는 14.2만 개의 공공데이터를 즉각 개방한다는데, 이들 숫자가 주는 의미가 뭔지 그 내용 또한 어떠할지 미지수다. 이에 더해, 데이터 댐의 공공·민간 데이터를 통합 관리하는 범국가 단위의 정책 수립과 데이터 산업 지원을 위한 '민관 합동 컨트롤타워'의 효과가 무엇일지도 우려된다. 정부는 이 컨트롤타워를 통해 민간 기업들이 쓸 수 있는 데이터 개방과 확보는 물론이고, 부처와 기관 사이, 공공과 민간 기업 사이 데이터를 결합해 데이터 활용의 가치를 늘리는 데 방점을 두고 있다. 문제는 방역, 교통, 방범, 범죄, 재난, 위치정보 등 서로 다른 부처·민관 데이터가 통합되고 결합될 때, 정보 결합 통제력의 유혹에 쉽게 빠져든다는 데 있다. 합쳐지고 포개질수록 데이터의 상황 통제력을 높일 수 있지만, 그만큼 시민들의 '제로 프라이버시' 상황을 이끌 위험성이 공존한다.

　지금의 디지털 뉴딜은 시민의 정보 인권 침해는 물론이고, 실물 경제성장의 강박적 틀 안에 갇힌 채 우리 사회의 전환을 꾀하려 한다. 이는 수많은 사회 약자들에 배제적일 뿐더러 기술의 미래 지향에서도 벗어나 있다. 물론 성장을 위한 디지털의 잠재력을 완전히 포기하자는 주장이 아니다. 적어도 데이터 보호와 활용 사이의 긴장 관계를 무너뜨려 시민의 인권을 크게 해쳐서는 곤란하다는 말이다. 게다가 기술의 쓰임이란 한번 굳어지면 되돌리기 어렵다. 사기업과 이익 집단과 달리 정부는 공익적이고 장기적인 안목에서 우리의 지능정보사회 형성에 대응해야 한다. 또 이에 취약한 이들을 보호하는 데이터 시민권과 국가 철학을 세우고 그것을 기반으로 디지털 성장 기획을 함께 준비해야 할 것이다.

유치원 3법,
유아교육 개혁의 물꼬를 트다

조성실 정치하는엄마들 전 공동대표·현 활동가

2020년 1월 13일, '유치원 3법'이 국회 본회의를 통과했다. 소관 상임위인 교육위원회에서 패스트트랙(신속처리안건)으로 지정된 지 383일 만의 일이었다. 사립 유치원 관계자들의 욕설·야유·몸싸움·집단 점거 등으로 논란을 빚고 중단된 국회 토론회('유치원 비리 근절을 위한 정책 토론회 ‒ 사립 유치원 회계부정 사례를 중심으로', 2018년 10월 5일, 더불어민주당 박용진의원실 주최)를 기준으로 치자면 466일, 비영리단체 정치하는엄마들의 '비리 유치원·어린이집 명단 공개를 위한 행정소송 기자회견'으로부터는 무려 584일째 되던 날의 일이다. 이 모든 일이 2017년 2월, 국무조정실 산하 부패척

결추진단의 '95개소 유치원·어린이집 특정 감사 결과' 발표에서 시작되었다는 점을 감안하면 그 유명한 '유치원 3법'이 국회의 문턱을 통과하기까지 무려 1000일 이상이 필요했던 셈이다.

'유치원 3법'은 대단히 새로운 개념의 '제정법'이 아니다. '유치원 3법'은 사립 유치원 공공성 강화를 목표로 마련된 사립학교법·유아교육법·학교급식법 일부 개정안의 묶음을 지칭하는 말로, 20대 국회의 첫 패스트트랙 법안이라는 유명세에 걸맞지 않게 정치적 쟁점과는 다소 무관해 보이는 내용들로 구성되어 있다. 당시 교육부가 실시한 설문조사 결과가 이를 방증하는데, 유치원 3법 개정에 반대하는 국민은 약 14.7%에 불과했던 데 반해 찬성 의사를 표명한 국민은 81.0%에 달했다.

주요 내용은 다음과 같다. △정부로부터 누리과정지원금 등을 지급받는 사립 유치원에도 국가관리 회계시스템(에듀파인) 도입을 의무화한다. △회계 비리가 적발될 시 2년 이하의 징역 또는 2000만 원 이하의 벌금에 처할 수 있도록 관련 법적 근거를 마련한다. △일정 규모 이상의 유치원은 학교 급식 관리 대상으로 포함해 적정한 수준의 시설·위생 기준을 적용하도록 한다. △비리가 적발된 유치원의 '간판갈이' 재개원을 방지하도록 관련 조항을 마련한다 등. 이 조차도 유예기간이 포함되어 있어 2021년이 되어서야 유아교육 현장에 적용된다.

유치원 3법은 첫 단추일 뿐

유치원 3법 이후, 우리 아이들은 이제 괜찮아질까. 우리의 유아 교육 현장은 얼마나 변할 수 있을까.

안타깝지만 낙관하기엔 아직도 가야 할 길이 한참 멀다. 유치원 3법은 우리 아이들의 안전을 담보할 만능키가 아니다. 그저 첫 단추에 불과하다. 아이들을 위해 쓰여야 할 돈이 눈먼 돈이 되어 명품백, 성인용품, 외제차 렌트비, 유흥업소 이용료로 쓰이는 일만큼은 막고자 마련된 최소한의 안전망일 뿐이다. 이조차도 제대로 된 감사와 관리 감독이 선행되지 않는다면, 이빨 빠진 호랑이가 되고 말 터다.

유치원 비리는 오랜 세월 암묵적으로 자행되어온 업계 관행이었다. 2017년 2월 국무조정실 산하 부패척결추진단이 전국 95개소 대형 유치원·어린이집을 특정 감사한 결과 총 91곳에서 609건의 위반 사항과 부당 사용금액 205억 원을 적발했다고 발표했을 때만 하더라도 국민적 반향은 그다지 크지 않았다. 상황을 역전시킨 건 평범한 엄마들의 걱정과 실행력이었다. 뉴스는 사라져도 문제는 사라지지 않았다. 언론에 보도된 익명의 유치원이 내 아이가 다니는 곳은 아닌지 걱정스러워 잠 못 이루던 '정치하는엄마들'이 힘을 합쳐 정보 공개 청구를 시작했고, '감사·수사 사안이며 개인정보'라는 이유로 정보 공개를 거부한 행정당국을 상대로 정보 비공개 처분 취소소송(행정소송)을 이어갔다.

이는 당시 국회 교육위원회 소속이었던 박용진의원실의 국정감사 활동으로 이어졌고, 주요 언론사 홈페이지를 통해 시도교육청 감사에서 비리가 적발된 전국 유치원 감사 결과가 실명으로 단독 공개되면서 '유치원 비리 문제'가 국민적 관심사로 자리 잡을 수 있었다. 온갖 방해와 위협을 견디며 현장 감사를 감행한 감사관들의 기록 덕분에 가능했던 일이었다.

핵심은 실효성 있는 현장 감사

결국 핵심은 '실효성 있는 현장 감사'다. 어떻게 제대로 된 현장 감사를 담보할 것인지, 체계를 구축하는 일이 시급하다. 에듀파인 도입은 사립 유치원 회계의 투명성을 확보하려는 선제적 장치일 뿐, 작정하고 조작한 세무·회계 위법 사항을 발견해내기엔 역부족이다. 유치원 3법 도입을 앞두고 장부 정리 전문업체 및 관련 프리랜서가 성행하는 것 아니냐는 자조적 이야기가 떠돌았던 것도 이 때문이다.

교재·교구·식자재 납품업체뿐 아니라 방과후교사와의 이면 계약 등 다양한 형태의 비리를 막으려면 직접 방문해 실물을 대조하는 방식의 현장 감사가 꼭 필요하다. 하지만 현재 확보된 인력은 턱없이 부족한 수준이다. 각 교육청 차원에서 적극적인 의지를 가지고 전수 감사를 실시한다손 치더라도 전체 유치원 수를 고려하면 제대로 된 관리 감독이 진행될 리 만무해 보인다. 이러한 문제점을 보완하려면 현장 감사관 인력을 충원하고 부모 운영위원 등이 시민 감사관으로 참여할 수 있게 의무화하는 등 다양한 제도적 보완책을 마련해야 한다. 평교사의 내부 고발이 가능하도록 제반 시스템을 보완하는 것 역시 시급하다. 유치원·어린이집은 운영 특성상 내부 사정을 가장 잘 아는 평교사에게서 제보를 받는 것이 중요한데, 현재로서는 제보자를 보호할 수 있는 법적 장치가 미비하다.

그뿐 아니다. 유치원 3법 통과 이후 편법적 폐원을 막을 방지책도 반드시 마련해야 한다. 유치원 비리 백태가 공공연히 알려진 이후, 교육부를 비롯한 전국의 교육청들이 앞다투어 전수 감사를 약속했지만 아직까지 많은 사립 유치원이 단 한 차례의 정식 감사도 받지 않은 것으로 알려졌다. 따라서 감사를 받기 전에, 유치원 3법이 본격 시행되기 전에, 에듀파인을 도입하기 전에 폐원하여 그간의 회계 부정 실태를 은폐하고자 하는 '먹튀' 폐원이 잇따르는 것 아니냐는 우려도 있다. 이에 '정치하는엄마들'은 유치원 폐원 절차에 종합 감사를 포함시켜야 한다고 주장해왔다. 폐원을 앞둔 기관의 경우 의무적으로 종합 감사를 통해 부당 집행 여부를 확인하고, 위법 사항 적발 시 해당 금액을 엄격히 환수 조치해야 한다. 또한 학부모가 3분의 2 이상 동의할 경우에만 유치원 폐원 절차를 밟을 수 있도록 제도를 보완해 유아교육의 안정적 운영을 도모해야 한다.

유아교육의 주인은 바로 '우리 아이들'입니다

'유치원 3법' 추진 과정에서 가장 논쟁적인 주제는 단연 '누리과정지원금'이었다. 누리과정지원금이란 유치원 또는 어린이집에 다니는 만 3~5세 유아를 위해 지원되는 교육비(유아학비 및 보육료)다. 2020년 기준 1인당 월 24만 원씩 바우처 형태로 지급되고 있으며 이를 포함한 유아교육비·보육료 지원사업 예산은 약 4조 316억 원 규모에 해당한다. 전년(2019년 3조 8153억 원) 대비 약 2163억 원가량 증액된 결과로, 당초 편성된 2020년 본예산이 약 513조 규모였던 점을 감안한다면 한해 예산의 약 0.79% 정도가 유아교육 및 보육 관련 예산으로 집행되고 있다고도 볼 수 있다. 누리과정지원금은 교육당국이 사립 유치원 감사를 진행할 수 있는 결정적 근거가 되어왔다.

그러나 감사를 거부하거나 감사 처분에 불복하는 기관에 대한 후속 조치는 제대로 이루어지지 못하고 있다. 이른바 비리 유치원 명단이 공개된 지 2년여가 지났음에도 2020년 8월 기준 전국 186곳의 유치원은 여전히 감사 결과를 이행하지 않고 있다. 반납되지 못한 부당 사용금액 역시 약 275억 원에 달한다. 물론 부정행위가 적발되거나 자료 제출을 거부할 경우 '2년 이하의 징역 또는 2000만 원 이하의 벌금'형이 가능해졌지만 법정 최고형을 언급한 것일 뿐 실제 처벌은 여전히 솜방망이 수준이다.

'비리사립유치원 범죄수익환수 국민운동본부'와 KBS가 함께 발표한 기사에 따르면, 파주 예은유치원·파주 예일유치원·용인 예성유치원·성남 예정유치원의 경우 동일한 사람이 이사장직을 겸직하며 2017년부터 3년에 걸쳐 총 160억 원 규모(약 1500명 원생 기준)의 세금을 지원받아왔다. 누리과정지원금 및 급식지원금 등의 명목이었다. 그럼에도 2년째 감사를 거부하고 있을 뿐 아니라, 2016년 받았던 50억 원 반환 조치 역시 이행하지 않고 있다. 이행 거부에 대해 교육당국이 삭감한 지원금은 전체 규모의 약 5% 수준에 그친다. 감사 자료 제출을 거부한 건과 관련한 약식 재판에서는 단 100만 원의 벌금이 선고되었다. 50억 원대 회계 부정에 대한 벌금이 단돈 100만 원이라면 과연 감사를 받을 사람이 몇이나 될까.

국회 교육위 법안소위에서 유치원 3법 논란이 한창이던 2018년 11월 29일, 광화문 광장에서는 달라도 너무 다른 두 개의 집회가 동시에 진행되었다. 한국유치원총연합회(한유총)를 중심으로 모인 수천 명의 사립 유치원 관계자들은 광장 대부분을 차지한 채 '박용진 3법이 통과되면 집단 폐원을 불사하겠다'며 유치원 인가증을 찢는 단체 퍼포먼스를 강행했다. 그 연단 뒤편에 조용히 자리 잡은 대형 현수막에는 이런 문구가 쓰여 있었다. "유아교육의 주인은 유치원 주인이 아니다. 바로 아이들이다!"

이 현수막을 지켜 선 대여섯 명의 정치하는엄마들 활동가들은 '지원금을 보조금으로, 성인용품을 횡령죄로!'라는 제목의 기자회견을 개최하고 유아교육법 제24조 제2항 개정을 강력히 촉구했다. 이 두 장면은 여러 언론 보도를 통해 전국 각지에 전해졌다. 비록 생업에 종사하느라 또는 아이를 돌보느라 현장에 참석하지는 못했지만 전국 각지에서 엄마, 아빠, 할머니, 할아버지, 이모, 삼촌 들이 한마음 한뜻으로 이 문장을 되뇌었을 것이다. "유아교육의 주인은 바로 우리 아이들입니다."

이들의 바람이 곧 2020년 1월 13일 '유치원 3법'이 되어 돌아왔다. 유아교육 개혁을 위한 첫걸음이 비로소 시작된 것이다. 시작이 있으면 끝이 있기 마련이듯 우리 아이들이 곧 유아교육의 주인이 되는 날을 향해 유아교육 개혁의 몸부림은 계속되어야 한다.

플랫폼 산업은
면책특권이 아니다

이영주 라이더유니온 정책국장

'타다금지법'이 혁신을 금지했다?

"혁신을 금지한 정부와 국회는 죽었습니다. 새로운 꿈을 꿀 기회조차 앗아간 정부와 국회는 죽었습니다"(2020년 3월 4일, 이재웅 씨 페이스북).

2020년 3월, 여객자동차운수사업법 개정안, 이른바 '타다 금지법'이 국회를 통과하자 타다 서비스를 운영하던 쏘카와 VCNC는 이에 반발해 즉각 서비스 중단을 선언했다. 약 1년여간 타다는 숱한 갈등과 논쟁을 불러일으키며 우리 사회 논란의 중심에 있었다. 검찰이 이들을 기소하자 당시 국무총리, 청와대 정책실장, 경제부총리 겸 기획재정부장관, 국토교통부장관, 중소벤처기업부장관에 이어 공정거래위원장까지 공개적으로 비판했다. 언론은 마치 대한민국의 미래가 무너지기라도 할 듯 앞다투어 타다 구하기에 나섰다. 쏘카와 VCNC의 기업 규모나 타다의 사업 모델만 놓고 생각할 때는 대단히 이례적인 일이다. 도대체 타다가 뭐길래 온 나라가 야단법석에 휘말려야 했을까? 정말 정부와 국회가 혁신을 금지한 것일까? 새로운 꿈을 꿀 기회조차 앗아간 것일까?

여객자동차법은 허가 없이 유상으로 여객을 운송하는 행위, 쉽게 말해 무허가 택시 영업을 금지하고 있다. 대중교통의 공공성을 유지하기 위해 서비스 공급자 수를 제한하는 한편, 승객의 편의와 안전을 도모하려는 취지에서다. 다만, 관광산업을 진흥·촉진할 목적에서 11인승 이상 승합차를 렌트할 경우 그 운전자까지 함께 알선할 수 있도록 2014년에 예외적으로 허용했다. 타다는 2018년 10월에 서비스를 개시했다. 쏘카가 카니발 차량을 렌터카로 제공하고 그 자회사 VCNC가 승객과 드라이버를 앱으로 연결해 여객운송 서비스를 제공한 것이다. 입법 취지를 전혀 엉뚱하게 잠탈潛脫한 것이지만, 택시와 차별화한 서비스를 무기로 소비자들의 우호적 여론을 형성하면서 타다는 무서운 속도로 성장했다. 택시업계가 강하게 반발했지만, 타다 역시 적극적인 여론몰이로 응수했다. 2019년 10월에 검찰은 쏘카와 VCNC, 그 대표 이재웅과 박재욱을 여객자동차법 위반 혐의로 기소했다. 1심 법원은 무죄 판결을 선고했지만 항소심이 여전히 진행 중이다.

4차산업혁명과 AI를 앞세워 파죽지세로 질주해온 플랫폼 산업을 둘러싼 논란은 좀처럼 잦아들지 않는다. 이들이 내거는 수사와 서사 들은 세계적으로 전형적이지만, 따지고 보면 앞뒤가 맞지 않는 여러 프레임을 그때그때 조자룡 헌 칼 쓰듯 휘두르고 있는 것이기 때문이다. 타다 논란은 그 모습을 전형적으로 보여준다.

플랫폼 경제라는 기울어진 운동장

플랫폼이란 기차가 멈추고 출발하는 역의 승강장을 가리킨다. IT 기술 발달에 힘입어 수많은 수요자(고객)와 공급자가 각자의 필요에 따라 다양한 모습으로 만나 거래하는 양면시장, 이른바 플랫폼이 가능해졌다. 이러한 플랫폼을 조성하고 운영하는 기업을 플랫폼 기업이라고 한다. 한동안은 공유경제 열풍이 불었다. 목적지까지 빈 차로 운행해야 하는 운전자나 안 쓰는 빈방을 둔 집주인처럼 유휴자원을 활용하지 못하고 있는 소유자와 그 자원을 조금 더 저렴하게 이용하고 싶은 다른 사람이 플랫폼에서 서로 만나 거래한다면 자원의 활용도가 높아져서 양쪽 모두 그리고 사회 전체적으로도 이익이라는 것이다. 거래는 각자가 필요할 때마다 간헐적으로 불규칙하게 일어나기 때문에 특히 사람의 노동이 그 거래의 대상이 될 경우, 그 일자리는 안정적으로 보장되지 않는다. 그런 의미에서 영미권에서는 주로 '기그 경제gig economy'라는 용어를 사용한다. 필요에 따라 노동을 일회적으로 호출해서 사용할 수 있다는 뜻에서 '주문형on-demand 경제'라고 부르기도 한다. 반면에 우리나라에서는 일거리가 플랫폼을 통해 중개된다는 뜻에서 '플랫폼 노동'이라고 쓴다. 이러한 의미에서 본다면 렌터카 회사에서 차량을 빌리고 인력파견업체로부터 드라이버를 알선받아 사실상 택시로 이용하는 타다 서비스는 공유경제라고 보기도 어렵다. 잇따른 과로사로 큰 사회적 문제가 된 택배기사 역시 특수고용직 노동자이긴 하지만 통념상의 플랫폼 노동이라고 불러야 할지는 의문이다. 이처럼 플랫폼 산업·경제·기업·노동이 각각 정확히 어떤 것인지, 도대체 어디까지를 왜 그렇게 불러야 하는지에 대해서는 여전히 논란의 여지가 있다. 굳이 이해해보자면 IT 기술을 기반으로 전통적 산업의 사업모델(과 그 책임)을 해체해 '파괴적으로 혁신'한다는 뜻에서 어지간하면 죄다 플랫폼 산업이라고 뭉치는 것이 유행인 듯하다.

플랫폼 기업은 여러 측면에서 사회적 갈등을 빚는다. 우선 시장구조로부터의 저항이다. 플랫폼 기업이 중개 혹은 제공하기 시작하는 재화나 서비스를 그 이전부터 공급해왔던 기업이나 개인은 새롭게 등장하는 경쟁자를 당연히 견제하게 된다. 정부로부터 엄격하게 규제를 받아온 시장일수록 공정하지 않은 경쟁, '반칙'에 대한 반발이 격렬할 수밖에 없다. 기존의 규제 환경을 우회해 시장에 진출하려고 하는 플랫폼 기업은 시장의 낙후성을 파고들어 소비자 후생을 개선한다는 명분을 내세우며 법적 규제를 무력화시키려고 하지만 생계가 걸려 있는 시장 참여자들 역시 필사적이어서 갈등은 종종 정치화된다. 규제 산업에 속하는 택시와 타다, 숙박업과 에어비앤비 사이의 분쟁이 대표적이다.

다음은 플랫폼에 의존해 영업을 하는 소상공인 문제다. 특히 음식배달 시장의 경우, 배달 주문이 차지하는 비중이 높아졌기 때문에 독과점 플랫폼 기업이 중개 수수료를 과도하게 올리더라도 음식점은 감수할 수밖에 없다. 배달의민족이 수수료 체계를 변경하면서 소상공인들이 반발하자 공정거래위원회(공정위)는 플랫폼의 갑질과 횡포를 근절할 대책 마련에 나섰고, 몇몇 지방자치단체는 아예 공공 배달앱 개발을 선언했다. 공정위는 우아한형제들(배달의민족)과 딜리버리히어로(요기요)의 기업결합 심사에서도 시장 독점으로 인한 거래상 지위 남용 가능성을 심각하게 고려한 것으로 보인다.

마지막으로 플랫폼 '노동'의 문제다. 플랫폼 기업은 자신들은 그저 고객과 사업자를 중개하는 IT 기업일 뿐, 직접 그 서비스를 고객에게 공급하는 것은 아니라고 주장한다. 서비스 공급자들은 플랫폼을 활용해 각자 사업을 하는 자영업자이며 플랫폼 기업의 지시를 받아서 일하는 노동자가 아니니 플랫폼 기업은 이들에 대해 노동법을 준수하거나 사회보장 책임을 부담하지 않아도 된다는 것이다. 벼룩시장이나 알바몬과 같이 구인-구직 정보를 중개만 하는 진짜 '플랫폼'도 물론 있지만, 실질적으로는 고객에게 직접 서비스를 제공하는 플랫폼 기업도 많다. 승객에게 타다는 좀 더 비싸긴 해도 친절하고 깨끗한 '택시'로 보였다. 어느 승객이 자신은 쏘카에서 렌터카를 빌려서 VCNC가 알선해준 프리랜서 드라이버와 개별적으로 운전 서비스 공급계약을 맺는다고 생각하면서 타다를 탔겠는가? 더군다나, 타다는 서비스 품질을 안정적으로 유지하기 위해 드라이버에게 상세한 업무 가이드라인을 배포하고, 차량의 위치와 운행을 실시간으로 감독했으며 별점을 통해 드라이버를 평가해 노무관리를 시행했다. 이를 근거로 중앙노동위원회는 2020년 5월에 타다 드라이버가 쏘카의 근로자라고 판정했다. 이처럼 플랫폼 기업이 고객에게 서비스를 제공하는 것이어서 노동자는 그 플랫폼 기업의 근로자에 해당하는데도 노동법을 비롯한 각종 법적 책임을 회피하기 위해 자영업자인 것처럼 취급하는 것을 오분류誤分類라고 한다. 2019년 11월 고용노동부 서울북부지청도 요기요 배달라이더가 근로자라고 판단한 바 있다.

플랫폼 기업이 대처하는 방식은 세계적으로 놀랍도록 비슷하다. 그들의 로비 단체가 만들어낸 서사 속에서 기존의 산업적 기반과 질서는 막강한 골리앗으로, 그에 맞서는 플랫폼 기업은 아직 힘이 모자라지만 용감한 다윗으로 묘사된다. 낡은 법과 제도로 '불법'이라는 낙인을 찍어 미래를 개척해나가는 혁신적 시도를 질식시키지 말라고 여론을 형성하고, 규제를 완화하라고 정치권을 압박한다. 우리나라 역시 예외가 아니지만 업계보다 오히려 정부가 더 적극적으로 앞장서서 성장과 산업의 논리를 펼치고 있다는 점이 주목할 만하다. 처음부터 기울어진 운동장 위에서 경기가 시작된 것이다. 플랫폼 기업의 이해관계를 대변하는 코리아스타트업포럼이 만들어졌고, 대통령 직속 4차산업혁명위원회가 출범했으며, 이재웅 당시 쏘카 대표는 기획재정부 산하 혁신성장본부 민간공동본부장을 맡았다. 국토교통부는 모빌리티 혁신을 내걸었고, 과학기술정보통신부는 규제샌드박스를 통해 플랫폼 기업의 민원을 해결해주었다. 다양한 공적 논의 과정에서 업계 이익단체의 과대대표성에 대한 비판이 거셌고, 우호적 성향의 전문가 집단에 편중된 인적 구성도 논의의 사회적 공신력을 떨어뜨렸다. 사회적 대화라는 이름으로 여러 층위에서 논의가 진행되고 있지만 로비 단체와 노동조합은 연대와 긴장 사이를 어지럽게 오가고 있고, 학계와 시민사회가 아직 오락가락하고 있는 가운데, 운동장은 갈수록 더 기울고 있다.

질문부터 틀렸다

플랫폼 산업의 사회적 규제 필요성에 대해 광범위한 공감대가 형성되었지만 아직도 비슷한 논란이 일 때마다 "혁신인가, 아닌가?" 하는 허망한 논쟁만 되풀이되고 있다. 실제로 무슨 일이 일어나고 있든 혁신처럼 보이기만 하면 일단 눈감아주어야 한다는 선동, 혁신의 감언이설이 휩쓸고 간 결과다. 책임은 모조리 사회에 떠넘기고 이윤만 취하겠다는 플랫폼 기업의 신기루에 취해 아직 깨어나지 못하는 정부와 학계, 언론의 잘못이다.

전화로 부르던 대리운전 기사를 앱으로 호출하게 되면서 이러한 서비스 이용이 획기적으로 편리해진 것은 사실이다. 사용자 대신 알고리즘이 통제하게 되면서 노무제공 관계의 모습이 달라진 것도 부인할 수 없다. 하지만 그것이 플랫폼 기업의 모든 위험과 허물을 일단 덮어줘야 할 면책특권이 될 수는 없다. 정말 진지하게 구체적으로 토론해야 할 질문은 이런 것이어야 한다.

과연 우리 사회가 그동안 쌓아 올린 가치와 질서를 양보하고 구성원들 사이의 오랜 신뢰와 합의를 허물면서까지 받아들여야 할 만큼 그 혁신이 가치 있는 것인가? 만일 부득이하게 위험과 희생을 감내해야만 한다면 누가 얼마만큼 부담하는 것이 정의로운가? 가죽을 벗기는革新 고통을 거쳐 거둔 성과는 누구에게 돌아가야 하는가? 플랫폼 기업이 답해야 한다.

차별금지법은
어떻게 유령이 되었나

장혜영 정의당 의원

　정치에서 가장 강력한 것은 질문이다. 질문은 프레임을 구성하고 맥락을 규정한다. 같은 주제라 해도 그것이 어떤 질문과 결합하는지에 따라 이어지는 토론의 흐름은 판이하게 달라질 수 있다. 그런 의미에서 차별금지법은 지금껏 참으로 잘못된 질문들에 발이 묶여 오랫동안 애를 먹어왔다.

차별금지법에 대한 질문

　나는 지난 2020년 6월 29일, 역대 발의된 횟수를 모두 합쳐 8번째로 국회에서 포괄적 차별금지법을 대표발의했다. 법안 발의

후 약 5개월이 지난 지금까지 내가 사람들로부터 가장 많이 받은 질문을 몇 가지 꼽아보자면 다음과 같다.

"차별금지법은 동성애 보호법 아닌가요?"

"차별금지법은 종교의 자유와 표현의 자유를 침해하는 법 아닌가요?"

"차별금지법이 통과되면 정말 교회에서 동성애가 죄라고 설교하는 목사님이 감옥에 가게 되나요?"

"차별금지법은 여성 역차별법 아닌가요?"

참으로 수없이 받아온 이런 질문들에 대해 나는 이제 자다가도 일어나 곧바로 반박할 수 있을 정도로 익숙해졌다.

"차별금지법은 동성애 보호법이 아니라 동성애자들에 대한 차별을 금지하는 법입니다. '성적지향'이라는 차별금지 사유는 동성애자뿐 아니라 이성애자 또한 부당한 차별로부터 보호합니다. 선생님께서도 동성애자라고 해서 부당하게 일터나 학교에서 차별을 당해도 된다고 생각하지는 않으시잖아요."

"차별금지법은 종교의 자유와 표현의 자유를 침해하지 않습니다. 다만 우리 헌법이 보장하는 종교의 자유와 표현의 자유는 타인의 존엄을 훼손하고 부당하게 차별할 자유까지 포함하지는 않습니다. 헌법 10조는 국가는 개인이 가지는 불가침의 기본적 인권을 확인하고 이를 보장할 의무를 진다는 점을 명시하고 있습니다."

"종교는 차별금지법이 규정하는 고용, 교육, 재화 및 용역의 이용이나 제공, 행정서비스의 4개 차별금지 영역에 포함되지 않습니다. 또, 차별금지법이 포함하는 구제 절차에 차별행위에 대한 형사처벌 규정은 없습니다. 다만, 차별을 당한 사람이 차별을 진정했다는 이유만으로 그에 대한 보복성 불이익조치를 당하는 경우를 대비한 처벌규정이 있을 뿐입니다."

"차별금지법은 여성을 차별로부터 보호하는 법입니다. 성별에 의한 차별을 금지할 뿐 아니라, 고용, 교육, 재화 및 용역의 이용이나 제공, 행정서비스의 4가지 영역에서 일어나는 성희롱 또한 이 법이 금지하는 차별로 규정해 더 많은 여성의 존엄을 보호할 수 있도록 한 법입니다."

수많은 시민들과 때로는 다소 격앙된 목소리로, 때로는 차분한 목소리로 이런 대화를 주고받다, 문득 이 모든 질문이 지나치게 오랜 시간 반복되고 있다는 생각이 들었다.

차별금지법의 지난한 역사

우리 사회에서 차별금지법에 대한 논의가 처음 시작된 것은 이제는 너무 먼 추억처럼 느껴지는 한일월드컵이 개최되었던 2002년, 지금으로부터 무려 18년 전이다. 차별금지법 제정은 2002년 당시

16대 대통령선거를 앞둔 고 노무현 당시 대선후보의 공약이었다. 당선 직후인 2003년, 노무현 대통령은 곧바로 국가인권위에 '차별금지법제정추진위원회'를 꾸려 법안을 마련할 것을 지시했고, 3년이 지난 2006년에 인권위는 역사적인 차별금지권고법안을 발표하며 국무총리에게 이에 따른 입법을 권고했다.

이듬해인 2007년 10월 2일에 법무부는 성별, 장애, 병력, 나이, 출신국가, 출신민족, 인종, 피부색, 언어, 출신지역, 용모 등 신체조건, 혼인여부, 임신 또는 출산, 가족형태 및 가족상황, 종교, 사상 또는 정치적 의견, 범죄 및 보호처분 전력, 성적 지향, 학력學歷, 사회적 신분 등의 20개 차별금지 사유와 고용, 재화·용역 등의 공급이나 이용, 교육기관의 교육 및 직업훈련, 법령과 정책의 집행이라는 4개 영역에서 합리적인 이유 없는 차별을 금지하는 차별금지법 제정안을 입법예고한다. 이는 내가 발의한 차별금지법의 차별금지 사유와 차별금지 영역의 내용과 그리 다르지 않다(차별금지 사유를 비교할 경우, 내가 대표발의한 차별금지법에는 이에 더해 국적, 성별정체성, 고용형태라는 3개의 차별금지 사유가 추가되어 있다).

그러나 이 입법예고는 곧 한국경영자총협회(경총)를 비롯한 재계와 보수 기독교계의 반대라는 암초에 부딪친다. 경총은 "학력과 병력에 따른 차별을 금지하는 조항이 자유로운 기업 활동을 막는다"는 의견을 냈고 보수 기독교계 단체들이 참여한 '의회선교연합'

은 "동성애는 아주 비정상적이고, 비윤리적이며, 비위생적이기 때문에 한국 사회의 의식 수준과 정서상 이를 법으로 보장하고 합법화할 수는 없다"며 '성적 지향'이라는 차별금지 사유를 없애야 한다고 강력히 주장했다. 그러면서 "소수자 보호에 필요한 입법이라면 국민의 공감대를 형성한 뒤에 별도의 입법이 필요하다"는 말도 덧붙였다. 정치권이 향후 무려 13년 이상을 앵무새처럼 반복하는 핑계들은 이때 이미 그 원형을 갖추었다. 법무부는 결코 굴복해서는 안 되는 이런 압박에 굴복했고, 입법예고기간이 종료되자마자 성적 지향을 비롯해 학력, 병력, 출신국가, 언어, 범죄 및 보호처분 전력, 가족형태 및 가족상황이라는 7개의 차별금지 사유를 삭제한 법안을 규제개혁위원회에 제출한다. 이후 펼쳐질 지난하고 험난한 차별금지법 입법 투쟁이 시작되는 순간이었다.

법무부의 개악된 입법안을 '차별금지법이 아닌 차별조장법'이라고 일갈했던 17대 국회의 고 노회찬 당시 민주노동당 의원은 정부안에 대항하기 위해 곧바로 누락된 내용들을 보완한 제대로 된 차별금지법을 발의했다. 그러나 두 법안은 나란히 제대로 논의조차 되지 못하고 임기 만료 폐기의 운명을 맞이한다. 18대 국회에는 권영길 민주노동당 의원과 박은수 민주통합당 의원이, 19대 국회에는 김재연 통합진보당 의원이 각각 차별금지법을 발의했지만 이 역시 논의조차 생략된 채 임기 만료 폐기의 길을 걷게 된다.

한편 19대 국회에는 김재연 의원안 외에 2개의 차별금지법안이 더 발의되었다. 무려 51인이 공동발의에 참여한 김한길 민주통합당 의원안과 12인의 최원식 민주통합당 안까지 2개의 차별금지법안이 발의되었으나 민주통합당 당대표 선거를 앞두고 '일부 보수 기독교단체가 극렬한 반응'을 보인다, '주체사상 찬양법', '종북 게이 의원'이라는 낙인찍기가 횡행한다며 당황스럽게도 제출한 2개의 법안 모두를 자진철회했다. 김한길 의원 측은 법안을 철회하며 민망함을 수습하기 위해 "전열을 가다듬고 민주당 의원들의 의견을 모아 차별금지법을 재발의하겠다"고 변명했지만, 2013년의 그 약속은 7년이 지난 지금까지 공수표로 남아 있을 뿐이다. 20대 국회에는 임기 4년 내내 단 하나의 차별금지법도 발의되지 못했다.

어쩌면 나는 지금껏 차별금지법에 대해 잘못 던져진 질문에 지나치게 열심히 대답해왔는지도 모르겠다. 교계와 그리고 지금은 극렬히 나서는 일부 보수 기독교계 덕분에 굳이 전선에 나서지 않아도 좋다고 판단한 듯한 재계가 문제 삼듯이 차별금지법은 정말로 그 내용의 일부가 문제인 것일까? 정말로 내용이 문제라면, 법안소위와 전체회의, 공청회를 거쳐 합리적으로 토론을 해 다듬으면 될 일이다. 그러나 도합 8번이나 국회에 발의되는 동안 차별금지법은 단 한 번도 법안소위에서 제대로 된 심사와 토론을 거친 적이 없다. 8개 가운데 맨 처음 법무부가 내놓은 후퇴한 안을 제외하면 나머지

법안들의 골자는 대동소이하다. 정말로 누가 보더라도 내용에 큰 하자가 있었다면 세간의 첨예한 관심을 받으며 13년이 흐르는 동안 상당 부분이 다듬어질 법도 하지만 법안의 내용은 맨 처음 인권위가 법무부에 권고한 차별금지법 권고안의 테두리를 크게 벗어나지 않는다.

차별금지법은 왜 여태 제정되지 못했는가

그래서 나는 이 자리에서 우리가 차별금지법에 대해 응당 던져야 할 질문을 다음과 같이 수정하고자 한다. 왜 차별금지법은 여태 제정되지 못했는가?

정말, 차별금지법은 왜 아직도 제정되지 못했는가? 노무현 정신을 계승한다는 문재인 정부의 법무부는 왜 노무현 정부의 법무부가 재계와 보수 기독교계에 떠밀려 차별금지법에 저지른 원죄를 바로잡지 않는가? 역시 노무현 정신을 계승한다는 더불어민주당은 21대 국회에서 174석이라는 압도적 과반을 차지하고 있으면서도 왜 여태 차별금지법을 나 몰라라 하는가? 지난 19대 국회에 김한길 의원 대표발의안에 함께 이름을 올렸던 의원 51명 가운데 문재인 대통령과 박병석 국회의장을 제외한다 하더라도 18명이나 되는 의원이 여전히 21대 더불어민주당 소속 현역 국회의원으로 포진하고 있다. 이들은 왜 차별금지법에 침묵하고 있는가? 그 가운데 이낙연 현 더불어민주당 대표는 왜 차별금지법 제정에 대해 말을 아끼는가? 무리하게 휴대폰 비밀번호 강제해제법을 밀어붙였다 최근 한 발 물러난 추미애 법무부장관은 인권 보장의 기본 가이드라인으로 진작에 제정되었어야 할 차별금지법에 대해서는 왜 그렇게 강경하게 나설 생각이 없는가? 노무현 정부의 인권위가 2003년 총 17인으로 구성된 차별금지법제정추진위를 구성할 때 당시 한국여성단체연합 사무총장으로서 시민단체 몫 추진위원으로 위촉되었던 남인순 의원은 왜 스스로 빚어낸 차별금지법을 애써 외면하는가? 더불어민주당의 정책위의장과 정책위 수석부의장을 역임하고 있는 조정식 의원과 윤관석 의원은 정책적으로 차별금지법을 검토해본 적이 없는가?

2002년, 고 노무현 당시 대선후보의 공약으로부터 18년이 지난 지금까지 민주당이 부지런히 '사회적 합의'라는 말 뒤에 숨어 차별금지법으로부터 뒷걸음질 치는 동안 시민들은 온몸으로 차별과 혐오에 맞서며 차별금지법 제정을 위한 '사회적 합의' 혹은 '국민적 공감대'를 착실히 쌓아왔다. 국가인권위원회의 국민인식 설문조사에서는 응답자의 88.5%가, 한국여성정책연구원의 설문조사에서는 87.5%가 우리 사회에 차별금지법이 필요하다고 응답했다. 국제사회는 2007년부터 지금까지 참으로 초인적인 인내심을 가지고 한국

정부에 반복적으로 포괄적 차별금지법의 제정을 권고하고 있다.

차별금지법이 제정되지 않는 진짜 문제는 무엇인가? 18여 년 동안 거의 변하지 않은 법안의 내용인가? 아니면 차별과 혐오에 반대하는 시민들 대신 차별을 권리라고 주장하는 일부 보수 기독교 세력의 눈치를 보는 쪽을 택한 정치인들인가? 차별금지법은 그 내용이 아니라 어느새 기득권으로 변해 174석의 의석을 갖고도 보수 기독교계와 높은 확률로 재계의 눈치를 보고 있는 더불어민주당 양심의 문제로 아직까지 만들어지지 못하고 있다. 실로 부끄러운 일이다. 정부여당은 이제라도 모든 시민의 평등한 존엄을 염원하는 모든 시민 앞에, 오늘도 부당한 차별과 혐오로 고통받는 모든 시민 앞에 한 치의 거짓 없이 답해야 한다. 2020년 11월말 차별금지법 제정을 위한 집중행동 기간에 국회에서 진행한 대한성공회 정의평화사제단과 나눔의집 사제님 들이 함께한 기자회견문의 일부를 인용하며 이 글을 마치려 한다.

"정부여당은 차별금지법을 비롯해 쟁점사항이 많은 이슈가 논란이 될 때마다 '사회적 합의'라는 수사 뒤에 숨어 '나중에'를 연발합니다. 하지만 정부여당은 사회적 합의라는 수사 뒤에 숨을 게 아니라, 그 '사회적 합의'를 적극적으로 주도해야 할 정치적 책임과 힘을 가진 집단임을 망각해서는 안 됩니다."

택배노동자의 죽음으로 본 노동법의 딜레마

박정훈 라이더유니온 위원장

코로나19 이후, 국가에서 배달노동자를 필수노동자라 부르는 시대가 도래했다. 국가의 방역수칙에는 외식을 자제하고 배달음식을 시켜 먹으라는 내용이 포함됐다. 배달의민족을 비롯한 배달 플랫폼 업체의 수익은 늘어났고, 새벽배송업체인 마켓컬리는 매출 1조 원을 달성했다. 음식뿐이 아니다. 쿠팡과 CJ대한통운 등 택배업도 특수를 맞았다. 그 덕분에 택배노동자들이 과로사로 사망하고 있다. 급기야 해외언론에서 한국의 과로사 문제를 보도하면서 'kwarosa'라는 단어를 그대로 사용하기 시작했다. 음식배달업도 예외는 아니다. 코로나19로 실업자가 늘면서 음식배달업에 뛰어드는 노동자가 늘어나고, 이륜차 사고도 늘어난다. 택배는 과로사로, 배달은 사고로 죽는다. 이들의 죽음을 거름 삼아 배달산업이 성장하자, 네이버, 위메프, 롯데 등 대형 사업자들도 배달산업에 뛰어들고 있다.

시공간을 초월한 생산과 소비

지금까지 사람들은 자신이 필요한 상품과 서비스를 정해진 시간과 장소에서 생산하고 소비했다. 지하철을 타고 직장에 출근해서 일정 시간 동안 생산하고, 퇴근한 후 마트와 음식점, 미용실에 들러 일정 시간 동안 소비한다. 따라서 생산과 소비의 시간적 단절이 필요했다. 퇴근과 주말은 노동자를 위해서도 필요하지만 상품을 판매해야 하는 기업의 입장에서도 소중한 시간이다.

이동하지 말라는 것은, 이 시공간의 법칙을 무너뜨리는 일이다. 특정한 시간에 문을 열고 닫는 장소가 없으니, 역설적으로 24시간 생산하고 소비할 수 있어야 한다. 여기에는 전제가 있다. 장소와 시간에 구애받지 않고 생산하는 '노동자'와 왕성하게 소비하는 '소비자', 24시간 판매하고 싶은 욕망을 가진 '기업가', 마지막으로 이를 중개하는 '플랫폼'의 존재다. 배달 플랫폼에 연결된 음식점 사장님은 재료만 충분하다면 무한대의 손님에게 음식을 판매할 수 있다.

배달하지 않고 매장만 운영했다면 식탁과 의자, 공간의 한계로 상품생산에 제약을 받는다. 플랫폼은 음식 판매의 시공간적 제약을 부순다. 손님 역시 차량이나 도보로 음식점에 가는 게 아니라 이불 속에서 간단히 스마트폰 애플리케이션(앱)을 통해 주문할 수 있다. 음식뿐 아니라 대형마트와 슈퍼마켓도 마찬가지다. 공급자와 소비자를 중개만 하는 플랫폼은 인간이 가진 체력적 한계와 자본이 가졌던 공장 부지, 생산도구, 고용 여력의 한계를 부순다. 플랫폼은 노동력을 소유하지 않고, 공장 부지를 소유하지 않고, 판매할 상품을 소유하지 않고, 오토바이와 차량을 소유하지 않고도 세계 최대의 슈퍼마켓이 될 수 있고, 부동산임대업자가 될 수 있으며, 택시회사와 배달회사도 될 수 있다. 쿠팡, 에어비앤비, 우버, 배달의민족이 여기에 해당한다. 상품공급은 판매자가, 배송과 그에 필요한 차량은 노동자가 준비해 오거나 렌트비를 주고 빌린다. 플랫폼은 오직 온라인 데이터만 가지고 모든 것을 한계 없이 소유할 수 있다. 노동력과 생산도구의 무한한 축적이 가능하니 무한한 공급도 무한한 소비도 가능하다.

1초 단위의 주문에 바로바로 노동력이 매칭되어야 하므로, 기업으로서는 노동력이 앱 속에 무한하게 저장되어 있어야 하며, 24시간 제약 없이 호출할 수 있어야 한다. 근무시간의 제한이 불가능한 이유다. 그러나 앱에 로그인했다고 최저임금을 줄 수는 없다. 그 순간 무료로 무한한 노동력을 저장하는 시스템이 무너진다. 고용할 때 근로계약서를 쓰거나 해고할 때 해고 절차를 거쳐야 한다면, 1초 단위의 초단기계약이 불가능하다. 플랫폼이 노동법을 무너뜨리며 탄생해야 하는 이유다. 새로운 현상은 아니다. 기업들은 노동법을 이용해 구매한 노동자를 최대의 효율로 사용했고, 그 규제조차 답답한 기업들은 특수고용노동자나 플랫폼 노동을 탄생시켜 노동법을 회피했을 뿐이다. 우리는 이 본질을 CJ와 쿠팡 노동자를 통해 파악할 수 있다.

CJ 택배노동자와 쿠팡맨 택배노동자

CJ 택배노동자들은 특수고용노동자 신분이다. CJ와 직접적인 계약관계를 맺는 것도 아니다. CJ가 대리점과 위탁계약을 맺고, 대리점이 다시 택배기사와 위탁계약을 맺는 방식이다. 배달대행산업 구조와 똑같다. 라이더들은 플랫폼과 위탁계약을 맺은 동네배달대행사와 또 다시 위탁계약을 맺는다. 위탁의 위탁 속에서 본사는 아무런 책임을 지지 않는다. 택배노동자들은 물량을 많이 확보해 배달을 많이 하면 할수록 돈을 많이 벌어 가는 구조다. 프랜차이즈와 하청산업의 구조 위에 특수고용과 플랫폼이 덧씌워진 것이다. 택배노동자들은 비정규직 간접고용노동자들이 가지고 있었던 최후의 방패인 근로기준법마저 빼앗겼다.

CJ 택배노동자와 고용구조상 정반대의 노동자가 바로 쿠팡맨이다. 이들은 근로기준법상 노동자다. 4대 보험과 차량, 기름 값 등을 제공받고 노동법의 보호를 받는다. 그러나 쿠팡맨의 노동조건이 다른 택배노동자의 노동조건보다 크게 좋아 보이지는 않는다. 노동법을 지키면서 노동자 사이에 계급을 나눌 수 있다. 정규직, 기본급 213만 원을 보장받는 비정규직인 노멀, 최저임금을 받는 라이트가 있다. 수습기간 3개월 동안 라이트를 거치면 노멀이 되고, 1년 후에 계약연장을 심사받는다. 그리고 2년을 채우면 정규직 전환을 심사받는다. 여기서 끝이 아니다. 쿠팡은 쿠팡맨의 등급을 1~9등급으로 나누어 임금을 지급한다. 월급이 오르려면 할당된 배송량을 초과 배달해 점수를 획득해야 한다. 누적된 점수를 기준으로 '레벨업'을 하는 시스템이다. 초보는 1~2레벨이고, 대부분은 3~5레벨에 머물러 있다. 6레벨은 전체 7000여 명의 쿠팡맨 중 12명뿐이다. 간접고용의 CJ 택배노동자든, 정규직노동자인 쿠팡맨 노동자든 고용형태와 상관없이 택배과로사가 벌어지는 이유다.

여기서 노동법상 근로자의 2가지 딜레마가 발생한다. 첫째로 비정규직 하청노동자도 근로기준법상 근로자라는 점이다. 근로기준법의 보호를 받긴 하지만 최저임금은 시간당 8590원에 불과하다. 주휴, 야간, 연장, 휴일 수당을 제대로 준다고 하더라도 월

200~300만 원 정도다. 2020년 대한민국 4인 가구의 중위소득은 474만 원, 3인 가구는 387만 원이다. 해고의 제한이 있지만 계약직이면 계약만료로 해고될 수 있다. 즉, 근로자 신분이라는 게 쟁취해야 할 매력적인 신분이 아니다. 그래서 높은 연봉과 많은 복지를 보장받는 대기업 정규직이 아니라면, 근로기준법의 권리를 박탈당하는 것이 큰 문제가 되지 않는다.

두 번째로, 근로기준법상 근로자든, 근로기준법의 보호를 받지 않는 특수고용노동자든 기업은 손해 볼 게 없다. 아무런 비용도 지불하지 않고 모든 책임을 떠넘기고 싶으면 특수고용노동자를 쓰면 된다. 그런데 여기서 근로자가 아닌 노동자에게 강제로 일을 시켜야 하는 문제에 부딪힌다. 해결책은 간단하다. 건당제, 성과급제를 도입하면 자발적으로 일한다. 기업은 여기에 자율이 있다고 말한다. 만약 정규직으로 고용하면 노동자들을 직접적으로 착취할 수 있다. 인사고과 시스템을 만들고 임금인상과 정규직이라는 당근을 들고 노동자를 달리게 할 수 있다. 게다가 월급제이므로, 배송물량을 많이 할당해 노동 강도를 높여서 가성비 좋게 노동력을 활용할 수 있다. 어떤 수단을 쓰든 결과는 같다.

이것은 배달산업도 마찬가지다. 맥도날드나 교촌치킨 등의 근로자 신분 배달노동자들은 최저임금을 받는다. 오토바이와 보험료, 기름 값을 회사가 부담하는 대신 아침 7시에 출근시킬 수도 새벽

2시에 퇴근시킬 수도 있는 권한을 가진다. 노동자가 돈을 많이 벌 수 있는 방법은 연장수당과 야간수당을 획득하기 위해 하루 8시간 이상 노동을 하거나 밤 10시 이후에 일을 하는 것이다. 그래서 일부 기업은 연장수당과 야간노동을 회피하기 위해 '칼퇴'를 시키기도 하고, 직급이 높은 매니저들은 퇴근을 찍고 일하기도 한다. 이런 노동자의 족쇄를 해방시키러 온 혁명가를 자처한 자본이 있다. 20년 전에는 특수고용노동자를 발명한 기업이었고, 2020년에는 플랫폼 기업이다. 이들은 노동시간의 제한 없이 건당 수수료로 마음껏 돈을 벌라고 한다. 그리고 노동자에게 자유를 줬다고 자부한다. 그 결과는 24시간 끊임없이 일하는 노동자의 탄생이다. 정말이지 답이 없어 보인다.

포괄적 노동법이라는 울타리, 그 안에서의 싸움

근로기준법에 노동시간의 제한이 만들어진 게 언제일까? 마르크스의 『자본론』을 보면 영국 노동자의 노동시간 제한을 둘러싼 투쟁이 나온다. 자본주의 초기에는 자본가가 노동자에게 일을 시키는 게 과제였다. 해 뜨면 일하고 해 지면 집에 가던 노동자들을 붙잡아 공장의 시계에 맞춰야 했기 때문이다. 노동시간의 제한은 오히려 자본가의 요구였다. 그러나 공장에서 일하지 않으면 생존이 불가능한 시대가 왔다. 자본가들은 밤낮없이 노동자들을 돌렸고 과로로 인해 대다수가 30~40대가 되면 사망할 정도였다. 그래서 노동시간 제한이 논의되기 시작했고, 8시간 노동이 전 세계 노동자의 요구사항이 됐다. 1889년 제2인터내셔널의 결의와 1890년부터 시작된 8시간 쟁취를 위한 전 세계 노동자의 투쟁은 130년도 안 된 짧은 역사를 가졌다. 노동법은 노동자를 무한하게 활용하려는 자본의 욕망보다는 훨씬 짧은 셈이다.

노동자가 노동법의 보호를 원하지 않는 이유는, 근로기준법에 나와 있는 최저의 기준이 자신의 노동조건이기 때문이다. 최저임금과 주 40시간 노동으로는 도저히 살아갈 수 없고, 4대 보험과 사회복지를 믿고 이틀의 여가시간을 가만히 앉아서 쉬기에는 불안하기 때문이다. '집에 앉아 숨만 쉬는 것보다 낫다.' 많은 노동자가 야근을 하거나, 퇴근 후와 주말 플랫폼에 접속해 배달을 하는 이유다. 그나마 있는 노동법을 사업주가 지키지 않으면 이를 강제할 수단도 별로 없다. 노동조합에 가입한 노동자는 대한민국 10명 중 1명에 불과하다. 이런 이유로 많은 이가 자영업자나 프리랜서를 꿈꾸지만, 노동법의 보호에서 벗어난 세계는 해방이 아니라 적자생존의 공간이다.

우리가 해야 할 일은 노동법을 최저 기준이 아니라 최고 기준으로 만드는 일이다. 우리가 8시간 노동을 위해 싸운 이유는, 8시간 동안 사업장에 갇혀 있기 위해서가 아니라 힘들고 지칠 때쯤 집에 갈 수 있는 자율성을 획득하기 위해서다. 휴가를 떠나고 싶을 때 유급으로 쉴 수 있고, 마음에 안 드는 직장이면 때려치울 수 있도록 연차휴가도 퇴직금도 실업급여도 만들어놓았다.

특수고용노동자의 노동시간을 제한하기 위해서 어떻게 하면 될까? 노동법을 적용하면 된다. 그렇게 하면 소득이 너무 낮아져서 안 된다고? 노동법이라는 울타리에서, 임금인상 투쟁과 근무환경 개선을 위한 투쟁을 하면 된다. 최저임금이 적합하지 않다면 건당 수수료의 하한선을 만들면 된다. 근무조건이 마음대로 바뀌는 것을 막기 위해서 취업 규칙 불이익 변경을 플랫폼과 특수고용노동자에 적용하면 된다. 이것은 노동자들의 집단적 행동을 통해서만 가능하다. 이 과정이 힘겹고 보통은 패배하기 때문에 많은 이가 노동법 대신 각자도생의 플랫폼에 접속한다. 노동법이 일하는 사람의 희망이자 해방자 역할을 플랫폼과 기업에 빼앗긴다면 택배노동자의 죽음은 멈추지 못할 것이다.

실업이라는 사고는
누구에게나 일어날 수 있다

우석진 명지대학교 경제학과·응용데이터사이언스 교수

일을 하는 것은 우리 국민의 헌법상 의무이자 권리이다. 노동은 소득 창출의 원천이기도 하고, 인간으로서 자기 성취를 이루는 과정이기도 하다. 하지만 노동자는 다양한 이유로 일자리를 잃는다. 자동차 사고가 발생하는 것처럼 일자리를 잃어버리는 사건이 발생하는 것이다. 자동차 사고가 일어나면 적게는 몇만 원에서 많게는 몇 억까지 처리 비용이 발생한다. 개인이 모든 비용을 감당하기 어렵기 때문에 우리는 자동차 보험에 가입한다. 자동차 사고가 일어나지 않을 수도 있지만, 혹시라도 자동차 사고가 일어났을 때 관련 비용을 보험회사가 처리해줌으로써 우리는 재정적 손실을 최소화

할 수 있다.

일자리를 잃어버리는 문제와 관련해서도 보험이 존재한다. 이를 실업보험이라고 부른다. 평상시에 일정 금액의 보험료를 내면, 실업이 발생했을 때 노동자는 보험회사에서 일정 정도의 보험금을 받을 수 있다.

고용보험은 무엇인가

문제가 있다. 실업보험은 민간 보험회사에서 팔지 않는다. 민간 보험회사에서 보험료를 책정하면 그 보험료를 내고도 이익을 볼 수 있는 노동자들만 보험에 가입할 것이다. 적지 않은 비용을 내고 가입하는 노동자들은 실업 위험이 높은 사람들이다. 이러한 현상을 경제학에서는 역선택이라고 한다. 역선택이 발생하면 보험회사로서는 정해진 보험료를 받아서는 수익을 낼 수가 없으니, 보험료를 좀 더 높여서 받을 수밖에 없다. 다시 그런 보험에는 실업의 위험이 높은 노동자만 가입하는 악순환이 발생한다. 결과적으로 민간시장에서는 실업 사건에 대처할 수 있는 보험이 운용될 수 없다.

하지만 실업보험은 꼭 필요하다. 때문에 우리나라뿐 아니라 대다수 선진국에서는 사회보험 형태로 실업보험을 제공하고 있다. 보험 가입은 강제성을 띤다. 가입하기 싫다고 가입하지 않아도 되는 것이 아니다. 일정 기준이 충족되면 강제적으로 가입해야 한다. 보험료는 보통 가입자의 사고 위험을 근거로 해 책정된다. 하지만 사회보험은 소득 창출 능력에 기반해 보험료가 책정된다.

우리나라 실업보험의 이름은 고용보험이다. 고용을 지켜준다는 의미에서 명명되었지만 잘 지어진 이름은 아닌 것 같다. 마치 고용을 보장해주는 것 같은 혼동을 일으키기 때문이다. 현재 고용보험은 근로연령대 인구를 위한 중요한 소득보장제도의 근간이다. 근로소득이 있을 때 최소 8개월 이상 고용보험에 가입한 노동자는 실업할 경우 실업급여를 받을 수 있다. 급여수준은 대체로 168만 원에서 185만 원 정도다. 길게는 10개월까지 실업급여를 받으면서 구직 활동을 할 수 있다.

가입자들이 내는 보험료는 기금 형태로 적립된다. 일부는 실업급여로 지급되고, 일부는 실업자의 훈련 등과 관련된 비용으로 지급되기도 한다. 2020년에는 코로나19 전염병으로 인한 대규모 실업을 예방하기 위해, 근로자의 고용을 유지시키는 기업에 대해서 기업의 인건비를 지원하는 '고용유지지원금' 제도가 기금 사업에 포함되기도 했다.

현 고용보험의 사각지대

현 고용·보험체계는 광범위한 사각지대의 존재라는 문제에 직면해 있다. 특히 우리나라의 고용보험은 월급을 받는 근로자를 중심으로 기본 설계가 이루어져 있어 사각지대가 상당히 넓다. 예를 들어, 이른바 특수고용노동자는 고용보험 의무가입 대상이 아니다. 일일(단기) 노동자의 경우에는 대부분의 사업주가 고용계약을 신고하지 않아 고용보험에 가입되어 있지 않다. 주당 15시간 미만 일하는 초단시간 노동자는 2018년 이후 고용보험 의무가입 대상이 되었으나 실제 가입률은 매우 낮다. 또한 초단시간 노동자가 고용보험에 가입한다고 해도 2년 동안 180일을 근무해야만 신청 수급권이 생긴다는 제도상 제약도 존재한다. 5인 미만 영세사업체의 노동자 역시 가입률이 낮다.

고용보험에 존재하는 광범위한 사각지대는 코로나19 확산으로 인한 고용불안의 시기에 심각한 문제점을 드러냈다. 많은 선진국들은 실업보험을 통해 코로나 봉쇄 조치로 실직한 노동자에게 소득을 전달했다. 하지만, 우리나라의 경우 광범위한 사각지대로 인해 고용보험을 활용하지 못하고, 전 국민의 상당수가 가입되어 있는 건강보험체계를 이용할 수밖에 없었다.

또한 현 정부가 추진하고 있는 한국판 뉴딜 정책은 고용 구조에 근본적·구조적·기술적 변화를 가져오게 된다. 뉴딜 정책은 추격형

경제에서 선도형 경제로, 탄소의존 경제에서 저탄소 경제로 양적·
질적 전환을 추구하고 있다. 이러한 기술적 전환의 시기에는 뉴딜
의 기본정신인 사회안전망의 강화가 절실하다. 우리 경제가 필요
로 하는 기술적 변화는 필연적으로 노동자의 실업을 낳을 것이다.
이로 인해 노동자의 불안정성이 증가할 것이며, 인적자본을 축적한
자와 그렇지 않은 자 사이의 소득 격차가 확대될 것이 분명하다.

전 국민 고용보험 제도의 필요

노동자를 실업불안에서 보호하고, 격차를 해소할 뿐 아니라
새로운 직종으로 자리 이동을 할 수 있게끔 사람에 투자할 수 있는
지원이 필요하다. 전 국민 고용보험 제도는 이러한 필요성에 따라
제안된 것이다.

전 국민 고용보험 제도는 모든 취업자가 고용보험의 보호를 받
게 되는 것을 목표로 한다. 구체적으로는 2025년에 예상되는 취업
자 2500만 명에서 공무원, 사립학교 교원 등의 적용제외 대상을 뺀
2250만 명의 95%에 달하는 2100만 명의 취업자가 고용보험에 가
입하는 것이 목표다.

단계적으로 예술인, 특수형태근로종사자 등에 대해 고용보험 적
용을 확대한다. 비자발적 이직 또는 일정 수준 이상의 소득감소에

대해 구직급여를 지원하는 것을 골자로 하고 있다. 이를 위해 과세 정보를 확대하고 기관 간 정보 공유를 통해 대상 노동자의 소득파악 현행화를 추진하고 있다.

또한 실업부조에 해당하는 국민취업지원제도를 도입하는 것도 예정되어 있다. 국민취업지원제도란 고용보험 사각지대에 있는 취업취약계층을 지원하는 것이 목표로, 저소득 근로빈곤층에 직업 훈련 등 취업 지원 프로그램을 제공하고 구직촉진수당, 취업성공수당을 지급하는 것이 주된 내용이다. 정부는 2021년 1월부터 이 제도가 시행되면 첫해에 35만 명, 2022년에는 60만 명까지 혜택을 볼 수 있을 것으로 내다보고 있다.

지금 같은 뉴노멀 시대에 많은 노동자가 실업으로 인한 소득감소의 위험으로부터 보호받는 것은 매우 필요한 일이다. 다만, 문재인 정부는 이 사업들의 재원을 어떻게 마련할지에 대해서 아직 구체적인 안을 내놓은 바가 없다. 말뿐인 성찬으로 끝나지 않기를 바란다.

국정농단 사태는
끝나지 않았다

백인성 KBS 법조전문기자·변호사

"주문, 상고를 기각한다." 대법원은 이렇게 최순실(개명 후 최서원) 씨의 운명을 결정했다. 2020년 6월 11일, 대법원 2부(주심 안철상 대법관)는 뇌물수수와 직권남용·권리행사방해 등의 혐의로 재판에 넘겨진 최 씨에 대한 재상고심에서 그의 상고를 기각하고 원심을 확정했다. 최 씨가 2016년 11월 재판에 처음 넘겨진 지 3년 7개월 만이었다.

다섯 번의 재판 끝에 징역 18년과 벌금 200억 원, 추징금 63여억 원. 최 씨는 딸 정유라 씨의 이화여대 입학 비리 사건으로 지난 2018년 5월 이미 징역 3년 형이 확정돼 수감 중인 상태다. 만 64세

(1956년생)인 최 씨는 80대가 되어서야 수감 생활을 마치게 된다. 헌정사상 초유의 대통령 탄핵 심판과 파면 결정을 이끌어낸 이른바 '국정농단' 사태의 한 축은, 이렇게 사법부의 최종 판단을 받아들었다.

국정농단 청산 어디까지 왔는가

박근혜 정부의 최순실 등 민간인에 의한 국정농단 의혹 사건. 지난 2016년 말 한국을 뒤흔들었던 국정농단 사건의 법률상 명칭이다. 이름이 보여주듯, 민주적 정당성을 부여받지 못한 비선조직(이른바 '비선실세')이 대통령과 공모해 국가 권력을 전방위적으로 사유화한 사건이다.

대한민국 제18대 대통령이던 박근혜 전 대통령은 아무런 공직도 맡지 않았던 민간인 최 씨의 의견을 비밀리에 국정 운영에 지속 반영했고, 국민에게 위임받은 권한을 사적 용도로 남용해 적극적·반복적으로 최 씨의 사익 추구를 도왔다. 아무 권한 없는 한낱 개인이 행정부 수장을 조종한 "봉건시대에도 있을 수 없는 일"(이원종 당시 대통령 비서실장의 말)이었다.

최 씨는 박 전 대통령과 공모해 △대기업들을 상대로 미르·케이스포츠 재단 설립 출연금 774억 원을 받은 혐의 △삼성그룹에서 딸의 승마 지원 및 미르·케이스포츠 재단, 영재센터 후원 명목 등으로 수백억 원을 뇌물로 받은 혐의 △포스코 계열사 광고업체 지분을 빼앗으려 광고사를 압박한 혐의 △한국관광공사 자회사인 그랜드코리아레저GKL에 장애인 펜싱팀을 창단하게 하고 자신이 소유하고 있던 더블루케이와 에이전트 계약을 맺도록 한 혐의 등을 받았다.

박 전 대통령은 이 과정에서 대통령의 지위를 이용하거나 국가기관과 조직을 동원했다. 그는 최 씨의 국정 개입 의혹이 제기될 때마다 부인하며 의혹 제기 행위를 비난했고, 권력분립원리에 따른 국회 등 헌법기관에 의한 견제나 언론 등 민간에 의한 감시 장치는 제대로 작동될 수 없었다. 민주적 정당성의 연결고리는 단절됐고, 대의민주제의 원리는 형해화됐다. 그의 행위는 대의민주제의 원리와 법치주의의 정신을 정면으로 훼손하는 것이었고, 동시에 대통령으로서의 공익실현 의무를 중대하게 위반하는 것이었다.

비민주적 세력의 국정개입에 대한 분노는 '적폐 청산'을 모토로 내세운 문재인 정부를 탄생시켰다. 정부 4년 차에 들어서면서 국정농단 사건은 세간의 관심에서 멀어지고 있지만, 사건 관련자들의 사법적 판단은 마무리되지 않은 상태다. 이 글에서는 박근혜 정부 시절 벌어진 국정농단 사건의 주요 등장인물에 어떠한 판결이 선고됐는지, 또 남겨진 재판의 진행 상황을 서술한다. 민주주의 사회에서 다시 있어서는 안 될 부끄러움을 되풀이하지 않기 위함이다.

현재진행형인 국정농단 재판

국정농단 사건은 현재진행형이다. 앞서 본 최 씨에 대한 법적 판단은 끝났지만, 또 다른 책임자인 박근혜 전 대통령에 대해서는 최종 결론이 나오지 않았다. 국정농단 사건에서 특검이 기소한 △정유라 씨 이화여대 부정 입학 및 학사 비리 △문화예술계 지원 배세 명단(블랙리스트) △대기업들의 뇌물공여 등 사건 가운데 판결이 확정된 건 이화여대 학사 비리 사건 정도다. 이들을 도와 위법행위를 저지른 공무원들이나, 대통령에 협력해 뇌물을 지원했던 재벌 총수에 대한 결론은 여전히 미완결 상태다.

이화여대 학사 비리 사건은 국정농단 특검이 기소한 사건 가운데 처음으로 최 씨에 대해 유죄가 확정된 사건이다. 최 씨는 김종 문화체육부차관을 통해 남궁곤 정치외교학과 교수(당시 입학처장), 최경희 이화여대 총장 등 대학 관계자들과 순차 공모해 이화여대 2015학년도 수시모집 체육특기자 전형에 응시한 딸 정유라 씨를 입학시키려 했다.

최 씨와 총장, 입학처장 등은 정 씨가 높은 면접 점수를 받도록 면접위원 등에게 영향력을 행사하고, 위와 같은 사실을 숨기고 교무회의에서 정유라를 선발하는 내용이 포함된 입학 사정 안건을 의결하게 한 혐의를 받았다. 이화여대 교수들은 이들과 공모해 정 씨가 수업에 결석하거나 과제물을 내지 않았는데도 출석과 학점을 인정해줘 대학 교무처장의 학적 관리업무를 방해한 혐의로 재판에 넘겨졌다.

대법원에서 최순실 씨는 징역 3년, 최 총장은 징역 2년, 남 교수는 징역 1년 6개월의 실형이 확정됐다. 출석과 학점을 인정해준 류철균(필명 이인화) 융합콘텐츠학과 교수는 대법원에서 징역 1년에 집행유예 2년, 이인성 의류산업학과 교수는 징역 1년에 집행유예 2년, 이원준 체육과학부 교수는 징역 10개월에 집행유예 2년의 형이 각각 확정됐다.

'문화예술계 블랙리스트' 사건은 박근혜 정부가 개인·단체의 이념적 성향이나 정치적 견해 등을 이유로 한국문화예술위원회(예술위)·영화진흥위원회(영진위)·한국출판문화산업진흥원(출판진흥원)의 각종 지원사업에 특정 예술인들의 참여를 배제시킨 사건이다. 특검이 기소한 사건 가운데 가장 많은 피해자(문화예술인 8931명, 문화예술단체 342개)가 발생한 사건이기도 하다.

박근혜 정부 출범 이후 김기춘 당시 대통령 비서실장은 '문화예술계가 좌편향되어 있어 이에 대한 시정이 필요하다'라는 박 전 대통령의 뜻에 따라, 문화체육관광부 공무원에게 이른바 '좌파 예술인'들에 대한 문화예술진흥기금 지원을 거부하는 등의 불이익을 줬다. 김 실장은 조윤선 정무수석비서관과 김상률 교육문화수석비서관, 김소영 문화체육비서관, 김종덕 문화체육관광부 장관, 신동철·

정관주 국민소통비서관 등과 공모해 예술위 책임심의위원 선정과정에 개입하고, 정부를 비판하거나 정부의 견해에 의문을 제기하는 영화를 상영한 영화제나 영화관에 대한 지원 배제를 예술위·영진위·출판진흥원에 지시한 혐의도 받는다. 김기춘, 김종덕, 조윤선, 정관주는 이 사건 관련 국정조사 청문회에서 위증한 혐의로도 재판에 넘겨졌다.

재판의 핵심은 직권남용 혐의의 성립 여부다. △직권을 남용해 △다른 사람이 의무 없는 일을 하도록 해야 성립한다. 대법원은 직권남용 혐의를 유죄로 본 원심판결 대부분은 정당하지만, 일부 공소사실에서 지시를 받은 문화체육관광부 공무원들이 '의무 없는 일'을 한 것인지를 자세히 따져봐야 한다며 사건을 서울고법으로 돌려보냈다.

파기환송 전 2심은 김기춘 비서실장에게 징역 4년, 조윤선 정무수석에게 징역 2년 형을 선고했다. 김상률은 징역 1년 6개월, 김소영은 징역 1년 6개월에 집행유예 2년, 김종덕은 징역 2년, 신동철·정관주는 징역 1년 6개월을 각각 선고받았다. 파기환송심은 아직 결론이 나지 않았다. 대법원 취지대로라면 이들은 파기환송 전보다 낮은 형을 받을 가능성이 크다.

진행 중인 재판 가운데 가장 중요한 사건은 박 전 대통령의 대법원 재상고심이다. 박 전 대통령은 상당 부분 혐의를 앞서 최 씨와 공유한다. 그는 재단법인 미르와 재단법인 케이스포츠에 대한 출연금 774억 원을 53개 대기업에서 강제모금했다는 등 직권남용 및 뇌물 혐의를 비롯해 삼성그룹과 관련된 뇌물 혐의, 문화예술계 블랙리스트 지시를 비롯해 총 18개 혐의를 받았다. 그는 이와 별도로 이른바 '문고리 3인방'을 통해 국가정보원장 3명에게서 총 35억 원의 특수활동비를 상납받은 혐의, 2016년 4·13 총선에서 옛 새누리당 '친박' 의원들의 당선을 위해 불법 여론조사를 하고 공천 과정에 개입한 혐의 등으로도 기소됐다.

박 전 대통령의 재판은 지난해 8월 대법원 전원합의체를 거쳐 네 번째 재판인 파기환송심에 와 있다. 그는 파기환송심에서 특정범죄가중처벌법상 뇌물 혐의로 징역 15년과 벌금 180억 원을 선고받았다. 직권남용권리행사방해 및 나머지 혐의에 대해선 징역 5년과 추징금 35억 원을 선고받았다. 그는 검찰의 재상고로 대법원에서 다섯 번째 재판을 남겨두고 있다.

박 전 대통령은 1심 이후 재판에 응하지 않고 있다. 대법원 전원합의체가 사실관계를 대부분 확정한 이상, 파기환송심 결과가 그대로 확정될 가능성도 배제하기 어렵다. 이렇게 형이 확정되면 올해 68세인 박 전 대통령은 90에 가까운 나이에야 감옥에서 풀려난다. 뇌물수수 등으로 징역 17년이 확정돼 수감된 이명박 전 대통령과 함께, 보수 정권이 배출한 대통령 둘이 나란히 말년을 교도소에서 보내게 되는 셈이다. 정권이 바뀌지 않는 한 특별사면 가능성도 높지 않다. 헌정사의 비극이다.

정경유착의 민낯을 드러낸 국정농단

정경유착의 민낯도 가감 없이 드러났다. 경영권 승계 작업 지원(삼성), 면세점 특허(롯데), 기업결합 승인(SK)등 그룹 현안을 해결하기 위해 기업이 정권과 손을 잡으려 한 사실이 드러난 것이다. 이 사건과 관련된 그룹은 삼성, 롯데, SK 셋이지만 최태원 SK 회장은 실제 돈을 주지 않았단 이유로 기소되지 않았다. 국정농단 사건으로 기소된 재벌들은 정경유착으로 인한 뇌물이 아니라 대통령에게 겁박당해 어쩔 수 없이 후원금을 제공했다고 주장했지만, 사법부는 이들이 준 돈이 뇌물임을 분명히 했다.

신동빈 롯데그룹 회장의 재판은 지난해 확정됐다. 신 회장은 국정농단 사건과 관련해 2016년 3월 롯데월드타워 면세점 신규 특허 취득과정에서 도움을 받는 대가로 케이스포츠재단에 70억 원을 지원한 혐의로 기소됐다. 그는 강요에 의해 돈을 바쳤다고 주장했지만, 대법원은 유죄로 판단했다. 그는 지난해 징역 2년 6개월에 집행유예 4년 형이 확정됐다.

이재용 삼성전자 부회장은 재구속 갈림길에 서 있다. 그는 실형을 살다(1심 징역 5년) 항소심 선고 공판에서 징역 2년 6개월에 집행유예 4년으로 풀려난 상태다. 이 부회장은 그동안 신 회장과 마찬가지로 강요에 의해 자금을 바쳤을 뿐이라고 줄곧 주장했지만, 대법원 전원합의체는 그를 '피해자가 아닌 뇌물공여자'로 결론 내렸다. 오히려 뇌물 액수를 너무 적게 판단했다며 재판을 서울고법으로 파기환송했다. 삼성이 정유라 씨에 대한 승마지원 명목으로 쓴 독일 코어스포츠 용역대금 36억 원, 정 씨에게 지원한 말 세 필 구매비 34억 원, 최순실 씨의 조카 장시호 씨가 운영하던 동계스포츠영재센터 지원금 16억 원을 모두 이 부회장의 뇌물로 인정해야 한다는 취지였다.

대법원은 당시 삼성전자, 삼성생명에 대한 이 부회장의 지배권 강화라는 뚜렷한 목적을 갖고 그룹 차원에서 조직적으로 승계작업이 진행됐으며, 이는 대통령의 권한으로 영향을 미칠 수 있는 사안이라 뇌물죄의 대가관계 역시 인정된다고 봤다.

통상 동일한 사실관계에 관해 대법원 판단에서 인정된 사실들은 다른 재판에서도 유력한 증거자료가 된다. 이미 대법원이 이 부회장이 뇌물을 준 사실과 그 동기인 삼성 승계작업의 존재를 인정한 이상, 사실관계가 파기환송심에서 바뀔 가능성은 높지 않다. 그 때문에 법조계에선 이 부회장의 유죄를 사실상 확정된 것으로 보고, 오히려 어느 정도의 형을 선고받을지에 관심을 두고 있었다.

다만 파기환송심 재판부가 미국의 준법감시제도를 언급하며 "삼성의 준법감시제도가 마련되고 실효적으로 운영된다면 이를 (이 부회장의) 양형 사유 중 하나로 고려하겠다"는 뜻을 밝히면서 이런 예상은 깨졌다. 삼성은 즉각 '준법감시위원회'를 출범시켰고, 이 부회장은 경영권 승계와 노조 문제 등과 관련해 대국민 사과를 했다. 특검은 "재판부가 집행유예 선고의 예단을 가진 것 아니냐"며 기피신청을 냈다. 기피신청이란 형사소송법상 법관이 불공평한 재판을 할 우려가 있을 때 검사나 피고인이 해당 법관을 재판에서 배제해달라고 신청하는 제도다.

그러나 지난 10월 대법원이 특검의 기피신청을 최종 기각하면서 파기환송심은 재개됐다. 재판부는 적어도 내년 초 이 부회장에 대한 형을 선고할 방침이다. 1심에서 선고된 징역 5년 형이 3년 이하로 감형돼 이 부회장에게 집행유예가 선고될 가능성을 배제할 수 없다.

재발을 막기 위한 입법적 조치가 필요하다

국가 최고위층의 공적 개념과 국가의 공적 영역이 사유화될 때 어떠한 일이 벌어지는지, 우리는 값비싼 대가를 치르고서야 배웠다. 사회에 새겨진 크나큰 상처를 치유하기 위해서는 국정농단 사건에 등장하는 인물들에 대한 사법적 단죄 외에도, 헌법 가치를 훼손하고 국기문란을 야기한 책임자들의 진심 어린 사과가 필요하다. 국민들은 헌법재판소의 대통령 파면 결정 이후, 최 씨나 박 전 대통령을 비롯해 이 사건을 협조·방조한 이들에게서 단 한 마디의 사과도 받지 못했다.

사태 재발을 막기 위한 입법적 조치 역시 과제로 남았다. 당시 20대 국회는 △대통령 특수관계인의 뇌물, 사기, 횡령, 공무상 비밀누설, 탈세 등의 범죄(특정중대범죄)에 대해 공소시효를 폐지하는 '대통령 등의 특정 중대범죄 처벌에 관한 특별법' △직무상 명령이 위법한 경우 복종을 거부하여야 하며 이로 인하여 어떠한 인사상 불이익 처분도 받지 아니한다는 '국가공무원법 개정안' △자유민주적 기본질서를 침해하는 행위도 공익침해행위로 규정, 이를 신고하는 공익신고자의 보호 범위를 넓히는 '공익신고자보호법 개정안' 등 수십 건의 '국정농단 방지법'을 발의했지만 모두 임기 만료로 폐기됐다. 우리 민주주의의 '흑역사'가 다시는 되풀이되지 않도록 하는 데까지가 이 사태의 진정한 극복임을 명심해야 한다.

블랙리스트,
그때 그 사람들은 어디에?

이상엽 사진가

지금으로부터 70년 전, 위스콘신 출신의 초선 상원의원 조지프 레이먼드 매카시는 검정색 서류가방을 들고 다니며 호언장담을 했다. "이 가방 안에는 빨갱이들의 명단이 수록된 서류가 잔뜩 들어 있다." 그는 진위를 알 수 없는 종이 서류를 흔들며 행정부와 군부, 과학계와 문화예술계에 침투한 공산주의자들이 있다며 마구잡이로 이름을 거론했다. 그가 이런 행보를 보인 지 불과 4년 동안 '사상 검증'이라는 이름으로 약 1만 명에 가까운 미국 행정부 내 인사와 비판적인 지식인, 예술가 들이 구속되거나 누명을 쓴 채 현직에서 물러났다. 흔히 '매카시즘'이라 불린 광풍의 시대였다. 하지만 이

광풍은 단지 매카시 혼자 일으킨 것이 아니었다. 이미 미 정부 내의 정보기관들은 1945년 종전 후 공공연하게 사회주의자들을 탄압했고, 특히 FBI가 벌인 조직 파괴 공작의 대표적인 사례로 뉴욕을 중심으로 활동했던 사진가 집단인 '포토 리그'가 있다.

블랙리스트로 희생된 사진 예술가들

180년 사진사에서 가장 강력한 사진가 집단이 무엇이냐 묻는다면 뉴욕에서 1936년부터 1951년까지 활동한 '포토 리그'를 꼽을 수 있다. 루이스 하인, 아널드 뉴먼, 리세트 모델, 아서 로스타인, 유진 스미스, 위지, 에런 시스킨드, 헬런 레빗, 잭 매닝 등이 활동했다. 이들은 모두 사진사에 길이 남는 작가들이다. 이들은 다음과 같이 선언했다. "사진은 막대한 사회적 가치를 갖고 있다. 사진가들에게는 오늘날의 세계에 대한 참된 이미지를 기록해야 할 책임과 의무가 주어져 있다. 오랫동안 사진은 조형주의자들의 헛된 영향 때문에 고통받아왔다. 포토 리그는 미국을 촬영하기 위해 카메라를 사용하려는 정직한 사진가들 손에 카메라를 되돌려주려는 것이다." 포토 리그는 1930년 '국제노동자구조협회'의 문화 활동 집단으로 시작했으며 1936년 영화 그룹과 결별하고 순수한 사진가 단체가 됐다. 이들은 〈포토 노트〉라는 이름의 기관지를 발행했으며 풍경 사진가 에드워드 웨스턴은 이를 "오늘날 미국 최고의 사진 잡지"라 평했다. 잡지 발간에는 뉴욕 현대미술관의 보몬트 뉴홀과 사진가 폴 스트랜드, 존 배콘 등이 참여해 자문했다. 이들은 뉴욕에 찾아온 사진가들을 초빙해 청강료 없는 무료 강연을 열었다. 이 강연자는 로이 스트라이커, 베러니스 에벗, 안셀 애덤스, 도로시어 랭 등이었다. 이들의 활동은 진보적인 학습, 사진 취재, 전시, 기관지 발간, 사진 아카이브 구축, 강연 및 대중 교육이었다.

하지만 이들은 전후 불어닥친 냉전과 레드컴플렉스의 희생양이 된다. 당시 법무장관 톰 클라크는 법무부 블랙리스트에 공식적으로 이 단체를 올렸고 곧 조직 파괴 목록에 게재된다. FBI는 이 조직의 멤버들을 찾아다니며 밀고와 배신을 종용했고 불명확한 내부인의 증언을 근거로 삼아 1949년에 활동을 중단시킨다. 그리고 매카시가 광분하던 1951년, 조직은 최종적으로 해체되고 만다. 총 1500명의 회원 중 103명이 기소되었으며 유죄가 최종 입증된 사람은 단 한 명도 없었다. 특히 이 조직의 지도자이기도 했던 사진가 폴 스트랜드는 정부의 탄압에 쫓겨 유럽으로 망명한 후 죽는 날까지 고국으로 돌아오지 못했다.

박근혜 정권 블랙리스트의 기원

포토 리그의 사례는 꽤 예전 일이지만 분단의 그늘에서 살고 있는 사진가인 내게는 그리 먼 이야기가 아니다. 철들면서부터 군부독재의 폭압을 경험했고 사진가로 활동하던 초기에도 민주화와는 거리가 있는 권위적인 정부를 상대해야 했다. 하지만 정권이 계속 바뀌며 이념문제로 예술가를 배제하거나 탄압하는 사례는 잦아들었고 어느새 우리는 창작의 자유와 발표의 권리를 쟁취한 듯 보였다. 하지만 그런 '벨 에포크'의 시기는 짧게 지나고 이명박이 대통령에 취임하며 새로운 국면이 조성된다. 이 시기에 대해 당시 문화예술위원장으로 근무하던 미술가 김정헌의 증언이 있다. "직접적인 탄압보다는 교묘하게 모든 국가의 지원을 배제하는 것으로 바뀐다. 이름하여 '블랙리스트'다. 박근혜 정권에서 본격적인 블랙리스트가 등장하지만 사실은 이명박 정권에서부터 시작되었다. 그들은 직접적인 탄압 대신 문화예술계의 기관과 단체부터 손을 보기 시작하는데, 문화예술위원장인 나를 비롯한 김윤수 국립현대미술관 관장, 황지우 한국예술종합학교 총장 등 주로 문화부 소속 기관장이 대상이었다. 소위 '좌우 균형화 전략'을 앞세운 일대 숙청이었다. 그 앞장에 문화부장관이라는 완장을 찬 유인촌이 있었음은 모두 아는 사실이다." 이는 아주 정확하게 당시 상황을 지적한 것이다. 반대 진영의 문화예술가를 물리적으로 탄압하기보다는 합법을 가장해 밥그릇 뺏기를 시도했다. 정보기관들이 조사해 그러모은 리스트를 공유하며 여러 예산 심의에서 배제하고 인사권을 행사해 자리에서 몰아냈다.

이 같은 방법은 박근혜 정부로도 이어졌고 그 대상이 좀 더 확대되고 방법도 노골화됐다. 집권 세력에 반대되는 야당을 지지하거나 4대강 문제, 세월호 문제 등을 제기하는 문화예술인들이 블랙리스트에 올랐다. 2008년 용산 참사로 시작해 4대강 문제와 세월호 참사를 기록하고 발표하던 나 역시 그 대상이었다. 누가 지시했을까 궁금했던 사례는 많았고 명백하게 직권을 남용해 불이익 주기를 당한 것도 몇 차례 된다. 그중 인상적이었던 것이 2014~2015년 세종도서 심사다. 세종도서는 정부가 전국 공공도서관 등에 비치할 우수 도서를 선정해 종당 1000만 원 이내로 구매해주는 사업이다. 이 과정에서 박근혜 정부에 배치되는 정치적 견해나 이념을 보이는 작가의 작품을 세종도서 선정에서 배제하라고 지시했고, 그 지시를 받은 청와대, 문화체육관광부, 한국출판문화산업진흥원 담당 직원들이 이를 집행한 것으로 드러났다. 우연하게 이때 내 신간이 나왔고 출판사는 이 책이 심사위원들에게 좋은 평가를 받아 통과됐다는 반가운 소식을 전했지만, 며칠 후 관계 공무원들이 논의해 대상에서 제외했다고 했다. 내 책의 내용 중 일부가 세월호 문제를 다룬 것이다. 책을 팔아야 했던 출판사 사장님에게 미안한 일이었다.

사실 누구든 이런 문제에 얽히는 것은 피곤한 일이다. 처음에는 분노하고 투쟁심리가 발동한다. 하지만 곧 이것이 국가 권력 전반에서 시행되고 있다는 것을 깨닫게 되면 두려움이 찾아온다. 최소한 이 정권 내에 추가 피해는 없을지, 정권이 연장돼 계속 이런 불이익과 배제의 대상이 되어야 하는 것인지에 대한 공포다. 나 역시 초기의 석연찮은 배제에 설마 하는 의심이 들었지만 전시가 이유 없이 취소되고 이름을 거론하며 문제를 삼는 사례가 등장하자 화가 났고, 곧이어 우울해졌다가 일단 상황을 받아들였다. 마치 암 진단을 받은 환자가 상황을 받아들이는 것처럼 변해간 것이다. 그리고 2016년 겨울 수많은 예술인이 광화문에 텐트를 치고 농성하는 자리를 찾아 그들과 함께 정권 퇴진 운동을 벌였다. 다행히도 이성은 차갑게 문제를 해결할 방법을 찾은 것이다. 결국 박근혜는 탄핵되었고 2017년 5월 정권은 교체됐다. 블랙리스트로 출발해 퇴진 운동에 나섰던 문화예술인들은 역사의 가장자리를 부여잡고 실천으로 제 몫을 한 것이다. 그런데 이렇게 시민이자 창작의 자유를 누려야 할 예술가들을 블랙리스트로 억누르던 이들은 어찌 됐을까? 박근혜와 김기춘, 조윤선 등의 청와대 정치인, 문화체육관광부와 한국문화예술위원회 등의 관료들은 정권이 바뀌고 4년이 지난 이 시점까지 응분의 대가를 치렀을까? 놀랍게도, 블랙리스트는 해결되지 않았고 담당자들은 아무도 처벌받지 않았다.

4년간 해결되지 않은 문제들

지금까지 블랙리스트와 관련한 범죄 사실에 대한 처벌이나 이행에 대한 결과만 조사해봤다. 박근혜와 김기춘 등 블랙리스트를 작성하고 실행하도록 지시한 고위 공직자들의 혐의에 대해 1심 재판과 2심 재판에서 유죄가 선고됐지만 대법원이 이를 기각하고 사건을 2심 재판부로 환송시켰다. 지시한 사람은 없는데 실행한 자들만 존재하는 이상한 형국이다. 그럼 이를 실행한 문화체육관광부(문체부) 산하 관료들은 어찌 됐을까? 블랙리스트 조사위원회는 이와 관련해 26명 수사 의뢰, 105명 징계안을 권고했지만 문체부는 7명을 수사 의뢰하고 12명에게 주의 처분만 하는 억지 '셀프징계'를 했다. 그리고 수사 의뢰된 7명 역시 '혐의 없음'이라는 결과를 받았다. 실질적으로 누구도 징계받지 않은 셈이다. 이는 '영혼 없는 공무원은 처벌할 수 없다'는 기괴한 공직사회 내부 논리가 작동한 것이다. 이에 대해 천정환 성균관대학교 교수는 다음과 같이 이야기했다. "촛불과 정권교체 이후 한국 공무원들의 '영혼'은 어떻게 됐을까? 문재인 정부가 촛불정부를 자처한다지만, 공무원들의 보신주의와 복지부동 때문에 개혁이 더디다거나, '○○부 마피아' 때문에 아무 일도 안 된다는 말이 나 같은 서생에게도 들려온다. 공무원들은 정말 영혼을 어디 맡기고 다니는 듯 '정치'나 윗사람 앞에서 머리를 조아리지만 기실 5년짜리 정권 따위보다는 공무원 자신들의 조직과 신분보장 제도가 세고 질기다는 것을 잘 알고 있다는 것이다."

　이 같은 사례를 대표하는 두 사람이 있다. 인쇄출판을 비롯한 미디어정책으로 문체부국장을 지낸 한민호와 문체부차관을 지낸 송수근이다. 사실 이들은 영혼이 멀쩡할뿐더러 이념과 권력욕으로 끓어 넘칠 지경이다. 한민호는 평소에도 페이스북을 통해 자신의 극우적인 성향을 공공연하게 내보인 인물이다. 특히 박근혜 정권 당시 문체부국장으로 진보 예술인들에게 심심찮게 혐오발언을 한 것으로도 유명하다. 결국 대한출판문화협회(출협) 회장으로 있던 윤철호는 출판계 블랙리스트와 관련한 성명에 그의 이름을 넣었고 한민호는 손해배상청구 및 명예회복에 대한 민형사 소송을 걸었다. 이뿐만이 아니었다. 「블랙리스트 문체부 관료의 적반하장」이라는 신문 칼럼을 쓴 김명환 서울대학교 영문과 교수도 고소당했다. 전방위로 싸움을 건 한민호의 결말은 어떠했을까? 김명환 교수 건은 아예 '혐의 없음'으로 나왔고, 윤철호와 출협을 상대로 한 소송은 1심에서 패소했다. 지금은 극우 조원진이 대표로 있는 우리공화당의 전략기획본부장으로 있다. 어쩌면 그곳이 한민호의 자리일 것이다. 또 한사람 송수근도 기억할 만하다. 송수근은 박근혜 정부 당시 문체부 기조실장으로 블랙리스트 작성의 실무를 지휘했고 황교안 대통령 권한대행 때는 문체부장관 직무대행까지 오른 인물이다.

그는 명백한 범죄에 대해서 기소되지 않았으며 그 어떠한 재판이나 사법처리도 받지 않았다. 이는 부인이 당시 현직 검사장이었다는 것과 더불어 현 정권과도 상당한 교감이 있었다는 뜻이기도 하다. 게다가 공직을 떠난 지 채 2년도 지나지 않아 계원대학교 총장이라는 이름으로 화려하게 컴백했다. 교수들과 학생들의 취임 반대와 퇴진 요구도 뭉개고 여전히 총장 자리를 지키고 있다.

결국은 법제도가 필요하다

2020년 2월 9일은 이 나라 문화예술계 사람들 모두에게 뜻깊은 날이자 특히 블랙리스트로 피해를 본 예술가들에게 감동을 준 시간이기도 했다. 영화감독 봉준호의 〈기생충〉이 아카데미 작품상 등 4개 부문을 휩쓸었다. 봉준호 감독은 이미 2009년 이명박 정부의 '좌파 연예인 대응 태스크포스TF'가 관리한 82명 명단에 들어 있었고, 그의 작품 〈살인의 추억〉, 〈괴물〉, 〈설국열차〉는 공무원 비리, 반미, 혁명을 부추겼다며 블랙리스트에 등재됐다. 게다가 〈기생충〉의 주연 배우 송강호 역시 블랙리스트에 오른 인물이었고 제작사인 CJ ENM은 그간 정권의 입에 맞지 않는 영화를 제작한다며 사찰을 받던 중이었다. 그야말로 〈기생충〉의 아카데미 수상은 한 번의 비극과 한 번의 희극으로 이루어진 것이다. 이에 대해 문재인 대통령은 '팔 길이 원칙'이라는 문장으로 문예 지원 정책을 제시했다. 이는 '지원은 하되 간섭하지 않는다'는 원칙으로 영국의 예술행정가 존 피크가『예술행정론』(이주혁 옮김, 현암사, 1984)에서 주장한 말이다. 이 원칙은 정치인과 관료가 국가에서 지원하는 예술가와 적당한 거리를 유지해야 한다고 강조한다. 이들이 지원을 빌미로 예술가들의 창작활동에 개입하면 예술의 독립성과 자율성이 침해받을 수 있기 때문이다. 영국은 '팔 길이 원칙'을 1945년부터 문화예술 지원사업의 중요한 원칙으로 삼아 지켜오고 있다. 하지만 이 말은 문대통령 입에서 나오기 3년 전인 2017년 블랙리스트 1심 재판부가 이미 유죄를 선고한 판결문에서 이야기한 것이다.

그럼에도 불구하고 '문재인 정권이 블랙리스트 문제 중 뭘 해결했는가?'라고 물었을 때 명쾌하게 답변할 만한 사람이 이 정부에 별로 없을 것 같다는 것이 요즘 문화예술계의 생각이다. 그들이 특히 분노하는 것은 지난 20대 국회에서 '예술인의 지위 및 권리보장에 관한 법률안'이 폐기된 탓이다.

'예술인의 지위 및 권리보장에 관한 법률안'은 블랙리스트 사태와 문화예술계에 불어닥친 미투 운동의 사후 조치, 예술 노동권 보장, 성평등에 기초한 안전한 창작 환경을 조성할 수 있도록 제도를 관리한다는 내용의 법안이다. 이 법안은 블랙리스트 사태 이후 문화민주주의실천연대, 문화예술노동연대, 성폭력반대연극인행동,

여성문화예술연합이 예술인권리보장법 입법추진 TF에 참여해 문화예술계 다양한 현장의 요구와 의견을 모아 합의 법안을 만들고 김영주 의원 등 14명의 국회의원 발의 추진으로 이어졌다.

이 법률안에서 블랙리스트와 관련해 중요한 대목은 "국가와 지방자치단체는 예술창작과 표현의 자유를 보호하고 예술인의 직업적 권리를 신장하여야 하며, 예술을 검열하거나(안 제5조), 정당한 이유 없이 예술 활동의 성과를 전파하는 활동을 방해하는 행위를 하여서는 아니 되고(안 제7조), 예술지원에 있어 투명성·공정성 등을 확보해야 하며(안 제11조), 예술인 권리보호를 위한 지원 사업 등에 필요한 지원을 할 수 있다(안 제15조)"이다.

하지만 이 법률안은 블랙리스트에 고통받고 배제되어야 했던 예술인들의 기대와 달리 청와대와 여당의 의지 부족과 특히 문체부의 비협조로 국회상임위에서 제대로 다뤄보지도 못하고 폐기됐다. 특히 두드러지는 것은 박양우 문체부장관의 행보다. 전형적인 문체부 관료라 할 그는 블랙리스트 관련 공무원들을 비호하고 피해 예술인들의 각종 소송에서 맞대응을 했던 것으로 유명하다. 예술가를 보호하지 못하는 문체부는 마치 노동자를 대접하지 않고 고용만 앞세우는 고용노동부와 같다. 게다가 조직화되지 못하는 예술가들은 노동자들에 비해 관료 공무원들로부터 비웃음을 더욱 크게 받고 있다. 그들로서는 오랫동안 수혜의 대상이라고만 여기던 자들이 열

받았다고 대들고 있지만 그것이 별로 무섭지 않은 것이 분명하다. 결국 블랙리스트 사태는 정치적인 탄압이다. 그러니 이것을 시정하는 데에도 정치적인 힘이 필요하다. 예술인의 지위와 권리를 법제화해 미래에 발생할지 모를 그 어떤 부당한 시도도 막아내야 하는 것이다. 원래 예술가들의 하는 일은 세상에 없던 것을 만들어내는 것이니 뭘 해도 불순해 보이는 것이 세상 이치다. 그런 예술가들을 상대하는 정치 권력은 누가 되건 사실 엇비슷하다. 나를 지지하면 동지지만 비판하면 배제한다. 자신을 구제할 수 있는 것은 오직 자신이다. 21대 국회에서 자신들의 권리를 법제화하는 것도 결국 예술가들의 몫이다.

성인지 감수성, 진보 정권에도 왜 예외는 없었는가

이고은 『여성의 글쓰기』 저자

박원순의 죽음은 설명이 어렵다. 한국 여성 운동사를 논할 때 박원순 전 서울시장을 빼놓고 이야기할 수 없기 때문이다. 박 전 시장은 1993년 '서울대 신 교수 성희롱 사건'을 유죄 판결로 이끄는 과정에서 성희롱의 개념을 현실적으로 법리화한 인물이다. 이전에는 사회생활이나 통념의 이름으로 묵인되던 성희롱 행위를 범죄로서 법의 심판대에 올릴 만큼 그는 성인지 감수성이 뛰어났던 인권변호사였다. 그런 그가 '미투(Me too, 나도 피해자다)'로 인해 스스로 생을 마감한다는 것은 그 자체로 모순이었다. 그동안의 삶과는 정반대의 모습으로 끝맺은 박원순의 결말에 많은 이들이 혼란스러워

한 이유다.

2020년 7월, 그의 죽음 이후 더불어민주당은 갈피를 못 잡았다. 젠더 이슈에 둔감한 당의 민낯을 드러내는 일들이 잇달아 벌어졌다. 이해찬 대표는 박 전 시장을 조문하고 나오는 길에 성추행 의혹을 질문하는 기자에게 욕설을 내뱉었다. 당에서는 '피해자'를 '피해호소인'이라고 불러 여론의 뭇매를 맞기도 했다. 지지자들은 피해자를 향한 2차 가해를 서슴지 않았다. 그러잖아도 같은 해 4월 성추행 사건으로 사퇴한 오거돈 전 부산시장으로 입은 내상을 추스르지 못하던 터였다.

박 전 시장으로 인해 재소환된 안희정 전 충남도지사에 대한 논란도 중첩됐다. 수행비서를 성폭행한 혐의로 구속수감 중이던 안 전 지사는 박 전 시장의 사망 직전에 모친상을 당해 일시 석방됐다. 당시 빈소의 풍경은 화제와 논란거리였다. 문재인 대통령의 조화가 놓인 빈소에는 안 전 지사를 조문하기 위해 모인 유력 정치인과 명망가 들이 줄을 이었다. 피해자에 대한 2차 가해라는 비난과 인간적 도리로서의 조문일 뿐이라는 옹호가 대립했다. 이후 피해자 김지은 씨는 "변함없는 (가해자의) 위세와 권력의 카르텔 앞에서 두려움과 무기력함을 새삼 다시 느꼈다"고 7월 24일 〈한국일보〉와 인터뷰했다.

'진보, 너마저'가 아니다

1981년생으로 2000학번 여성인 나는 대학생이 된 첫해 선배들로부터 '운동권'의 전설적인 투쟁사를 들으며 경외감을 느꼈다. 그러나 충격적인 이야기도 함께 들었다. 한 여자 선배는 학생회 간부 사회에서도 성차별, 성폭력이 만연해왔다고 나에게 귀엣말했다. 믿기 힘들었고, 절망스러웠다. 마침 그해에 '운동 사회 내 성폭력 뿌리 뽑기 100인 위원회'라는 여성 활동가들이 운동 사회 내 성폭력 가해자 남성 16명의 실명을 공개했다. 그들은 "그동안 은폐됐던 성폭력의 실상을 알려 성폭력의 재발을 막기 위해" 가해자의 이름을 공개한다고 밝혔다. 그로부터 20년이 흐른 지금, '운동권'으로 상징되는 진보 진영의 성인지 감수성이 과거와 다른 수준이라고 말할 수 있는가.

진보 진영의 마지막 보루는 도덕성이었다. 오늘날 진보 정치인들을 키운 뿌리는 독재 정치에 항거하는 1987년식 민주화 운동이다. 그 근간에는 국민의 정치 참여를 통해 이룩하고자 하는 평등 사회에 대한 열망이 담겨 있었다. 민주화 운동은 만인의 권리를 위한 투쟁이었기에, 사람들은 당연히 그 열망 속에 여성의 인권도 포함되어 있다고 믿었다.

하지만 안타깝게도 민중을 위한다는 진보의 고결한 민주화 투쟁은 여성의 인권과 젠더 민주화까지 품어 안지 못했다. 여유가 없어서였을까, 의지가 없어서였을까. 아마도 둘 다였을 것이다. 독재 권력이라는 강력한 눈앞의 거악에 맞서는 일은 그 자체로 벅찬 일이었을 것이다. 그래서 일상 속에 억압받는 여성의 존재는 가려지고, 실존하는 여성의 문제는 미뤄졌을 것이다. 문제는 그다음이다.

진보가 중앙 정치 무대에 진출한 이후에도 성폭력 사건과 같은 여성 이슈는 가욋일로 취급받곤 했다. 2002년 대선 기간 중 발생한 개혁국민정당의 성폭력 사건에 대해, 진보 진영의 대표인사 유시민이 "해일이 일고 있는데 조개나 줍고 있다"고 말한 일은 아직도 회자된다. '대의'를 위한 중요한 선거를 앞두고 '소수'에게 가해지는 작은 차별과 폭력을 묵인하는 일, 당시 진보 남성들에게는 부끄러운 일이 아니었다. 그들은 여성 문제에 관심이 없었고 태만했다. 시간이 흘러 세상은 달라졌고, 그들의 자랑이던 도덕성은 위선이 되었다.

그러니 2020년 오늘날 민주당과 미투가 '연관검색어'가 되어버린 것은 그리 충격받을 일이 아니다. 민주당 거물급 정치인들이 잇달아 미투의 가해자로 지목된 것은 젠더 이슈에 대한 진보 진영 내의 부족한 성찰, 더딘 변화에 따른 당연한 결과다. 젊은 시절 내내 독재 권력에 항거하던 운동가들은 이제 자신이 위력을 행사할 만큼 권력을 가진 채 늙어버렸다는 사실을 인지하지 못한다. '미투 공작설' 운운하는 지지 세력들은 진보의 빈곤한 성인지 감수성을 더욱 강력히 증명한다. 진보가 투쟁으로 이루어낸 정치적 민주화에 비해, 젠더 민주화의 길은 요원하다. 여성 기자를 성추행한 후 '술집 마담'으로 착각했다고 변명하고, 돼지 발정제로 성폭행을 모의한 것을 책에 쓰는 보수 남성 정치인들의 엽기적 행각과 비교할 계제가 아니다.

더 많은 여성의 목소리가 필요하다

2020년 코로나19 팬데믹의 혼란 와중에도 국내에서 일어난 중요한 뉴스 중 하나로 류호정 정의당 의원의 '국회 원피스 등원' 사건을 꼽겠다. 류 의원은 8월 4일 국회 본회의에 참석하면서 붉은 미니 원피스와 운동화 차림으로 나타났는데, 언론의 엄청난 카메라 세례와 여론의 주목을 받았다. 류 의원의 복장에 대해서 "파격"이라고 추켜세우는 이가 있는가 하면, "품위 손상"이라며 막말을 쏟아내는 이도 있었다.

사실 논란의 본질은 'T.P.O Time Place Occasion'에 대한 것이 아니었다. 국회라는 공간과 정치인이라는 역할에 어울리는 스테레오타입, 류 의원 모습이 그 전형과 다르다는 사실에 감정적으로 거부감을 느끼는 이들이 많다는 사실이 중요했다. 더욱이 류 의원에게 쏟아진 무수한 비난과 성희롱에 해당하는 혐오 표현들은 공적 영역에서 20대 여성의 정체성을 드러내는 일이 얼마나 위험을 감수해야 하는 일인지를 깨닫게 했다. 과거에도 노동자, 농민 출신의 진보 남성 정치인이 점퍼나 한복을 입어서 화제를 모았지만, 청년 여성의 원피스가 공격의 대상이 되고 마는 현상은 이들의 낮은 정치적 위상을 상징하기에 충분했다.

이후 류 의원과 정의당이 이에 대응한 모습은 우리 정치사에서 매우 중요한 장면이다. 정의당은 "정치인다운 복장과 외모를 강요함과 동시에 여성을 성적 대상화하는 행태"에 대해 논평했다. 류 의원은 언론과의 인터뷰에서 "여성의 복장에 대한 성희롱적이고 인신공격성의 시선, 그런 문화는 일하는 여성들이 '사회생활'로 감내할 게 아니라 공론장에서 비판받아야 할 대상"이라고 말했다. 사소한 문제로 침소봉대한다는 비난도 나왔다. 하지만 류 의원과 정의당은 이 일을 결코 사소하지 않은 문제로, 청년 여성에 대한 '공공' 의제로 끌어올렸다. '50대 남성'이 주류인 국회의 정치 문화에 균열을 일으키는 질문을 던진 것이다.

여성학자 정희진은 『페미니즘의 도전』(교양인, 2005)에서 "가부장제 사회에서 여성은 남성의 몸을 기준으로 분류된 타자"라고 말했다. 류 의원의 '국회 원피스 등원' 사건은 국회라는 남성적 공간에서 '타자'로 분류된 여성의 몸(복장)이 왜 그 공간의 '주체'로 존재하면 안 되는지 질문한다. 그는 젊은 여성의 몸이 무차별적으로 대상화되는 현실을 자신의 몸으로 공식 증명했다. 또 사회에서 무탈하게 인정받기 위해 억지로 '유사남성' 혹은 무성의 존재인 양 연기하지 않고 여성으로서, 있는 그대로의 존재로 서겠다고 선언했다. 이는 다른 누구도 아닌, 20대 청년 여성 류 의원이었기에 가능했던 일이다.

21대 국회의 여성 국회의원은 전체 300명 중 57명으로 19%, 역대 최다다. 〈여성신문〉은 2020년 국회 국정감사에서 여성 국회의원이 활약이 눈에 띄었다고 평가했다. 그들은 피감기관의 여성 고위직 비율, 성범죄 통계 등 각종 성차별 현황을 고발하고, 생리용품의 안전성 문제를 지적했으며, 엉뚱하게 쓰이는 성인지 감수성 예산에 대해 질타하거나 디지털 성폭력 실태에 맞는 새로운 성교육의 필요성을 강조했다. 피감기관의 기관장을 윽박지르는 '국감 쇼'를 넘어, 성평등 이슈의 정책적 대안을 제시하는 모습을 보였다. 이는 여성이 아니고서는 느낄 수 없고 볼 수 없는 무수한 문제들에 대해, 목소리 낼 더 많은 여성이 필요하다는 사실을 말해준다.

박원순을 넘어서는 진보 정치를 꿈꾸다

다시 박원순으로 돌아오자. 박원순의 여성운동 동지 정춘숙 더불어민주당 의원은 〈시사IN〉과의 인터뷰에서 이렇게 말했다.

"박원순조차 이렇게 된 이유가 무엇인가? 박원순조차 그랬다면 어떻게 이걸 뛰어넘을 수 있을까? 우리 모두 생각해야 한다." 우리는 박원순조차 그렇게 된 이 사회의 남성 중심적 권력 구조가 상상 이상으로 공고하고, 기울어진 운동장 위에서 끝없이 애쓰지 않는다면 존재하던 성인지 감수성마저 오염되고 훼손되어 누구든 괴물의 모습으로 변해갈 수 있음을 곱씹어야 한다. 페미니즘이란 흉내 낼 수 있는 것이 아니라, 우리의 삶 속에서 일상의 모습으로 실천해야 하는 것임을 잊지 않아야 한다. 여성의 문제란 사실 생물학적 성별을 넘어선 문제이며, 그 기저에는 현존하는 모든 소수자에 대한 존중이 있어야 함을 되새겨야 한다.

민주당은 과연 이런 성찰을 하고 있는가? 민주당은 당헌까지 개정해가며 2021년 4월 치러질 서울·부산시장 보궐선거에 후보를 내기로 했다. 그 결정에는 2022년 대통령 선거까지 내다본 정치 공학적인 이유가 있다. 그러나 성추행 의혹으로 보궐선거의 원인을 제공한 여당으로서, 민주당은 사건에 대한 명확한 사과와 반성을 했던가? 재발 방지를 위한 정책 대안을 마련했는가? 향후 '젠더 정치'를 위한 비전을 내놓았는가? 성폭력 문제가 원인이 되어 치러지는 보궐선거임에도, 우리 사회의 성인지 감수성이 한층 더 강화될 것이라는 기대를 전혀 할 수 없는 현실이다. 민주당은 여전히 젠더를 정치의 하위분류 안에 속박한 채 방치할 것인가.

젠더 미디어 〈슬랩〉이 11월 12일 스스로 목숨을 끊는 20대 여성이 유례없이 늘고 있다는 내용을 담은 영상 콘텐츠 〈조용한 학살이 다시 시작됐다〉를 공개했다. 일본 전후 세대가 겪을 법한 상처를 오늘날 한국의 청년, 특히 20~30대 여성들이 겪고 있다고 한다. 지금 이 사회에서는 도대체 어떤 일이 벌어지고 있는 것일까. 사라지고 있는 여성들의 목소리는 왜 사회에서 잘 들리지 않는가. 오늘날 한국사회의 양극화와 불평등, 이 구조의 가장 낮은 계급에 자리한 이들은 누구인가. 정치 민주화 이후에 이루지 못한 경제 민주화, 젠더 민주화가 그들에게 얼마나 큰 고통을 안기고 있는가.

진보는 성찰해야 한다. '박원순'을 뛰어넘어야 한다. 2020년의 정치가 여전히 1987년에 머물러 있음을 알아야 한다. 정치 민주화 이후에도 국민의 삶을 고통 속으로 몰아넣고 있는 경제 양극화, 젠더 양극화가 얼마나 급속도로 악화하고 있는지 인식해야 한다. 언제까지고 여성들에게 구조적인 폭력과 차별을 감내하라고 뭉갤 수는 없음을 깨달아야 한다. 『82년생 김지영』(조남주 지음, 민음사, 2016)을 읽고 감상문을 쓰는 데서만 그쳐선 안 된다. 어떻게 남성중심적인 이 사회의 구조를 바꿔나갈 수 있을지 방안을 강구해야 한다.

박 전 시장 사망 후 18일 만인 7월 27일, 여성계의 대모이자 민주당 내 대표적인 '박원순계' 남윤인순 최고위원이 박 전 시장 의혹과 관련해 공개사과를 했다. 그는 '당 대표 몫 최고위원 2명'을 여성으로 지명해달라고도 호소했다. 아무리 여성계의 대모로 불리는 그였더라도, 남성 중심적인 정치판에서 젠더 이슈를 홀로 주요 의제로 끌어 올리는 데에는 한계가 많았음을 짐작케 한다. 실제로 기성 정치인들에게 젠더란 권력 정치의 하위 범주에 있는 변방의 이슈로 치부될 뿐, 핵심적인 의제가 아니었음을 알 수 있다.

2018년 제10차 개정헌법이 논의될 당시, 여러 여성 단체가 모인 헌법개정여성연대는 개헌안에 성평등을 구체화하는 최소한의 신설 조항을 명시할 것을 요구했다. 그들은 성별에 따른 차별과 폭력을 없애기 위해 사회 전 분야에서 여성의 활동권이 보장되어야 한다고 주장했다. 또 "선출직 임명직의 공직 진출에서 여성과 남성의 동등한 참여를 보장하기 위해 노력해야 한다"고도 강조했다. 그러나 이후는 잘 알다시피 개헌은 물거품이 되었고, 여성들의 현실은 더욱 뒷걸음치고 있다. 2021년 정치가 해야 할 일은 무엇일까.

물리학 용어인 '임계질량'은 핵분열 물질이 연쇄 반응을 할 수 있는 최소한의 질량을 말한다. 우리 사회에서 여성의 삶을 개선하기 위한 임계질량은 아직 부족하다. 더 많은, 더 다양한 여성 당사자가 현실 정치에 목소리를 낼 수 있어야 진짜 삶의 변화가 일어난다. 생활 속에서 차별을 경험하고, 한계에 고통받고, 폭력에 좌절해본 더 많은 여성의 목소리가 필요하다. 엘리트 남성 정치인들이 명분에 떠밀려 겨우 내어준 여성의 몫만으로는 '박원순'을 뛰어넘을 수 없다. 더 많은 남윤인순, 더 많은 류호정이 임계질량을 채울 때만 가능한 일이다.

필자 약력

강양구

연세대학교 생물학과를 졸업했다. 1997년 참여연대 과학기술 민주화를 위한 모임(시민과학센터) 결성에 참여했다. 〈프레시안〉에서 과학·보건의료·환경 담당 기자로 일했고, 부안 사태, 경부 고속철도 천성산 터널 갈등, 대한적십자사 혈액 비리, 황우석 사태 등의 기사를 썼다. 특히 2003년, 2009년, 2015년, 2020년까지 감염병 유행 사태를 계속해서 취재하고 있다. 황우석 사태 보도로 앰네스티 언론상, 녹색 언론인상 등을 수상했다. 현재 TBS 과학전문기자이자 지식큐레이터로 활동하고 있다. 저서로는 『과학의 품격』, 『수상한 질문, 위험한 생각들』, 『세바퀴로 가는 과학 자전거』, 『아톰의 시대에서 코난의 시대로』, 『한번도 경험해보지 못한 나라』(공저), 『우리는 바이러스와 살아간다』(공저), 『과학 수다』(공저) 등이 있다. 팟캐스트 〈YG와 JYP의 책걸상〉을 진행하고 있다.

권경애

법무법인 해미르 변호사. 연세대학교 국문학과에 입학한 지 12년 만인 1995년 졸업했다. 서울, 경기 등지에서 노동운동을 했다. 2001년 사법시험에 합격한 뒤 '세계무역기구WTO 쌀 협상 이면 합의 의혹 국정조사위원', 한·미 자유무역협정FTA 저지 범국본 등의 활동을 했다. 2005년 참여연대, 2006년 민주사회를 위한변호사모임에 가입했으나 2020년에 두 곳 모두 탈퇴했다. 2019년 7~11월에는 서울지방변호사회의 고위공직자범죄수사처(공수처) 및 검경 수사권 조정 태스크포스TF, 2020년에는 경찰청수사정책위원회 위원 등으로 활동했다.

기선완

1981년 연세대학교 의과대학에 입학하여 격동의 80년대를 대학에서 보내고 1987년 졸업했다. 신촌 세브란스병원에서 인턴과 레지던트를 마치고 정신건강 의학과 전문의가 됐다. 이후 건양대학교병원 신설 초기부터 10년간 근무한 후 인천성모병원 기획홍보실장을 역임하고 가톨릭관동대학교 국제성모병원 개원에 크게 기여했다. 지역사회 정신보건과 중독정신의학이 전공 분야다. 현재 국제성모병원 정신건강의학과 교수로 일하고 있고, 지난 3월 한국자살예방협회 제6대 회장으로 취임했다.

김남일

〈한겨레〉 디지털콘텐츠부장. 2003년 〈한겨레〉에 입사했다. 사회부 사건팀, 법조팀, 정치부 정당팀, 〈한겨레21〉 사회팀 등 주로 정치·사회 분야 취재를 맡았다. 사회부 사건팀장, 법조팀장을 거친 뒤 현재는 기후변화·젠더·동물·미래·과학 분야를 담당하는 디지털콘텐츠부장을 맡고 있다. 『기울어진 저울』(공저)을 썼다.

김민석

〈중앙일보〉 논설위원. 1982년 한국국방연구원 무기체계 및 군사력을 평가하는 연구원으로 시작해 1994년 〈중앙일보〉 군사전문기자로 전직했다. 2010년 11월 연평도 포격 도발이 터졌을 때, 첫 민간 출신 국방부 대변인이 되었다. 2013년 북한의 핵무기 위협 당시 "북한이 핵무기로 (자유민주주의 체제에서 평화를 유지하고 있는) 한국을 공격한다면 김정은 정권은 지구상에서 소멸될 것"이라고 말해 화제가 되었다. 대변인으로 생활한 5년 3개월간 집에도 가지 않고 독신 장교 숙사BOQ에서 안보를 지켰다. 대변인을 마친 뒤 〈중앙일보〉로 재입사했다.

김성우

성찰과 소통, 연대의 교육을 꿈꾸는 제2 언어 리터러시 연구자이다. 말과 생각, 읽기와 쓰기, 언어와 사회 등의 관계를 살피는 데 중점을 두고 응용언어학을 공부했다. 학술적 글쓰기 발달에 관심을 갖고 다양한 분야의 연구자들과 만나고 있다.『어머니와 나』,『단단한 영어공부』,『유튜브는 책을 집어삼킬 것인가』(공저)를 썼고,『리터러시와 권력』의 번역 감수를 맡았다. 서울대학교에서 '인지언어학과 언어교육', '사회언어학과 영어교육', '영어교육공학' 등을 가르치고 있다.

김창엽

서울대학교 보건대학원 교수로 재직 중이며, 민간독립연구소인 (사)시민건강연구소의 이사장 겸 소장을 맡고 있다. 펴낸 책으로는『멀티플 팬데믹』(공저),『포스트 코로나 사회』(공저),『건강의 공공성과 공공보건의료』,『건강보장의 이론』,『건강정책의 이해』,『한국의 건강 불평등』(편저),『불평등 한국, 복지국가를 꿈꾸다』(공저),『건강할 권리』,『무상 의료란 무엇인가』(공저) 등이 있다.

김현우

한국노동사회연구소, 민주노동당, 진보신당에서 활동했다. 에너지기후정책연구소에서 일했고 에너지 전환, 도시 정치, 대중교통, 거버넌스의 민주화 등에 관심을 가지고 글을 쓴다. 지은 책으로는『안토니오 그람시』,『정의로운 전환』등이 있고, 옮긴 책으로『국가를 되찾자』,『GDP의 정치학』,『녹색 노동조합은 가능하다』,『다른 세상을 위한 7가지 대안』(공역) 등이 있다.

남기정

서울대학교 일본연구소 교수. 서울대학교 외교학과를 졸업했고, 도쿄대학교 종합문화연구과에서 박사학위를 취득했다. 일본 도호쿠대학교 법학부 조교수 및 교수, 국민대학교 국제학부 부교수를 거쳐 현직에 있다. 국제관계론을 전공했고, 관심 주제는 미일 동맹의 전개와 이에 대한 일본 평화운동 진영의 대응이다. 저서와 편저서로『일본 정치의 구조 변동과 보수화』,『기지국가의 탄생』,『전후 일본의 생활평화주의』등이 있고,『난감한 이웃 일본을 이해하는 여섯 가지 시선』등 다수의 책에 공저로 참여했다.

남문희

〈시사IN〉 한반도전문기자. 서울대학교 사회과학대 문화인류학과를 졸업했다. 1989년 〈시사저널〉 창간 직전, 국제 경력 기자로 입사했다. 국제부, 기획특집부, 사회부 기자를 거쳐 1994년부터 한반도 분야를 전문적으로 취재해왔다. 2006년 〈시사저널〉 사태로 퇴사한 후 〈시사IN〉 창간 멤버로 참여, 2대 편집국장을 거쳐 현재 한반도전문기자를 맡고 있다.

박정훈

라이더유니온 위원장. 주요 저서로는 『배달의민족은 배달하지 않는다』, 『이것은 왜 직업이 아니란 말인가』 등이 있다.

백인성

한국방송공사KBS 법조전문기자. 변호사. 연세대학교 경영학과를 졸업, 2007년 기자 생활을 시작해 〈파이낸셜뉴스〉와 〈경향신문〉, 〈머니투데이〉, KBS에서 산업부, 사회부 법조팀을 거쳤다. 우리 삶과 밀접하고도 어려운 법 이야기를 쉽게 전달하겠다는 꿈을 품고 법학전문대학원에 진학, 방송사 최초의 변호사 겸 법조전문기자로 대법원과 헌법재판소, 대검찰청, 재야법조 전반을 담당하고 있다. 2017년 한국기자협회 이달의 기자상을 수상했고, 2018년 한국법조인협회 올해의 기자상 등을 받았다.

백효진

일본 큐슈대학교에서 도시공생디자인 전공(도시공학)으로 박사학위를 취득하였다. 현재 동 대학교 인간환경학연구원 학술협력연구원, 국립한밭대학교 강사, 협동조합 공간과미래 총무이사로 활동하고 있다. 주된 연구분야는 조선 시대 지방 읍치와 미래형 근린주구, 스마트시티, 스마트리전, 미래도시이다. 협동조합에서는 주거 복지 관련 연구와 교육 활동을 하고 있다. 도시 공간을 역사적 흐름에서 분석하고 과거와 미래의 연결성을 찾는 것, 도시라는 공간자산을 누구나 누릴 수 있도록 하는 것을 이상으로 삼고 연구 활동을 하고 있다.

신광은

열음터교회 담임목사. 고백 아카데미 공동대표이자 교회개혁실천연대 전문위원. 대전에서 목회하면서 교회 개혁에 관한 글을 쓰고, 대학에서 강의하며, 유튜브 강연도 하고 있다. 한국 교회의 대형화와 성장주의를 비롯하여 한국 교회에 대한 비판적인 목소리를 내고 있다. 지은 책으로『메가처치 논박』,『자끄 엘륄 입문』,『천하무적 아르뱅주의』,『메가처치를 넘어서』,『미션디모데』등과 다수의 공저 및 번역서가 있다.

안병진

미국 정치 및 정치커뮤니케이션 전문가. 경희대학교 미래문명원장을 거쳐 현재 미래문명원 교수로 재직 중이다. 미국 뉴스쿨대학원에서 미국 대통령의 가치와 커뮤니케이션 연구로 박사학위를 취득했으며, 해당 연구로 한나 아렌트 상을 받았다. 저서로는『미국의 주인이 바뀐다』와『트럼프, 붕괴를 완성하다』등이 있다.

양승훈

경남대학교 사회학과 교수. 서울과 동남권(부산·울산·경남)을 오가며 연구와 강의를 하고 있다. 학교에서는 질적 연구와 양적 연구 등 사회과학 방법론을 강의한다. 지역의 산업도시, 제조업의 혁신과 엔지니어, 청년 일자리에 관심이 많다. 조선소에서 5년 근무한 경험으로 산업도시 거제와 조선산업에 관한 책인『중공업 가족의 유토피아』를 썼다. 현재는 울산으로 현장 연구를 다니는 동시에 엔지니어 연구를 함께 수행하고 있다. 현장에서 만든 지식과 이론을 잘 엮는 것이 목표다.

양준호

인천대학교 경제학과 교수. 인천대학교 지역공공경제연구소장. 정치경제학적인 문제의식을 바탕으로 지역 경제, 지역 화폐, 사회적 경제를 연구해왔다. 인천시와 시흥시의 지역화폐학교장을 역임하기도 했다. 최근에는 대형 상업 금융기관들의 영리주의적 금융 행태에 대한 비판적인 문제의식에 의거, 지역의 대형 은행이 영업 지역의 금융 약자들에게 투·융자하는 것을 법 또는 조례로 의무화하는 '지역재투자운동'에 매진하고 있다. 지은 책으로 『지역 회복, 협동과 연대의 경제에서 찾다』, 『사회적 기업』, 『뉴 머니, 지역화폐가 온다』(공저) 등이 있고, 『지역 만들기의 정치경제학』 등 다수의 역서가 있다.

우석진

명지대학교 경제학과 교수. 서울대학교 경제학과에서 학사와 석사학위를, 미국 위스콘신주립대학교(매디슨)에서 경제학 박사학위를 받았다. 한국조세재정연구원에서 전문연구위원을 역임하고 2008년부터는 명지대학교 경제학과에 재직하고 있다. 한국재정학회 이사로 활동하고 있다. 전공 분야는 노동, 재정, 조세, 평가, 빅데이터로, 국내외 유수 저명 저널에 논문을 발표해왔으며, 데이터에 기반한 정책 평가를 진행해왔다. 최근에는 『경제 빅데이터 분석을 위한 R』을 출간하며, 응용데이터사이언스로 연구 분야를 확대하고 있다.

유범상

한국방송통신대학교 사회복지학과 교수. 내가 속한 사회와 국가를 이해하기 위해 자본주의와 사회정책을 공부했고, 자기 목소리를 찾기 위해 정치철학과 노동정치를 연구했다. 공동체에서 자기 목소리를 내는 시민들이 정치의 주역이 되어야 한다고 믿는다. 시민들의 '광장'을 만들기 위해 '시민교육과 사회정책을 위한 사단법인 마중물'과 '협동조합 마중물 문화광장' 설립 및 운영에 깊이 관여하고 있다. 지은 책으로 『필링의 인문학』, 『이기적인 착한 사람의 탄생』, 『이매진 빌리지에서 생긴 일』, 『정의를 찾는 소녀』 등이 있고 최근 초중고 교사 25인과 100시간 공부한 결과를 『민주주의자들의 교실』(철학편·실천편)에 담았다.

유지현

서울대학교 인류학과 박사과정 연구원. 연세대학교 경영학과를 졸업하고 미국 공인회계사(AICPA)를 취득했다. 현대건설 재정부를 거쳐 현재는 서울대학교 인류학대학원에 진학해 서울대학교 생물인류학 연구실에서 마음과 행동의 진화에 관해 연구 중이다. 「비협력자에 대한 처벌과 평판: 처벌의 비싼 신호 보내기 효과」라는, 인간 협력과 처벌의 공진화 과정에 대한 논문으로 석사학위를 받았다.

이강국

일본 리쓰메이칸대학교 경제학부 교수. 대학원에서 아시아와 아프리카 학생들을 가르치고 있다. 매사추세츠 주립대학교에서 경제학 박사학위를 받았으며, 연구 주제는 불평등과 성장, 금융 세계화, 동아시아 경제 등이다. 『이강국의 경제 산책』 등의 책을 펴냈고, 〈Cambridge Journal of Economics〉를 비롯해 유수의 학술지에 많은 논문을 발표했다. 2009년 컬럼비아대학교, 2018년 케임브리지대학교의 방문학자를 역임했다. 〈The Japanese Political Economy〉의 공동편집자이며 〈한겨레〉와 〈시사IN〉에 칼럼을 쓰고 있다.

이고은

2005년 11월부터 2016년 6월까지 〈경향신문〉 기자로, 2017년 6월 창간한 팩트체크 전문미디어 뉴스톱NewsToF의 공동창업자이자 팩트체커로 2020년 11월까지 일했다. 2017년 6월부터 2018년 7월까지는 비영리단체 정치하는엄마들의 공동대표로도 활동했다. 한국기자상(2009), 올해의 여기자상(2011), 한국온라인저널리즘어워드 대상(2012) 등을 수상했으며, 저서로는 『잃어버린 저널리즘을 찾습니다』, 『요즘 엄마들』, 『정치하는 엄마가 이긴다』(공저), 『여성의 글쓰기』가 있다.

이광석

서울과학기술대학교 IT정책대학원 디지털문화정책 전공 교수. 문화이론 전문지 〈문화/과학〉 공동 편집인. 테크놀로지, 사회, 문화예술이 상호 교차하는 접점에 비판적 관심을 갖고 연구와 집필 활동을 해왔다. 주요 연구 분야는 테크노 문화, 인류세, 포스트휴먼, 플랫폼과 커먼즈, 비판적 제작 문화에 걸쳐 있다. 대표 저서로 『디지털의 배신』, 『데이터 사회 비판』, 『데이터 사회 미학』, 『뉴아트행동주의』, 『사이방가르드』, 『디지털 야만』 등이 있다. 그 외 『사물에 수작부리기』, 『불순한 테크놀로지』, 『현대 기술·미디어 철학의 갈래들』 등을 기획하고 같이 썼다.

이기원

펀드매니저. 현대인베스트먼트자산운용, 수협중앙회, 마이다스에셋자산운용을 거쳐 현재 한화자산운용에서 채권형 펀드를 운용하고 있다. 『버핏클럽 issue 1』, 『2020 한국의 논점』 등을 공저했다.

이상엽

다큐멘터리 사진가. 〈사회평론 길〉에서 글과 사진을 시작했다. 웹진 〈이미지프레스〉를 창간했고 〈프레시안〉에서 기획위원으로 일했다. 〈한겨레〉와 〈한국일보〉 등에 칼럼을 썼다. 『레닌이 있는 풍경』 등의 책을 냈고, '변경의 역사' 등의 전시를 했다. 현재는 한국비정규노동센터 이사로 있다.

이상호

국립한밭대학교 도시공학과 교수. 삼성그룹 비서실에서 근무했고, 국립한밭대학교 건설환경조형대 학장과 한국지역학회 회장을 역임했다. 미래도시를 연구하고 있으며, 스마트시티 모델을 제시한 학문적 공로를 국내외적으로 인정받고 있다. 스마트시티와 관련하여 국제 저명 SSCI 및 SCI에 100여 편의 논문을 발표했으며, 세계적으로 가장 많이 읽히는 논문으로 선정되기도 했다. 지은 책으로는 『공간을 말하다』, 『스마트시티』(공저), 『2019 한국의 논점』(공저) 등이 있다.

이영주

라이더유니온 정책국장. 고려대학교 노동대학원을 졸업하고, 성균관대학교 일반대학원 박사과정(노동법 전공)을 수료했다. 국회의원 비서관으로 환경노동위원회에서 노동을, 국토교통위원회에서 교통과 물류를 담당했다. 옮긴 책으로 『플랫폼 노동은 상품이 아니다』가 있다.

이유진

녹색전환연구소 연구원. 국무총리 그린 뉴딜 특별보좌관이며, 지역에너지전환 전국네트워크 공동대표로 활동 중이다. 서울특별시 원전하나줄이기, 충청남도 탈석탄, 당진시 에너지전환 정책 수립에 참여하고 자문하는 등 지역 에너지 전환을 위해 활동하고 있다. 서울시 온실가스감축 메타거버넌스 총괄 위원으로 서울시 그린 뉴딜 정책 수립과 집행에 참여하고 있다. 녹색당 당원이며, 전 녹색당 공동운영위원장을 역임했다. KDI 국제정책대학원에서 공공정책을, 서울대학교 환경대학원에서 도시계획학을 전공했다. 저서로는 『원전 하나 줄이기』, 『전환도시』, 『태양과 바람을 경작하다』, 『동네에너지가 희망이다』 등이 있다.

이지평
LG경제연구원 상근 자문 위원. 1963년생, 일본 도쿄 출신의 한국 국적 재일교포. 일본 호세이대학교 경제학과를 졸업하고 고려대학교 경제학 석사과정을 수료했다. 1988년 LG경제연구원에 입사해 경제 연구 부문 수석 연구 위원, 미래연구 팀장, 자원 에너지 담당, 산업 연구 부문 에너지 그룹장, 격월간지 〈LG Japan Insight〉 편집장 등을 역임했다. 현재 LG경제연구원 상근 자문 위원으로 재직하면서 한국외국어대학교 특임 강의 교수직을 맡고 있다. 지은 책으로 『볼륨 존 전략』, 『일본식 파워경영』, 『주5일 트렌드』, 『우리는 일본을 닮아가는가』(공저) 등이 있다.

임명묵
『거대한 코끼리, 중국의 진실』 저자. 서울대학교 아시아언어문명학부에 재학 중이며, 서아시아 및 중동 지역을 전공하고 있다. 역사, 문명, 사회, 과학 등 다양한 분야에 관심이 많아 〈슬로우뉴스〉, 〈서울신문〉 등에 글을 기고하고 있다. 저서로는 덩샤오핑 시대에서 시진핑 시대로의 전환을 다룬 『거대한 코끼리, 중국의 진실』이 있다.

장은수
편집문화실험실 대표, 읽기 중독자. 서울대 국어국문학과를 졸업했으며, 민음사에서 오랫동안 책을 만들고, 대표이사를 역임했다. 주로 읽기와 쓰기, 출판과 미디어 등에 대한 생각의 도구들을 개발하는 일을 한다. 저서로 『출판의 미래』, 『같이 읽고 함께 살다』 등이 있으며, 『기억 전달자』, 『고릴라』 등을 옮겼다.

장혜영

다양한 직업을 거쳐 지금은 정의당 국회의원. 이전에는 감독이자, 뮤지션이자, 작가이자 유튜버이기도 했다. 18년이라는 오랜 시간을 장애인거주시설에서 살아온 중증발달장애인 여동생을 다시 사회로 데리고 나와 함께 살아가면서, 이 사회에 발달장애인의 탈시설과 자립에 관한 화두를 던졌다. 지금의 정치라는 새로운 무대에서 차별과 싸우고 있다.

정승일

북유럽 복지국가를 꿈꾸는 사회단체 복지국가소사이어티의 창립 멤버이다.『무엇을 선택할 것인가』(공저),『굿바이 근혜노믹스』,『누가 가짜 경제민주화를 말하는가』등의 책을 통해 기존의 주주자본주의형 경제민주화론과 재벌개혁론을 비판하면서 새로운 경제민주화론과 복지국가론을 제시했다. 2005년에는 장하준 교수와 함께『쾌도난마 한국경제』를 출간했다.

정재형

서울대학교 경제학과를 졸업했다. 〈머니투데이〉, 〈한국경제신문〉, 〈조선비즈〉에서 경제전문기자로 일했다. 주로 정부 경제부처와 금융권을 출입했고, 국제부에서도 근무했다. 〈조선비즈〉에서 경제정책부장, 금융증권부장, 국제부장 등을 역임했다. 2019년 10월 연금·자산관리와 생애주기에 따른 개인맞춤형 재무 설계를 해주는 핀테크 업체 '웰스가이드'로 자리를 옮겼다.

정준호

강원대학교 사회과학대학 부동산학과 교수다. 서울대학교 지리학과를 졸업하고 옥스퍼드대학교에서 박사학위를 받았다. 대통령자문 국민경제자문회의 수석전문위원, 국민경제자문회의 수석전문위원과 산업연구원 동향분석실장을 역임한 바 있다. 저서로『다중격차, 한국 사회 불평등 구조』,『저성장 시대의 도시정책』,『위기의 부동산』,『한국경제와 노동체제의 변화』(이상 공저) 등이 있다.

조귀동

12년 차 직장인. 서강대학교 경제학과 박사과정 재학 중이다. 기업 활동이 노동 시장과 거시경제에 미치는 영향과 인적 자본 투자의 양상을 연구하고 있다. 사회 갈등을 이해하기 위해서는 세대나 문화 같은 것보다 먼저 노동시장, 불평등 같은 하부구조를 들여다봐야 한다고 주장해왔다. 저서로는 『세습 중산층 사회』가 있다.

조성실

육아育兒가 '육아育我'가 되는 사회를 꿈꾸는 전업 활동가. 올해로 여덟 살, 다섯 살 된 두 아이와 함께 시끌벅적한 일상을 만들어가는 '정치하는 엄마'다. 비영리 단체 '정치하는엄마들'의 초대 공동대표로 '유치원 3법' 및 '어린이생명안전법' 통과를 위해 적극 힘써왔다. 〈머니투데이〉가 선정한 '새로운 100년 이끌 영리더 20인'으로 뽑힌 바 있고, 공저 『정치하는 엄마가 이긴다』는 2018년 세종도서 교양 부문에 선정되기도 했다. 친구들과 직접 만든 대안학교에서는 동네 아이들의 프로젝트 교사로도 불린다. 품앗이 공동육아 등을 통해 매주 스무 명의 어린이들과 정기적으로 만나 '빼앗기지 않을 추억'을 쌓아가는 중이다.

조천호

경희사이버대학교 기후변화 특임교수. 국립기상과학원에서 30년간 일하고 원장으로 퇴임했다. 기후 변화 과학이 우리가 살고 싶은 세상과 어떻게 연결되는지를 공부하고 있다. '변화를 꿈꾸는 과학기술인 네트워크(ESC)'와 '기후위기 비상행동'에서 활동하고 있다. 지은 책으로는 기후 위기를 다룬 『파란하늘 빨간 지구』를 썼다.

조홍식

숭실대학교 정치외교학과 교수. 국제 정치 경제와 유럽 정치를 전공하고 가르치고 있다. 저서로 『자본주의 문명의 정치경제』, 『문명의 그물』, 『파리의 열두 풍경』 등이 있다. 〈세계일보〉에 '조홍식의 세계속으로'를 연재하고 있으며, 〈내일신문〉에 '신문로' 칼럼을 쓰고 있다.

차두현

아산정책연구원 수석연구위원. 연세대학교 대학원에서 정치학 석사 및 박사 학위를 취득했다. 한국국방연구원(KIDA)에서 근무했고, 청와대 위기정보상황팀장을 역임하였다. 한국국방연구원에서 23년간 근무 후 한국국제교류재단(Korea Foundation)으로 자리를 옮겨 교류협력 이사를 지냈다. 통일연구원 초청연구위원, 북한대학원대학교 겸임교수, 경희대 평화복지대학원 객원교수 등을 역임하기도 했다. 저서로는 『한반도 2022』, 『현대 한미관계의 이해』, 『민주주의와 리더십 이야기』(이상 공저)가 있다.

최원형

〈한겨레〉 사회정책부 기자. 2006년 한겨레에 입사해, 사회부, 경제부, 문화부 등을 거쳐 현재 사회정책부에서 교육 분야를 담당하는 기자로 일하고 있다. 기자 생활의 절반가량을 책지성팀 학술 담당으로 일하며 보냈다. 미디어 분야도 꽤 오래 담당했다. 〈한겨레〉의 지식 칼럼인 '유레카'도 3년 넘게 썼다.

하승수

현 세금도둑잡아라 공동대표. 녹색전환연구소 기획이사. 비례민주주의연대와 정치개혁공동행동 공동대표를 지내기도 했다. 선거제도 개혁이 한국 정치를 바꿀 수 있는 가장 확실한 방법이라고 믿고 있다. 쓴 책으로 『개방명부 비례대표제를 제안한다』, 『배를 돌려라: 대한민국 대전환』, 『나는 국가로부터 배당받을 권리가 있다』, 『착한 전기는 가능하다』 등이 있다.

하종강

성공회대 노동아카데미 교수. 1982년 노동 상담을 시작한 뒤 같은 분야에서 40년 가까운 세월 동안 활동하고 있다. 한울노동문제연구소 소장으로 23년 동안 일했고 성공회대학교 노동대학 제8대 학장을 거쳐 지금은 성공회대학교 노동아카데미 주임 교수로 있다. 1994년 제6회 전태일문학상을 받았고 『우리가 몰랐던 노동 이야기』, 『선생님, 노동이 뭐예요?』, 『그래도 희망은 노동운동』, 『아직 희망을 버릴 때가 아니다』, 『길에서 만난 사람들』, 『철들지 않는다는 것』, 『올지 말고 당당하게』등의 책을 썼다.

홍기빈

정치경제학자. 1987년 서울대학교 경제학과에 입학했고 같은 대학 외교학과 대학원에 진학해 국제 정치경제를 공부하여 석사학위 논문「칼 폴라니의 정치경제학-19세기 금본위제를 중심으로」를 썼다. 2009년 토론토 요크 대학교 정치학과에서 조나단 닛잔 교수의 지도 아래 박사과정을 수료했다. 금융경제연구소 연구위원, 글로벌정치경제연구소 소장을 거쳐 칼 폴라니 사회경제연구소 소장을 역임한 후 전환사회연구소 공동대표로 활동하고 있다. 저서로『투자자-국가 직접소송제』,『소유는 춤춘다』,『코로나 사피엔스』(공저) 등이 있으며,『거대한 전환』,『전 세계적 자본주의인가 지역적 계획경제인가』,『다수 문명에 대한 사유 외』,『자본의 본성에 관하여 외』,『권력 자본론』,『자본주의』등을 우리말로 옮겼다.

2021 한국의 논점

2020년 12월 15일 1판 1쇄 인쇄
2020년 12월 21일 1판 1쇄 발행

지은이   강양구 권경애 기선완 김남일 김민석 김성우 김창엽 김현우 남기정
           남문희 박정훈 백인성 백효진 신광은 안병진 양승훈 양준호 우석진
           유범상 유지현 이강국 이고은 이광석 이기원 이상엽 이상호 이영주
           이유진 이지평 임명묵 장은수 장혜영 정승일 정재형 정준호 조귀동
           조성실 조천호 조홍식 차두현 최원형 하승수 하종강 홍기빈
엮은이   강양구, 장은수, 한기호
펴낸이   한기호
책임편집   염경원
편집   도은숙, 정안나, 유태선, 김미향, 김민지
마케팅   윤수연
디자인   북디자인 경놈
경영지원   국순근
펴낸곳   북바이북
           출판등록 2009년 5월 12일 제313-2009-100호
           주소 04029 서울시 마포구 동교로12안길 14(서교동) 삼성빌딩 A동 2층
           전화 02-336-5675 팩스 02-337-5347
           이메일 kpm@kpm21.co.kr
           홈페이지 www.kpm21.co.kr

ISBN 979-11-90812-10-8 03300